Wilfrid Feldhütter · Alpenländisches Lesebuch

Umschlaggestaltung: Wolfgang Taube

ISBN 3 7991 5829 4

© 1975 Süddeutscher Verlag GmbH, München
Alle Rechte vorbehalten. Printed in Germany
Schrift: Garamond Antiqua
Satz: IBV Lichtsatz Berlin. Druck: K. Wenschow, München
Bindearbeit: Klotz, Augsburg

Wilfrid Feldhütter

Alpenländisches Lesebuch

Bayern · Österreich · Schweiz

Süddeutscher Verlag

Inhaltsverzeichnis

BAYERN · Wilfrid Feldhütter, Von Land und Leuten im Gebirg 9
Wilhelm v. Humboldt, *Salzbergwerk bei Berchtesgaden (1797)* 13
Carl Orff, *Im Auswärts (1955)* 15
Heinrich Noë, *Südwind auf dem Chiemsee* 17
Friedrich Ratzel, *Streiflichter* 20
Eugen Roth, *Der Fischkasten* 25
Ludwig Steub, *Am Tegernsee* 45
Hans Carossa, *Sah in's Tal hinaus ... Eine Kindheitserinnerung* 50
Wilhelm Heinrich Riehl, *Hoftafel bei König Max II. auf der Blumser Alm* 53
Ludwig Thoma, *Die Halsenbuben* 56
Josef Hofmiller, *Steingaden und die Wieskirche (1917)* 65
Josef Ruederer, *Das Untier im Walchenseee (1907)* 70
Josef Martin Bauer, *Elbrus im Kriege* 74
Oskar Maria Graf, *Was uns das Wegrainerbasl einmal erzählte* 88
Georg Britting, *Sehnsucht nach dem Allgäu* 94

ÖSTERREICH · Janko von Musulin, Alpenländisches Lesebuch 99
Bettina von Arnim, *Ankunft in Salzburg (1810)* 105
August Graf von Platen, *Salzburger Spaziergang (1824)* 106
Hugo von Hofmannsthal, *Festspiele (1919)* 108
Hermann Bahr, *Salzburger Barock (1913)* 110
Georg Trakl, *St. Peters-Friedhof* 116
August Graf von Platen, *Hallein und das Salzgebirge* 117
Nikolaus Lenau, *Auf dem Traunstein (1831)* 119
Friedrich Hebbel, *Gewitter in Gmunden (1861)* 121
Adalbert Stifter, *Hallstatt (1834)* 122
Robert Musil, *Kindergeschichte* 124
Max Mell, *Gebirgskranz um Aussee* 128
Thomas Bernhard, *An der Baumgrenze (1967)* 132
Ludwig Anzengruber, *Das Dorf im Gebirg* 141
Peter Rosegger, *Ums Vaterwort* 144

Franz Nabl, *Vom Werden und Vergehen* 151
Heinrich Heine, *Es wird ein schöner Tag werden! Reisebilder aus Tirol (1828)* 155
Hugo von Montfort, *Karner* 163
Laurentius von Schniffis, *Himmelskönigin* 163
Heinrich Noë, *Junger Wein macht junges Leben* 164
Ludwig Steub, *Südtirol* 167
Ottonie von Degenfeld – Hugo von Hofmannsthal, *Briefe aus den Bergen (1910)* 173
Heinrich Noë, *Aus einem Kärntner Schlosse* 175
Peter Rosegger, *Herbstgedanken eines Sommerfrischlers* 178

SCHWEIZ · Peter Bichsel, Des Schweizers Schweiz 185
Friedrich Hölderlin, *Heimkunft (1801/03)* 199
Johann Wolfgang von Goethe, *Schweiz (1779)* 200
Wilhelm Heinse, *Der Rigi (1780)* 206
Horace Bénédict von Saussure, *Kurzer Bericht von einer Reise auf den Gipfel des Montblanc (1787)* 210
Gottfried Keller, *Via mala* 220
Friedrich Nietzsche, *Sils Maria (1880)* 221
Viktor von Scheffel, *Samaden (1850)* 222
Max Frisch, *Davos (1947)* 223
Johann Wolfgang von Goethe, *Auf dem See (1775)* 224
Gottfried Keller, *Der Zürichsee (1855)* 225
Jeremias Gotthelf, *Die Wassernot im Emmental* 226
Johannes von Müller, *Die Befreiung der Waldstette (1806)* 233
Max Frisch, *Heimat* 241
Jörg Wickram, *Lästerung (1555)* 251
Ulrich Bräker, *Der arme Mann im Toggenburg* 252
Conrad Ferdinand Meyer, *Bergwasser* 266
Gottfried Keller, *Die Jungfrau und die Nonne (1872)* 267
Robert Walser, *Die Schlacht bei Sempach* 275
Edward Whymper, *Matterhorn (1865)* 283
Gerhard Nebel, *Die ersten Schritte in den Süden* 295
Alfred Polgar, *See im Tessin (1934)* 299
Hermann Hesse, *Der kleine Weg* 302
Johann Wolfgang von Goethe, *Gesang der Geister über den Wassern (1775)* 305

Bayern

WILFRID FELDHÜTTER

Von Land und Leuten im Gebirg

Hinweise zur alpenländischen Literaturgeschichte zwischen 1846 und 1975

>»*Immer sind die Berge da!*«
>*Georg Britting*

Die Geburtsstunde der neueren Literatur in München und Oberbayern fällt in die Mitte des 19. Jahrhunderts. – Zunächst als Auftakt: ›Drei Sommer in Tirol‹. Erscheinungsjahr der ersten Auflage: 1846. Erscheinungsort: München. Der Autor: Ludwig Steub aus Aichach.
Sechs Jahre später folgt eine Amtshandlung von hoher Stelle: der bayerische Außenminister von der Pfordten schlägt König Max II. die Bildung eines ›literarischen Cabinets‹ vor. Der dafür geeignete Leiter soll gesucht werden.
Die Wahl fällt auf Wilhelm Heinrich Riehl, einen Rheinfranken, der in jungen Jahren mit zwei epochemachenden Werken hervorgetreten ist: ›Die bürgerliche Gesellschaft‹ und ›Land und Leute‹.
1854 tritt Riehl die ihm angebotene Stellung im Ministerium des königlichen Hauses und des Äußeren als ›Oberredakteur der Presseangelegenheiten‹ an.
Die Bedeutung Riehls im Rahmen der königlichen Symposien sowie seine enge Verbindung mit Paul Heyse und Emanuel Geibel können an dieser Stelle außer Betracht bleiben. Dagegen ist eine seiner Leistungen hervorzuheben, weil sie dazu beitrug, der literarischen Schilderung von Land und Leuten den Weg zu bereiten: die Begründung der empirischen Volkskunde. Riehl war davon überzeugt, daß der Erforscher des Volkslebens auf Reisen gehen muß. Er fügte hinzu: »Ich meine aber gehen im Wortsinne...Nur der einsame Wanderer

lebt mit den Leuten, nur wer allein kommt, wird überall angeredet und in's Gespräch gezogen...« –
Diese Methode auszuüben, war Riehl freilich nicht immer möglich. 1858 reiste er, teils zu Fuß, teils im ›fröhlichen Reiterzug‹, aber auch mit Roß und Wagen an der Seite des Königs durch das bayerisch-österreichische Grenzgebirge von Hohenschwangau nach Berchtesgaden. Riehl hat auf Wunsch des Königs dieses Unternehmen, das als ›Fußreise Seiner Majestät‹ aktenkundig geworden war, ausführlich und in einem anmutig-heiteren Ton beschrieben.
Eine zeitgenössische Parallelerscheinung zu den Wanderungen Riehls im Dienste wissenschaftlicher Volkskunde waren die über Jahrzehnte sich erstreckenden Reisen Ludwig Steubs und Heinrich Noës im bayerisch-österreichischen Gebirge. So waren die eingangs erwähnten ›Drei Sommer in Tirol‹ von Ludwig Steub entstanden, denen 1862 ›Wanderungen im bayerischen Gebirge‹ folgten. Um ein paar Jahre später erschien Heinrich Noës mehrere Bände umfassendes ›Deutsches Alpenbuch‹.
Die Maler der Romantik wiesen den beiden den Weg, denn diese hatten schon früher Salzburg, Berchtesgaden, das Werdenfelser Land und die oberbayerischen Seen entdeckt und in Bildern festgehalten.
In die Feder Ludwig Steubs waren einige Tropfen aus Heinrich Heines Tintenfaß geflossen, denn wenn der Bayer von der »angestammten Beamtenrüpelei« spricht und den einheimischen Wirtshäusern ins imaginäre Beschwerdebuch schreibt, daß dort immer etwas ausgegangen sei, bald der Wein, der Zucker, Kaffee, Käse, Butter, Essig, Öl, Senf, Pfeffer, Eier, Kartoffel, ja selbst das Weißbrot, dann erinnert man sich an die ironischen Lichter, die in Heines Reisebildern aufblitzten. – 1828 hatte Heinrich Heine auf der Fahrt nach Italien Tirol durchreist und dem Aufenthalt dort einige Kapitel gewidmet, die Steub bestimmt nicht unbekannt waren. »Die Diktion Heines ist der Kulminationspunkt der modernen

Schreibart«, stellt der Jungdeutsche Karl Gutzkow fest und fährt fort: »alles heinesiert, alles mischt den Scherz in den Ernst, setzt die konkreten Bilder für abstrakte Begriffe ... Jeder, der heute schön schreiben will, muß einen Teil von Heine borgen...«

Während Steub und Noë große und kleine Gebirgstäler durchstreiften, um oben die Jugend der Flüsse mit erfrischten Augen zu sehen, stieg Andreas Schmeller zu den Quellen der Mundart. Sein Werk, aber auch das Riehls überdauerte die Zeiten und verschaffte der Landeskunde und Literatur in Altbaiern ein gewisses Maß an Kontinuität.

So muten die ›Altbayerischen Wanderungen‹ (1897) des Geographen Friedrich Ratzel wie eine Fortsetzung Wilhelm Heinrich Riehls an.

Ludwig Thoma greift im Juli 1918 – Deutschlands Niederlage vor Augen – zu Riehls ›Wanderbuch‹, um aus der Gegenwart in ›die herzliche Zeit‹ zwischen 1850 und 1860 zu flüchten. Thoma, der gleich Gerhart Hauptmann die Mundart seiner Heimat literaturfähig machte, kannte Schmellers Bayrisches Wörterbuch bis in Einzelheiten. In Fragen der bairischen Mundart und ihrer Nuancen besaß er das absolute Gehör. Sollte man eines Tages nicht mehr wissen, wie die Leute vor 1914 im Isarwinkel gesprochen haben, dann braucht man nur zu Thomas Wilderergeschichten vom Schneehendlpfeifen und von den Halsenbuben greifen, um über diese Mundart auf exemplarische Weise unterrichtet zu sein.

Josef Ruederer – Ludwig Thomas ungeliebter Zeitgenosse – blieb innerlich und äußerlich stets ein Großstädter. Und doch enthält sein München-Buch zwei einzigartige Landschaftsphantasien. Das einemal schaut Ruederer von der Höhe des Münchener Frauenturms aus ins oberbayerische Land; das anderemal steht er auf Burg Schwaneck im Isartal mit dem Blick auf die Bergkette im Süden, die Vision vom Ausbruch des Walchensees vor dem geistigen Auge.

Oskar Maria Graf, Bäckerbub und Tunichtgut vom Starnberger See, Bohémien und Pazifist, aber noch als Emigrant in New York bis zum Ende seiner Tage mit dem oberbayrischen Gwand, der ›Kurzen Wichs‹ verwachsen, legt dem Wegrainerbasl die Vision von dem apokalyptischen Schrecken des Krieges in den Mund.

Den nachhaltigsten Einfluß haben Schmeller, Riehl, Steub und Noë auf Josef Hofmiller ausgeübt. Es mindert den hohen Eigenwert seiner mit essayistischer Brillanz geschriebenen Wanderbilder und Pilgerfahrten nicht im geringsten, wenn man sagt, daß sie am geistigen Vermächtnis dieser Vorgänger orientiert sind. Zu den bleibenden Verdiensten Hofmillers zählt, daß er Anfang der zwanziger Jahre die so gut wie verschollene Wieskirche aufspüren half. Hofmiller war es auch, der bei Albert Langen in München ›Das Schönste von Ludwig Steub‹ herausgab.

Obwohl in Oberbayern ansässig, fühlte sich Josef Martin Bauer als Niederbayer. – Im Rußlandfeldzug aber war er einer Gebirgsjäger-Division zugeteilt. Mit einem Sonderkommando bestieg er den Elbrus und beschrieb diese Expedition als ›Kaukasisches Abenteuer‹.

Eine Sonderstellung nimmt Carl Orff ein. Für ihn ist Sprache identisch mit dem umfassenden altgriechischen Begriff mousikae. Die Worte des Altgriechischen, Lateinischen, Mittelhochdeutschen und auch des Altbairischen hört er als Teile einer Partitur, eines szenisch-musikalischen Vorgangs, wie er seiner ihm eigenen Intention entspricht. Der Dialekt nimmt dabei Form und Gestalt einer Kunstsprache an.

Hans Carossa, Georg Britting und Eugen Roth eröffnen eine neue Ära. Weitab von Mundart und Naturalismus, in spürbarer Distanz zu den Thoma-Epigonen sahen und betrachten sie die große und die kleine Welt in Bayern aus einer anderen Sicht, als sie vor ihnen üblich war.

WILHELM VON HUMBOLDT

Salzbergwerk bei Berchtesgaden

München, den 24. Oktober 1797
So habe ich ein paar sehr interessante Stunden in einem Salzbergwerk bei Berchtesgaden zugebracht. Es ist dies der bequemste Bergbau, den ein Reisender besuchen kann. Man geht trocknen und geraden Fußes in die Gänge hinein, steigt inwendig nur einige bequeme Treppen und kann sich, wie die Li wirklich tat, sogar auf einem kleinen Wagen von Bergleuten ziehen lassen. Sie würden recht gelacht haben, wenn Sie unseren unterirdischen Zug gesehen hätten. Es sah einer unterirdischen Zeremonie bei irgendeiner griechischen Geheimnisfeier ähnlich. Wir alle mit weißen Hemden über unserer Kleidung, jeder eine Kerze in der Hand und die Li in gleichem Talar und auch mit einer Kerze versehen auf ihrem rot überzogenen Wagen, und dies alles in den engen Gängen, deren Wände von den Kristallen des Salzes hie und da in tausend verschiedenen Lichtern schimmern. Dieser Anblick des Gesteins ist in der Tat sehr schön. Man haut nicht bloß Gänge, sondern ganz große Hallen von mehreren hundert Schritten im Umkreis und fünfzehn bis zwanzig Fuß Höhe in den Berg, läßt dann Wasser hinein, und aus diesem sich darin mit Salz schwängernden Wasser wird dann das Salz gekocht. Der Salzstein ist mit dünnen Streifen braunen oder roten Tons durchzogen, und so macht er mannigfaltig gekrümmte Banden und Linien, oft wie der schönste Achat. An anderen Stellen schimmert er wieder mehr in kleinen körnigen Kristallen, und an anderen endlich macht er dem anderen schwarzen Gestein Platz, so daß der Anblick immer wechselt. Der Direktor des Salzwerkes hatte uns einige Hallen mit Kerzen ausstecken lassen, und diese unterirdische Illumination, die die Größe der Halle, in der man stand, mehr

ahnen ließ als zeigte, tat eine sehr gute Wirkung. Einzig aber war das Schauspiel für uns, das er uns dadurch gab, daß er vor unseren Augen einige Schüsse tun ließ, den Felsen zu sprengen. Es war in einer weiten Höhle, wo unten die Schüsse angebracht wurden und wir oben saßen, daß wir den Platz wie von einem Amphitheater übersahen. Von unten zu uns hin gingen ein paar Treppen hinauf. Schon anfangs war es sehr pittoresk, das Arbeiten der Bergleute mit ihren kleinen Lampen zu sehen. Als aber die Schüsse gesetzt waren, wurden alle Lichter ausgelöscht, und es war nun vollkommene Stille und Finsternis. Ich kann Ihnen nicht sagen, wie malerisch schön es sich dann ausnahm, sooft ein Schuß losging, erst das Pulver wie eine Fontäne sprudelnd brannte und dann der Fels mit einem schrecklichen Krachen sprang und die einzelnen Stücke prasselnd herunterstürzten. Das Hin- und Herlaufen der Bergleute, ihre Erwartung und ihre Geschäftigkeit, was man alles nur momentweise sah, solange das Pulver entzündet war, belebte die Szene und machte das Ganze ordentlich einem Schauspiel ähnlich. In eben dieser Gegend sahen und befuhren wir auch einen überaus schönen See, den sogenannten Königsee. Er ist ganz mit Gebirgen umgeben, von denen die meisten jetzt schon tief hinunter Schnee haben und welche dem Wasser die schönsten und mannigfaltigsten Ufer geben, die ich lange gesehen habe. Eine ähnliche, gleich schöne Gegend hatten wir schon kurz vorher noch im Österreichischen besucht. Die Lage von Salzburg in dessen Nachbarschaft alle diese Gegenden sind, ist überhaupt außerordentlich schön.

CARL ORFF

Im Auswärts

Am gestrign Tag,
am gestrign Mittag,
  z'Mittag
bin i drobn glegn
  im Gartn,
im Baumgartn drobn,
  warm,
grad warm is's scho gwen.
Der Auswärts tut kommen,
der laßt si nimmer derhaltn;
  der Aperwind geht
  und'n Schnee,
den hat er mitgenommen;
  der letzt,
aus die Schrundn und Ritzn
  is allsamm
im Erdreich vergluckert.
Ganz staad werd der Wasn
  grün.
Leberblümerl am Hang
  äugeln raus
unter die Lauber,
die altn, vergangnen,
  frei und fürwitzi
zwischn Windröserl.
  's Zeydl
drunt in der Senkn
is scho ganz glanzig –
Eh' si die andern lang bsinnen,
draußt an der Heckn,
der Nußheckn,

unter die nackertn Staudn
werdn d'Veigerl wach.

Da weiß ma's scho gwiß,
daß's aus is mitm Wintern,
daß d'Kältn und Zugwind,
Schaudern und Schnee
abgwirtschaft habn.

Und d'Sonna kommt höcher
und kriegt die recht Kraft;
na langt s' am End nunter,
tief nunter in'n Bodn;
und druntn die Wurzn,
die dickn, altn,
packt's an,
die werdn munter
und schickn an Saft
und's neu Lebn
nauf in die Gipfln,
daß's gar nimmer wissn,
wo aus und wo an,
und's Grünzeug treibt's raus.

D'Finkn und Meisn habn's wichti,
der Specht schlagt'n Takt
bis der Kuckuck schreit.

Des is an Aufwachn
rundum im Land,
rundumadum,
a fröhliche Urständ,
ein Auferstehn,
ein Auferstehn
aus wintriger Nacht,
von Trübsal und Dunkl,
von Schlaf und von Tod.

HEINRICH NOË

Südwind auf dem Chiemsee

Bei einem längeren Aufenthalte auf der Chiemsee-Insel (ich meine das waldige »Herren-Eiland«, nicht das von wenigen Häusern angefüllte Frauenwörth), den ich im Winter vor mehr als einem Lustrum nahm, hatte ich während meines täglichen Morgenspazierganges zur Pauls- und Ottosruhe, den wunderschönen Aussichtsplätzen über die Fluth, vielfache Gelgenheit, das Treiben der Winde über den Bergen und auf dem Wasser zu beobachten.

Es war kein Chiemsee-Winter wie jener, den ich in meinem »Baierischen Seebuch« beschrieben habe – keine Frostdecke schloß die weite Wasserfläche. Wir hatten nicht nothwendig, über verdächtiges Eis zu gehen, wenn wir an's »Festland« wollten. Die Fluth wallte ungebändigt gegen die Binsen, die in ihrer gelben Winterfarbe am seichten Ufer vor dem »Apfeltrag« und anderen schlammigen Inselrändern rauschen. Ende Januar »trieben« schon Frühlingsblumen in den Gärtchen der Häuser zwischen Prien und Stock und vom Winter waren es eigentlich nur die Nebel, die mich im hohen Tannensaal erinnerten, daß es um die Lichtmeßzeit war und nicht im naßkalten Sommer.

Oft wenn die Nebelwand draußen gegen das Ufer herzog bleich wie die Birkenstämme am Wasserrand und bald darauf, wenn Alles in den schweren Dunst eingehüllt war, die Tropfen an den Ästen hingen – dann wieder ein lauer Windstoß dreinfuhr und die Berge auftauchten, schwarzblau und nahgerückt, daß man vermeinte, sie stiegen vom Südufer des Sees gerade herauf, da dachte ich an das Walten der seltsamsten Natur-Erscheinung in unsern Bergen und ihrem Vorland, das Hereinbrechen des Südwindes der im Zauberschlag Winter zu Frühling macht, der in die Ordnung der Jahreszeiten ein-

greift, der unsere Seen aufwühlt wie das Mittelmeer, der die weißen Gipfel ihres reinen Gewandes entkleidet, der den Donner der Gießbäche entfesselt und vor dessen Hauch die Lawinen in die Tiefe stäuben.
Einige Jahre vorher hatte ich am nämlichen Tage die Leute zu Fuß nach der Frauen-Insel begleiten können, wohin sie in die Kirche gingen, einen Spazierstock in der Hand, ruhig über das mit geringem Schnee angestreute Eis hinpilgernd. Heute sah ich die Kirchleute zwischen hohen mit Schaum überrieselten Wellenbergen auf dem »Einbaum« zurückkehren. Wer hatte diesen Unterschied bewirkt? Der Südwind. Es ist kein Wunder, wenn in der Sage unserer Bergbewohner dieser Zauberer als ein wunderliches Ungethüm bezeichnet wird. »Diese Nacht wird der Wolf den Schnee fressen,« heißt es in manchem Alpenthale. Kein Wunder, wenn man bedenkt, daß sich die Luft, wenn das Ungethüm hereinbricht, vor seinem Hauch um zwanzig und noch mehr Grad des Wärmemessers erhitzt – wenn man weiter bedenkt, daß er um Mitternacht nicht kälter weht als um Mittag.
Schon gestern oder vor zwei Tagen (nehmen wir an, es habe noch große Kälte geherrscht) bedeckte sich der Südhimmel, vom prächtigsten Sonnenschein durchglänzt, mit großen milchweißen Wolkenstreifen. Sie verschwanden ab und zu, aber sie kamen wieder, breiter und länger. Unter ihnen veränderte sich die Farbe der fernen Berge allmählich von duftigem Lichtblau in einen schwärzlichen Ton. Thaleinsenkungen, Klüfte, Hervorragungen, welche vorhin nur durch das Fernrohr sichtbar waren, erkennt man nunmehr deutlich mit freiem Auge. Doch ist in der Luft noch keine Veränderung zu verspüren. Pulverig liegt der Schnee in der Kälte da, nichts regt sich.
Einige Stunden später dünkt es uns, wenn wir draußen herumgehen, mit einem Mal, als ob uns ein heißer Hauch angeweht hätte. Ehe wir uns der Empfindung recht bewußt werden, ist sie wieder entschwunden. Wir sind geneigt, sie für

eine Täuschung zu halten, für irgend eine Wallung unseres Blutes – denn es ist kalt rings um uns her, der Schnee kracht unter unseren Tritten und in der Nähe befindet sich keine menschliche Wohnung, keine Flamme, von welcher ein plötzlicher Windstoß den Brodem zu uns hätte herübertragen können.

Es vergeht eine kurze Weile und abermals – es kann keine Täuschung mehr sein – schlägt es uns wie von einer Lohe her entgegen. Wir haben ein Gefühl wie derjenige, der in einer Badewanne, in welcher aus zwei Krahnen kaltes und heißes Wasser einlaufen, seine Hand rasch von einer kalten in eine warme Wasserschicht emportaucht.

Dieses stoßweise Auftreten verkündet den herannahenden Südwind. Es bedeutet den Kampf, den er mit den kälteren Luftlagen noch durchzufechten hat, bis er Herr geworden ist. Der Kampf kann lange dauern, mehr als einen Tag, er kann auch mit dem Siege der kalten Luftströmung enden – das ist aber der unwahrscheinlichere Fall. Auch das Volk weiß, daß, wenn Luftströme von so verschiedenartiger Wärme durcheinander gemengt sich bewegen, »dem Wetter nicht mehr zu trauen sei.«

In der That wird man nach einiger Zeit meistens einen brühwarmen Sturm verspüren und dabei die Erscheinungen beobachten, die ich im vierten Theile dieses Buches bei Gelegenheit eines Bergüberganges nach Krumbach im Lechthale ausführlicher beschrieben habe. Hier will ich nur die Wärme erwähnen, mit welcher der Luftstrom aufzutreten pflegt. Dieselbe ist von den Sonnenstrahlen so gut wie unabhängig. Sie kann einen Herbsttag zum heißesten des ganzen Jahres machen.

Es ist im Schatten nicht kühler als in der Sonne. Es wird am Rande unserer Alpen so heiß wie in Lissabon, die Wellen des Sees gehen hoch, er gleicht einem ultramarinblauen, nach allen Seiten hin zerwühlten und zerklüfteten Gletscher. Allgemein ist der Glaube – und ich kann denselben aus einer

langen Erfahrung bestätigen –, daß dem Wüthen dieses heißen Stromes unfehlbar ein Niederschlag, je nach der Jahreszeit Regen oder Schnee folgen müsse.
Dieser Glaube ist in folgendem Schweizer Verse ausgesprochen:

> Der Föhn
> Macht schön,
> Wenn er vergaht
> Fällt er in's Kath (Koth).

Setzen wir statt des Wortes Föhn »Sunnenwind« oder »Etschwind«, wie der trockene Südsturm hier und dort in unseren Alpen geheißen wird, so sind fast gleichlautende Sprüche anzuführen.

FRIEDRICH RATZEL

Streiflichter

Ist Naturgenuß ein Erlebnis, so ist der Blick vom Berggipfel ein Erlebnis voll Überraschungen.
Indem ich das Stück Welt, das ich durchwandert habe, vom Gipfel herab betrachte, erscheint mir alles anders als vorher. Mein Gesichtspunkt ist ein neuer, und so ist auch das neu, was in meinen Gesichtskreis tritt.
Kein Ausblick in der Ebene, auch nicht der Blick aufs Meer vergleicht sich der Aussicht von einem Hochgebirgsgipfel an Mannigfaltigkeit und Größe; keinem ist so viel Fesselndes zu eigen, dessen Geheimnis wie unbestimmte Fragen und wie Aufforderungen groß und tief zu denken, sich an die Seele drängt.

Der Berggipfel liegt immer in einer anderen Zone als die Hänge, diese in einer anderen als der Fuß. Der Berg knüpft daher eine Verbindung zwischen der Erdoberfläche und den höheren Schichten der Atmosphäre, deren Erscheinungen er tiefer hinabträgt, teilweise hinabgleiten läßt, wobei durch die Abstufungen des Gefälles, der Wärme, des Druckes, der Niederschläge und des organischen Lebens eine Fülle mannigfaltiger Erscheinungen und eine, jede Landschaft und damit natürlich die Gesamterde bereichernde Allmählichkeit des Überganges stattfindet.

Ein schöneres *Wandern* als in einem Gebirgstale ist nicht leicht zu denken; die Täler schließen nicht bloß den Geologen und Geographen die Erdoberfläche auf, sie tun es auch, und zwar viel freigebiger und bedingungsloser noch, der einfachsten Betrachtung, die, ohne nach Gründen zu fragen, sich an den Dingen erfreut, wie sie sind. Nirgends gibt sich die Natur reicher, in keiner andern Form bietet sie dem Blicke eine solche Fülle von Erscheinungen so zusammengefaßt. Schon die Form der Täler, ihr Grund, ihre Abhänge, welche meist in Hügel oder Bergreihen gegliedert, vielfach gegeneinander verschoben sind und in wechselnde Höhen sich erheben, begünstigt reichste Entfaltung der Formen und der Beziehung des Erdreichs, der Felsen und aller Dinge, die auf ihnen leben, vorab der Gewächse. Ein Blick über die Ebene ist nur im Freien zu gewinnen und verliert durch die Verkürzung, die bald alles einförmig erscheinen läßt; aber in den Tälern bieten sich die Abhänge in der günstigsten Weise zur Betrachtung dar und umgeben dich oft von allen Seiten, als ob die sonst so dicht geschlossene Erde sich da zu einer halboffenen, farben- und formenreichen Riesenblume erhoben habe. Und dann ist ein Tal ein organisches Ganzes, in welchem nichts aus der Beziehung fällt, in welcher alle einzelnen Stücke desselben zueinanderstehen; der Bach oder Fluß, der sich das Tal geschaffen hat, faßt dessen einzelne Abschnitte wie Perlen an eine Silberschnur, und so durchstreift man, indem man sie verfolgt, keine Masse von unabhängigen, oft einander gänzlich widersprechenden Szenen, wie auf Ebenen oder in den Höhen, sondern geht sichtlich einem der Fäden nach, an denen die Natur ein Stück Erdgeschichte spinnt. Da ist alles auseinander hervorgewachsen, liegt nun in verschiedenen Entwicklungsstufen vor uns, und eines ist vollendet, während das andere erst im Werden ist; darum gibt es alte und junge Talstrecken, und wie an einem Baum ist das Hauptteil älter als die Zweige, die in es einmünden, und findet sich ein Wurzelsystem, das von den Quellen gespeist wird.

Da wir uns allmählich von der Straße und den Gebäuden des Passes entfernten und so steil, als es nur gehen mochte, an den tiefverschneiten Abhängen anstiegen, um keine Zeit zu verlieren, wurde alles, was das Auge umfassen konnte, immer fremdartiger und einfacher. Da war nichts als das Blau des Himmels, das in allen Richtungen in ungeminderter Wärme und Tiefe von Berg zu Berg gespannt war, und das Weiß des Schnees, das auf der Erde so weit ging, wie der Blick nur reichen mochte; über allem aber stand froh und still das Leuchten einer klaren Morgensonne und die kristallene Ruhe der kalten, ganz reinen, unbewegten Winterluft. Und die beiden Farben waren kaum abgestuft, so daß, wenn sonst der Himmel in seiner Farbeneinheit die bunte Fülle der Erde beruhigend und klärend überwölbt, nun diese selbst nur mit dem einzigen leuchtenden Weiß ihn an allen Enden berührte und anstrahlte. Es ist das mit Worten nicht wohl des weitern zu beschreiben, nur das kann ich sagen, daß dieses ungestörte Zusammenwirken von Sonnengold und Weiß und Blau allem im Gesichtskreis eine wunderbar reine und ruhige Einfachheit, die nirgends aus sich herausstrebte, überbreitete, und daß in dieser Einfachheit ein Fremdartiges, Tiefes lag, das solchen Zustand der Natur kaum mehr den irdischen Dingen vergleichbar erscheinen ließ. Wiederum zeigte hier der schrankenlos herrschende Winter seine schöpferische Macht und trat in ganz anderer Bedeutung hervor als etwa in unsern tieferen Regionen, wo er nur ein kämpfendes, oft früh erliegendes Dasein führen kann. Hier war er reich und mächtig erschienen, hatte höchst freigebig die winterlich verarmte Erde, die Reste der sommerlichen Blütezeit zugedeckt, hatte die Furchen und Schründe des altverwitterten Erdenangesichts geglättet und den Schutt des gewaltigen Ruinenfeldes, das wir Gebirge nennen, mit seinen reichlichen Spenden mitleidig umhüllt. In Riesenfalten schließt sich diese weiße Hülle dem hageren Leibe des Gebirges an; aber ihre Linien sind nicht hart und gebrochen, sie streben alle zu leichten Bogen und übertreffen jegliches Gestein in der Kühnheit und Mannigfaltigkeit, deren sie besonders an den sturmausgesetzten Punkten fähig sind, wo sie sich oft sehr weit in einer dünnen Schicht von den steilsten Abhängen waagrecht ins Blaue hinausbauen, wo Säulen und Pfeiler voll der phantastischsten Kanten und Aushöhlungen vom Winde zusammengeweht und geglättet sind. In diesen Formen wird der Sturm in seiner ganzen Kraft und Willkür abgezeichnet, und oft liegt so ein durchwühltes Schneefeld wie ein erstarrtes Stück sturmgepeitschten Ozeans vor dir. Von allen deutschen Flüssen ist der *Inn* dem Rhein am ähnlichsten. In seinem Steingrau schimmert sogar bei hohem Wasserstand das Grün aus den Wellenkämmen. Wenn sich dazu in jedem Wellentälchen das Blau des Himmels spiegelt, so gibt das vielfache Dämpfen und halbunterdrückte Leuchten von Grün und Blau eine herrliche Farbenmischung, die echt »alpin« ist. Im Winter sinkt der Wasserstand des Inn, wie aller Gletschergebornen, dann schlägt sich alles Grau nieder, und der Fluß wird immer dünner, klarer und leuchtender. Ein wunderbares Bild, wie beim Nachlassen der Regengüsse und Schneeschmelzen im Gebirge das Grün und Blau der Alpenseen und Gletscherspalten in die oft stundenbreiten, mit weißem Kies bestreuten Flußbetten der bayrischen Hochebene herabsteigt! Es erinnert daran, wie die Sonne aus den Dolomitzacken der Alpen das Steinerne gewissermaßen ausglüht, so daß nur noch Farbe und Licht sind. Dann sind von der Iller bis zum Inn die Bänder sichtbar, die das obere Donauland mit den Alpen verknüpfen, und bei Passau schürzt sich ein wahrer Flußknoten. Blicken wir von der Schwelle des herrlich erneuten Passauer Domes hinab, so sehen wir, wie sich der klare, grüne Inn mit der trüben, gelblichen Donau und dem dunkeln Waldwasser der »aus dem Wald« kommenden Ilz verbindet: die Alpen vereinigen sich mit dem Schwarzwald und dem Bayrischen Wald.

So sind auch die *Menschen* von den Alpenfirsten bis über die Donau hinaus viel ähnlicher, als der Grundunterschied ihrer Lebensbedingungen erwarten läßt. Der bayrische Stamm bleibt sich merkwürdig gleich zwischen Lech und Plattensee und zwischen der Oberpfalz und der tiroler Alpenwacht. Wenn sich jeder Deutsche unter deutschgebildeten österreichischen Offizieren in Rodna, Agram, Zara, oder wo es sonst in dem weiten Reich der Habsburger sein möge, heimisch fühlt, wie er sich einst in Mailand und Ancona unter ihnen heimisch fühlte, so sind es bayrische Züge, die ihn anmuten. Oberflächlich scheinen Wien und München sehr verschieden zu sein, ja noch immer mehr auseinanderzugehn. Und doch, je größer München wird, desto mehr treten wienerische Züge in seiner allmählich sich ausbildenden Großstadtphysiognomie hervor. Die zweite Großstadt des bayrischen Stammes im Donauland wird der ersten einst ähnlicher sein, als die norddeutschen Großstädte mit all ihrem Verkehr untereinander geworden sind.

EUGEN ROTH

Der Fischkasten

Zur Einweihung der neuen Innbrücke war auch der Regierungsrat Gregor Hauenstein von seiner Dienststelle beordert worden. Er war ein gebürtiger Münchner, aber seit vielen Jahren in Berlin beamtet; so freute er sich doppelt des Auftrages, der ihn, mitten im Juli, für zwei Tage in die alte kleine Stadt führte, an die ihn so manche Erinnerung seiner Knabenzeit knüpfte.
Lange nicht mehr hatte er sich so jung und vergnügt gefühlt wie an diesem Sommermorgen, als er in Rosenheim den Schnellzug verließ. Im Angesicht der Berge spazierte er auf dem Bahnsteig hin und her, wie ein Rabe im schwarzen Rock, die Schachtel mit dem hohen Hut schlenkernd an einem Finger, belustigt über seine eigene Würde, die es freilich erst morgen voll zu entfalten galt, beim festlichen Marsch über die neue Brücke, unter Fahnen und Ehrenjungfrauen.
Warum er den Hut so herumtrug, wußte er selber nicht. Er hätte ihn bequemer zu dem kleinen Koffer gestellt, den er schon in dem altväterischen Abteil zweiter Klasse untergebracht hatte, in dem er, nach einer halben Stunde Aufenthalt, die Fahrt fortsetzen würde.
Der Regierungsrat, seit dem Verlassen des D-Zuges wie um ein Menschenalter zurückverzaubert, war in wunderlichster Stimmung. Es gelang ihm heute nicht, sich und seine Sendung ernst zu nehmen, er spöttelte wider sich selbst, er stellte, endlich, die Schachtel mit dem Zylinderhut in das Gepäcknetz, turnte wie ein Schulbub am Wagen herum, bekam schwarze Finger und wusch sie sich am Brunnen.
Er ging wieder auf und ab, schaute über die Gleise auf den Wendelstein, der leichter und leichter ward im blaugolden steigenden Tag, sah auch in die sommergrüne, warm wer-

dende Straße hinaus, die zum Bahnhof führte, und erinnerte sich, daß er vor fünfundzwanzig Jahren wohl – oder war es noch länger her? – als Bub mit dem Radl da angesaust war, abgehetzt von drei Stunden verzweifelten Tretens, und doch um einen Augenblick zu spät, denn der Frühzug fuhr gerade an, ihm vor der Nase weg.

Ja, vor der Nase weg, und viele Anschlüsse hatte er versäumt seitdem, und wohl wichtigere, aber vielleicht war ein versäumtes Leben, aus den Sternen gesehen, nicht schlimmer als ein Zug; und sein Leben hatte er ja nicht versäumt, durchaus nicht, er hatte auch Anschlüsse erreicht, mühelos und pünktlich. Und nächstes Jahr würde er wohl Oberregierungsrat.

Der Reisende kam unversehens dazu, darüber nachzudenken, wie es ihm denn gegangen sei in diesen fünfundzwanzig Jahren, die zusammen mit den fünfzehn, die er damals alt war, gerade vierzig machten, ein schönes Alter, in dem das Leben gerade erst anfange, wie es jetzt so gerne gepredigt wurde. Nein, dieser Ansicht war der Reisende durchaus nicht. Er hielt es mit der bedächtigeren Weisheit, daß ein Mann mit vierzig Jahren wissen müsse, wo er sterben wolle. Sterben, das war nicht so gemeint, daß er sich nun gleich hinlegen müßte, nein, gewiß nicht; aber den Platz aussuchen, das sollte einer, wenn er nicht ein heimatloser Glücksjäger war, den Rastplatz, von dem aus ein Blick erlaubt war auf das wirkliche Leben und auf den wirklichen Tod.

Jeder Dorfschreiner hier unten hat ihn und jeder Bahnwärter, dacht er, und er träumt sich fort von dem ruhelosen Schattenleben der großen Stadt; ein Jäger und Fischer hatte er werden wollen, wie er ein Bub war, und ein Aktenstaubschlucker in Berlin war er geworden.

Noch einmal über seine Jahre hinschweifend, kam der Mann zu dem Ergebnis, daß es ihm, was das äußere Dasein anbelangte, schlecht und recht ergangen sei. Doch vermochte er sich selbst über sein eigenes, tieferes Leben wenig zu sagen;

er mußte bekennen, daß er den gültigen Standpunkt verloren oder noch nicht gefunden hatte, und daß er nicht wußte, was wohl überhaupt zu fordern und zu erwarten war.

Wenn es nichts mehr gab, wenn wirklich alles ausgeschöpft war, dann jedenfalls hatte er genug. Dann hatte er die Schicht durchmessen, innerhalb derer zu atmen erlaubt war; und weiter vorzudringen, hinauf oder hinab, hinaus oder hinein, war ein tödliches Wagnis. Denn an ein Ziel oder nach Hause würde er doch niemals kommen.

Der Regierungsrat, immer noch hin und her gehend, wurde es müde, Fragen zu stellen, auf die noch niemand je eine Antwort erhalten. Ihm fiel das alte Wort ein, daß die Gescheitheit lebensgefährlich sei, weil man verdorre an ihr, und daß einer, der sich feucht und frisch erhalten wolle, von Zeit zu Zeit in die tiefsten Brunnen seiner Dummheiten fallen müsse. Brunnen wohl, dachte er weiter, aber in den reißenden Strom? Und er entsann sich der vielen Altersgenossen, die in den Wirbeln wild strudelnder Jahre versunken waren. Und wer weiß, wohin noch alles treibt. Vielleicht würde auch er noch einmal, sowenig ihn danach verlangte, beweisen müssen, ob er schwimmen könne.

Endlich polterte die Maschine an. Ein paar Leute waren noch zugestiegen, lauter Bauern und Händler; niemand mehr kam in das Abteil zweiter Klasse. Der Zug fuhr auf dem gleißenden Schienenstrang in die Landschaft hinaus, die nun schon weiß war vor Hitze. Die Berge wurden dunstig, nahe grelle Bauerngärten, wehende reifende Felder gelb und schwer, dazwischen die graugrünen, moosbraunen Streifen Gebüsches, die den Fluß säumten, der mit schnellen, hellen Blitzen unter der zitternden Sommerluft hinschoß. Nadelspitze Kirchtürme, wie Minaretts, standen auf der jenseitigen Höhe, die warm im Walde wogte. Das war vertrautes Land; das mußte Griesing sein da oben. Und jetzt rollte auch der Zug schon in die letzte Biegung, seidiger Flatterwind umbrauste den spähend hinausgebogenen Kopf, dann war der Bahnhof von

Oberstadt zu sehen und das Städtchen selbst, flußabwärts auf der Höhe. Der Zug hielt, niemand stieg aus als der Regierungsrat Gregor Hauenstein: niemand empfing ihn: der rotbemützte Vorstand gab gleichmütig das Zeichen zur Weiterfahrt.

Es war noch nicht Mittag. Der Regierungsrat überlegte, im prallen Licht des öden Platzes stehend, daß nicht nur der Weg in das Städtchen hinauf heiß und staubig sein müßte, sondern daß es auch unklug wäre, sich jetzt schon den ehrenfesten Männern auszuliefern, die ihm mit allerlei Bitten und Beschwerden auf den Leib rücken würden, da ja ein Vertreter der höchsten Amtsstelle nicht alle Tage zu ihnen kam. Er blieb also unten, fand den Wirtsgarten des Gasthofs »Zur Eisenbahn« erträglich, aß, und nicht ohne wehmütigen Humor, das klassische bayerische Gericht, ein Kalbsnierenstück mit Kartoffelsalat, und trank, im Schatten der Kastanien, ein Glas hellen Bieres.

Er gedachte eine Wanderung zu machen und ließ sich von der Kellnerin erzählen, daß ein Stück flußaufwärts eine Fähre sei. Dort könne man übersetzen, finde drüben ein Wirtshaus und, hundert Schritte weiter oben, ein Kloster mit einer schönen Barockkirche. Von da aus führe ein Sträßlein über die jenseitigen Höhen wieder stromab, dergestalt, daß man bei der neuen Brücke drunten wieder an den Fluß komme. Sie selber sei da drüben noch nicht gewesen, aber die Leute sagten, es wäre ein lohnender Weg.

Der Regierungsrat machte sich auf und ging zuerst über die flirrenden, grillenschrillen Felder und Wiesen. Sein Gepäck hatte er einem Jungen gegeben, der es in den »Goldenen Krebs« hinaufbringen sollte, wo ein Zimmer bereitgestellt war. Er konnte also ausbleiben bis in den späten Abend, und das wollte er auch. Ärgerlich war nur, daß er so gar nicht aufs Wandern und Herumstreunen eingerichtet war, im schwarzen, bis an die Kniekehlen reichenden Rock, wie der Herr Pfarrer selber mußte er aussehen; und heiß war es ihm,

der Schweiß brach ihm aus, und das Glas Bier hatte ihn schläfrig gemacht. So schritt er unterm Feuerblick der Sonne hin.
Er überquerte das Bahngleis, das schnurgerade vom Süden heraufkam, den Damm, von Schabenkraut und Natternkopf dicht bewuchert. In einen Abzugsgraben sprangen viele Frösche, einer nach dem andern, sowie er das Wiesenweglein entlang ging. Das war ein schöner, wahrer Bauernsommer, echter als da drüben im Gebirge, wo es kein Querfeldein mehr gab, sondern nur noch Straßen, Zäune, Gaststätten und Verbotstafeln.
Er kam wieder auf ein zerfahrenes Sträßlein, blau von Wegewarten. Eichen standen mächtig im Feld, im kräftigen, tausendblumigen, gräserstarren, lichtgekämmten, glühenden Feld. Und dann hörten die süßen Wiesen auf und es begannen die sauern, mit Bärenklau und Disteln und Weiderich; und schilfige Gräben zogen herein.
Sand war jetzt überall auf den Wegen, ganz feiner Sand; es roch nach Verfall und fischigem Moder. Die Auenwälder, die von weither im leichten Triller der Pappeln und Weiden weißgrün und bläulich geblitzt hatten, taten sich mit dumpfer und schwärzlicher Schwüle auf, Erlen standen an finsteren Sumpflöchern, Brombeersträucher überwucherten den Sand, Minze wuchs in wilden Büscheln, Nesseln und Schierling waren da und viel Gestrüpp und Gewächs, das er nicht kannte.
Das Dickicht, von Waldreben geschnürt und übersponnen, ließ nur den schmalen Pfad im Sand, geil drängte von überallher das schießende, tastende, greifende Strauchwerk, von Lichtern durchschossen, von fremden Vögeln durchschwirrt. War diese Wildnis noch Heimat? Ja, sie war es und war es doch wieder nicht, tropisch schien sie dem erhitzten Mann, der im schwarzen Gewand, gebückt, von Dornen gepeitscht, durch diese kochende, brodelnde, flirrende Dschungel dahintrabte. Gestürzte Bäume verwesten in schwarzen Strün-

ken, Morast, trügerisch und übergrünt, vergor altes Laub, nirgends war eine Stelle, um zu rasten. Ameisen krochen eilig über den Sand, Käfer kletterten im Gras, das Wasser bewegte sich von Egeln und Larven, Läufer ritzten die dunkle Fläche. Und die Schnaken, heransingend, stachen gefräßig dreist, in Wolken stoben die Mücken auf, schillernde Fliegen brausten flüchtend vom Aas.

Es war ein unsinniger Plan, in der vollen Hitze eines Julimittags hier einzudringen in das verruchte Gehölz, ein höllisches Vergnügen, mit steifem Kragen und im Bratenrock eine afrikanische Forschungsreise zu unternehmen. Aber nun mußte doch bald der Fluß kommen!

Der Weg stieß jedoch wieder tiefer in den Busch. Dann erst kam ein Altwasser, still, schwarz, schweigend, mit steilen Böschungen. Der Stand war niedrig, lange hatte es nicht geregnet, auf dem Sand war die Höhe der letzten Flut in einem Ring von Schlamm und Schwemmgut abgezeichnet. Der Regierungsrat war, sobald er des dunklen Spiegels ansichtig geworden, wie verwandelt. Die unterste Gewalt des Menschen hob sich empor. So wie er da hinstrich, das morsche Ufer entlang, im lächerlichsten Aufzug, war er ein Wilder, spähend, beutegierig, aufgeregt von der Leidenschaft: hier mußten Fische stehen! Gleich würde er einen Hecht erblicken, steif lauernd, unbewegt, das Raubtiergebiß vorgeschoben, mit leichten Flossen tückisch spielend – und dann würde der davonjagen, ein grüngoldener Blitz, ins schwankend fette Kraut.

Der wunderlich verzauberte Mann lief, sich eine Gerte zu schneiden; was, Gerte, einen Speer, eine Waffe wollte er haben, blinkend sollte die ins Wasser fahren, den Hecht zu treffen, und wär's nur, daß eine Schuppe sich silbern löste zum Zeichen des Sieges. Und er schnitt, nach langem Suchen, einen schlanken jungen Eschenstamm aus dem Unterholz, einen kühlgrauen, kerzengeraden.

Es stand aber kein Hecht da, und dort stand auch keiner,

nirgends war die Spur eines Fisches zu entdecken. Und als der Lüsterne sich über das von Erlen bestandene Ufer beugte, ob unterm Wurzelwerk nicht stachlige, dunkelrückige Barsche auf und nieder steigen wollten in den Gumpen, da wäre ihm ums Haar die Brieftasche entglitten. Waldläufer und Fischer, dachte er, noch den Schrecken im klopfenden Herzen, hatten keine Ausweispapiere und Geldscheine in der Tasche, sonst wäre auch ihnen die Tunke teurer zu stehen gekommen als der Fisch.
Indes kam aber ein leise zischendes Rauschen immer näher, und unversehens stand der Pfadfinder am Strom, der weiß herschoß, milchtrübe, denn in fernen Bergen hatte es wohl geregnet, und das Wasser ging hoch.
Der Inn war an diesem Ufer eingebaut in mächtige Blöcke, daran der Fluß seine Flanken rieb. Vom Grunde her scholl ein geheimnisvolles Klirren und Klimpern, der Kies zog mit im Geschiebe, und oft schien von unsichtbaren Stößen und Schlägen das Wasser zu bersten, und es blühten dann seltsame, mit Kraft geladene Wolken von Schlamm auf in der klareren Flut.
Zwei Fischreiher duckten sich, mit schweren Schwingen aufzufliegen. Der Anblick der schönen, mächtigen Vögel machte das Herz des Mannes jubeln. Engel, dachte er, mit ihren Fittichen zur Sonne steigend, könnten keines glückhafteren Paradieses Boten sein. Denn dies, in diesem Augenblick, war ihm Begegnung mit der Freiheit.
Gregor Hauenstein zog sich rasch aus, es war ihm, als bedürfe es nur dieses Kleiderablegens, um einzutreten in den Zauberkreis. Und wirklich stand er eine Weile nun nackt, von Lüften leicht berührt, von der Sonne kräftig getroffen, in der gläubigen Seligkeit, drinnen zu sein, einverstanden mit der Natur. Aber es wurde rasch deutlich, daß er kein nackter Mann war, sondern doch nur ein ausgezogener Beamter, der auf dem rauhen Steingrund kaum zu gehen vermochte und der bei dem Versuch, ins Altwasser zu kommen, auf den erbitterten

Widerstand dieser herrlichen Natur stieß. Was Sand geschienen hatte, war knietiefer Morast, von dornigem Strauchwerk und krummfingrigem Geäst tückisch durchsetzt, so daß er, nach wenigen schmatzenden und gurgelnden Schritten, sich zur Umkehr gezwungen sah. Auch fielen, sobald er die frische Brise am freien Strom verlassen, die Mücken und Bremsen mit schamloser Begierde über ihn her. In den reißenden Inn aber wollte er sich nicht hinauswagen, und schließlich begnügte er sich, an einen Pfosten geklammert, sich von den kalten, weißgrünen Wellen bespülen zu lassen.

Dann setzte er sich auf eine Steinplatte und gedachte, noch lange zu ruhen und zu rauchen; alte Knabensehnsucht gaukelte ihm Wigwam und Friedenspfeife vor, Lagerfeuer und Indianerspiele im Busch; und die Squaw? erinnerte er sich mit leisem Lächeln, und es kam ihm in den Sinn, wie wenig Glück er bei Frauen gehabt hatte. Er war Junggeselle geblieben, ohne viel Bitterkeit, aber auch ohne viel Kraft zum Abenteuer; nicht so sehr frei, als vielmehr preisgegeben, hatte er gewartet, ohne etwas zu erwarten. Wartete er eigentlich noch? Die Unrast, die den Einzelgänger immer befiel, sobald er zu lang untätig mit sich allein war, trieb ihn auch jetzt wieder fort. Er schlüpfte in sein Gewand; nur den Kragen und den Schlips trug er jetzt in der Tasche. Seine Lanze aber wollte er nicht missen.

Näher, als er hatte vermuten können, durch eine leichte Krümmung des Stromes verstellt, lag die Fähre vor ihm. Welch ein abenteuerliches Gebilde, urtümlich, eine vorweltliche, glückhafte Erfindung des Menschen – und doch aller Sünde Anfang, wie er zugeben mußte. Denn der Weg von ihr zu den kühnen und doch so verderblichen Bauten unserer Tage war nur ein kurzer und folgerichtiger, dem gleichen Willen entsprungen, die Freiheit der Natur zu knechten. Hoch im Geäst einer einsam ragenden, zornigen Silberpappel war das Seil verschlungen, das hinüberlief zum andern Ufer, wo es in der Steilböschung verankert war. Bis an die heftige

Strömung des Rinnsals aber führte ein hochgestelzter, nur aus schwanken Stangen geknüppelter Steg, der mit einem Leiterchen endete, das zu einem Ländefloß hinabstieg, an dem die Fähre selbst anlegte. Drüben trat ein gebückter Mann aus einem Hüttchen, grauhaarig, bärtig, schaute herüber und nickte. Er nahm eine lange Stange von der Wand und ging zum Fluß hinunter. Der Wartende sah ihn in den Kahn steigen, doch erschien im gleichen Augenblick da oben ein buntes Mädchen und rief und winkte, daß der Fährmann warten solle. Der machte dann auch mit seinen langen, krummen Armen ungemein lebhafte Bewegungen, die alles andeuteten, was zu sagen und zu denken war, Entschuldigung heischend, zur Eile antreibend zugleich.

Dann war das Mädchen untergebracht, die Fähre glitt herüber und landete. Über das Leiterchen zu gelangen, war offenbar nicht leicht; der Regierungsrat, der behilflich sein wollte, stand gefährlich im Wege, beinahe hätte das Mädchen ihn vom Stege gestoßen; er mußte sich mit den Händen an sie klammern, denn er schwankte schon. Sie erröteten beide unter der unfreiwilligen und doch derben Umarmung, Wange an Wange.

Dann aber, unter Lachen, endete die Begegnung; der Fahrgast stieg ein, und still löste sich die Zille vom Floß. Die Wellen kamen her, in Wirbeln ums schaukelnde Schiff, und der Ferge hob bedächtig die Stange. Das Fahrzeug trieb nun rasch, in der Mitte der Strömung, die Rollen am Seil blieben zurück, liefen wieder voraus, rasselten, sangen einen hellen Ton. Jetzt, gegen die Sonne, kam das Wasser leicht klirrend wie Scheiben Goldes.

Der Gast wie der Fährmann schwiegen; es war das uralte Geheimnis der Überfahrt zwischen ihnen. Dann stieß der Kahn knirschend an den Kies des seichten Ufers.

Nun, während er ihn reicher, als es seine Pflicht gewesen wäre, entlohnte, fragte der Fremde doch einiges, was man so fragt, aber mit besonderer Begierde, ob denn auch noch

Fische im Inn wären und was für welche. Der Fährmann, mit der Hand wie verächtlich auswischend, meinte, Fische, ja, grad genug, Fische gäbe es im Inn, sehr viele, viele – aber, wie plötzlich sich besinnend, als hätte er von alten Zeiten geredet, schüttelte er bedenklich den Kopf: viele eigentlich nicht mehr, gegen früher. Da sei es noch ein gutes Handwerk gewesen, die Fischerei. Jetzt aber, nun, es wären noch Huchen da, Aschen, Weißfische und im Altwasser Hechte, armlange Trümmer, und der Loisi drunten – und er wies stromabwärts – habe erst gestern zwei gefangen, und einen mit dreizehn Pfund.

Der Regierungsrat ging den Waldhang hinauf, der von einem Bach aufgespalten war, der hier in den Inn mündete. Das Wasser, schwärzlich und golden, von fetten Strähnen grellgrünen Schlinggewächses durchzopft, schimmerte herauf und war bis zum Grunde klar. Der Wanderer spähte unverwandt, aber er stellte bekümmert fest, daß auch hier keine Fische zu sehen waren.

Auf halber Höhe stand ein Gasthaus; drinnen war Musik, erhitzte Tänzer traten mit ihren Mädchen heraus, wo an laubüberhangenen Tischen ältere Männer tarockten. Er ließ sich ein Glas Bier bringen und sah dem nächsten schielend in die Karten. Der aber verlor und verlor, warf sogar bald verdrießlich das Spiel hin und ging davon. Und wunderlicher Weise empfand auch der Zuschauer die widrige Laune des Glücks mit Mißbehagen, als hätte sie ihm selber gegolten. Er stand auf und streunte herum.

Das Rumpeln der Kegel zog ihn an, aber als er wie beiläufig in die Bahn trat, verstummte augenblicklich der muntere Lärm, um in schallendem Gelächter wieder hervorzubrechen, kaum daß er das lustige Häuschen verlassen hatte. So galt er denn hier für einen komischen Kauz, den sie nicht mitspielen ließen.

Mehr Erfolg hatte er, als er kurz darauf, gegen den Bach und eine nahe Mühle gewendet, zwei Männer gewahrte, die mit Feuerstutzen nach einer Scheibe schossen, die weit drüben, über der Schlucht, matt schimmerte. Der Zieler wies gerade mit seinem Löffel einen Zehner auf, doch der Schütze schien nicht zufrieden, er schüttelte verdrossen den Kopf. Er fragte den gespannt zuschauenden Fremden, ob er auch vom Schießen was verstünde. Und reichte ihm ermunternd die Büchse, die er wieder geladen hatte, zum Ehrenschuß. Seit dem Kriege hatte der jetzt Vierzigjährige kein Gewehr mehr in der Hand gehabt; nun ergriff er es mit Begierde, hob es an die Wange und suchte das Ziel. Schon aber hatte er den feinen Stecher berührt, der Schuß fuhr hinaus, verdutzt starrte der Schütze nach. Er wollte gerade einiges zu seiner Entschuldigung vorbringen, da scholl von drüben ein lauter Juhschrei, und auf der steigenden Scheibe hielt der Zieler mitten ins Blatt. Mit schweigendem Lächeln gab der Regierungsrat den Stutzen zurück.

So belanglos dieser Treffer sein mochte, plötzlich erschien er ihm als kraftvoller, geistesstarker Widerhall des Glücks, als Antwort angerufener Mächte, die uns unvermutet ihre gefährliche und zugleich tröstende Gegenwart künden wollen. Und es war, als hätte der hallende Schuß letzte Nebel zerstreut vor einem bewußten und frohen Auf-der-Welt-Sein. Ein freier und freudiger Mensch, ging der Gast nun weiter, nicht ohne seinen Gertenspeer wieder aufgenommen zu haben, den er an die Wirtshaustür gelehnt hatte.

Er sah im Vorbeigehen Ställe, roch Pferde. Vom grellen Hof birschte er sich, wie beiläufig, durch das nur angelehnte Gitter in die braune Dämmerung der Boxen. Ein mächtiger, starkknochiger Wallach stand in der ersten und wandte schwerfällig den alten Kopf. In den nächsten Ständen aber, kleiner als der ungeschlachte Riese, stampften junge Stuten, von gutem Schlag, glänzenden braunen Felles. Erregt witterten sie den ungewohnten Besucher. Der hatte kaum im Zwielicht sich zurechtgefunden, als auch schon ein mißtrauischer Knecht hinzutrat und unwirsch fragte, was der Fremde hier

wolle. Der aber, statt einer geraden Antwort, wies auf das große, rotgewürfelte Tuch, das der Knecht um den Kopf geknüpft trug, und fragte dagegen, ob er Zahnweh habe. Aufgehellt von solcher Teilnahme, gab der Mann gern Auskunft über seine Schmerzen und ließ sich leicht in ein Gespräch über die Landwirtschaft und die Pferde ziehen. Ob sie fromm seien, oder ob sie ausschlügen, wollte der Regierungsrat, wie nebenbei, wissen, indem er näher an die Stände trat. Der Liesl sei nicht zu trauen, meinte der Knecht, aber die Eva sei sanft wie im Paradiese.
Damit wandte er sich vorerst von dem Fremden ab, um seinem Stalldienst nachzugehen. Der Fremde aber, in einer unbeherrschten Lust, das schöne Tier zu liebkosen, ging auf das Pferd zu, das ihm als gutmütig bezeichnet worden war. Rossel, dachte er voller Sehnsucht und träumte sich in eine heldische Landschaft, drunten, am Fluß, unter einem sonnenzerstoßenen, rauchenden Regenhimmel, im grünen Sprühen der nassen Bäume und Büsche dahintrabend, schäumend vor Lust, zu leben und schweifend hinzustürmen, fremden, edleren Göttern untertan.
Im gleichen Augenblick aber drängte die schlimme Liesl ungebärdig nach hinten und schlug mit beiden Hufen nach dem Vorübergehenden. Er konnte mit genauer Not noch zur Seite springen und stand nun, zitternder Knie, an den hölzernen Verschlag gedrückt. Der Knecht lief herzu und machte ein finsteres Gesicht. Kleinlaut mit einem scheuen, wie verzichtenden Blick auf die Tiere, schlich der Eindringling hinaus. Es war nichts mit dem Traum, höhnte er sich selber; die edlen Götter wollten ihn nicht in ihren Diensten sehen. Und während der Schrecken jetzt erst, in hämmernden Schlägen des Herzens, von ihm wich, überlegte er die Gefahr, die ihm gedroht hatte. Aber: »Beinahe gilt nicht«, rief er kühn sich selber zu und schloß, ruhigeren Atems, den Kreis des Lebens über einem Abgrund von Gedanken.
Inzwischen war er an der Kimme des Hügels angekommen

und sah flußabwärts, in Wiesen gebettet, das Kloster mit der Kirche liegen. Ich will nicht länger fremden Göttern dienen, lächelte er, dem sanften Gotte meiner Kindheit will ich mich beugen. Und schritt den Hang hinunter. Den Gertenspeer aber trug er immer noch in der Hand.

Jetzt lehnte er ihn an die Pforte und trat in die Kirche. Kühl, schweigend, in bunter Dämmerung lag der Raum. Etwas war darin, wie das Schwirren der vielen Instrumente eines großen freudigen Orchesters. Bist du bereit, o Seele?, schien es zu fragen, gleich können wir mit der himmlischen Musik beginnen. Und er saß im Gestühl, und es begann das Spiel. Ohr ward in Auge verwandelt, und das Auge vermochte zu lauschen: wohin er sah, sprangen die Töne auf, jubelnd, in goldnen Kanten steigend, in eigenwilligen Schnörkeln entflatternd, zu starken Bögen gebunden. Sie sprangen über das hundertfarbene Gewölbe der Heiligen; da sangen blasse Büßerinnen und durchscheinend Verklärte; und bärtige Bässe mischten sich in die Lobpreisung. Aus der höchsten Laterne aber, darin der Geist als Taube schwebte, fuhr der Klang wieder herab, in den fleischernen Jubel der Engel und Putten, in den schweren Prunk der gebauschten Baldachine, in die goldnen Strahlenblitze der Verzückung. Zimbeln, Flöten und Trompeten, in Bündeln in die Chorbrüstung geschnitzt, wie Kinderspielzeug an den Altären aufgehängt, fielen silbernen Klangs mit ein, und von den Lippen jubelnder Märtyrer brauste des Dankes klare Verkündung.

Nun aber ward solcher Wohllaut geheimnisvoll durchstoßen von wirklichem Orgelton. Und es erscholl ein leiser Gesang, aber so hauchend er schien, er erwies sich mächtiger als der jauchzende Braus. Es waren die Nonnen des Klosters, die sangen, hinter den weißen und goldenen Gittern, aus einer anderen Welt. Die süßen Pfeifen der Orgel, die zarte, eintönige Trauer des Gesanges weckte auch in dem Lauscher das trunkene Lied, das in des Menschen Brust schläft, tief drunten bei den letzten Ängsten und bei der letzten Seligkeit.

Dies war freilich nur im Augenblick, daß seine zerspaltene Seele zusammenglühte zu einer brennenden Flamme der Liebe. Wir sind ja längst alle Waisen, dachte er, in schmerzlicher Ernüchterung; eine ganze Welt hat keinen Vater mehr. Dies ist ja Grabgesang und wehende Luft aus Grüften. Gesang und Orgelspiel endeten. Die Wände und Säulen waren stumm geworden, die Verzückung der Heiligen schien erstarrt. Blaugoldene Dämmerung füllte den Raum. Rasch brach der Einsame auf.
Auch draußen war nun schon später Nachmittag. Warmes Gold floß durch die Wälder her, die Bäume warfen lange Schatten auf die Wiesen. An der Kirchenpforte lehnte noch der Gertenspeer. Der Regierungsrat, veränderter Stimmung voll, war unschlüssig, ob er ihn mitnehmen sollte, denn er gedachte, seinen Ausflug nun gesitteter zu vollenden, auf dem Sträßlein geradeswegs gegen die neue Brücke hin zu wandern und zum Abend im Städtlein zu sein; er sah sich schon beim »Goldenen Krebs« sitzen, im Wirtsgarten oder auch in der Stube, beim frischen Bier, und die Speisenkarte vor sich ausgebreitet, aus der er, gar wenn er rechtzeitig kam, nach Herzenslust wählen konnte. Nun griff er doch nach der Lanze, er war fröhlich, ohne recht zu wissen, warum, er sang ein wenig vor sich hin, dummes Zeug, die Speisenkarte setzte er in Töne, kräftig ausschreitend, leicht in der mild wehenden Kühle, einig mit sich selbst, gesund, in jener herrlichen Spannung des Hungrigen und Durstigen, der weiß, der ganz sicher weiß, daß sein Verlangen gestillt wird, ja, der seine Sinne schon reizen darf, um sie desto feuriger in den Genuß zu entlassen. So marschierte er hin und hatte rasch die Höhe erreicht, die ihm einen letzten Rundblick bot, ehe das Sträßlein, waldhinunter, gegen Brücke und Stadt sich wandte. Die Brücke war auch von hier aus nicht zu sehen, eine schwarzgrüne Wand von Tannen verbarg sie. Aber die Stadt drüben hob sich schön und sicher feierlich ins schräg einfallende Licht. Auch vom Flusse war nur die ferne Herkunft

zu erblicken, gleißend, wie von verstreuten Waffen, lag es im Sand und Gebüsch. Das nahe Ufer aber, von schütterem Wald verstellt, blinkte nur ungewiß aus grünen Schluchten her.

Hügel um Hügel schwang sich im Süden den Bergen zu, die ihren mächtigen Bogen auftaten, zauberklar, nahe, wie sie den ganzen Tag nicht gewesen. So wie das Licht die Hügelkämme, die Wälderhöhen und die Gipfel traf, hatten sie ihren besonderen Widerschein, ihre eigene Verschattung. Im Sinken der Sonne blitzten, lösten sich Halden in sanften Dunst, glühten Felsenzacken in scharfen Kanten. Gegen Westen aber, in das Lodern des Gestirns hinein, hob sich Welle um Welle, das Land in unbegreiflicher Überwerfung, in immer dünnere, zartere Gebilde aufgeblättert, in den Taumel der Verzückung, bis der letzte Scheitel, nach hundert wilden, ausgebrannten und wie von Rauch allein noch bewahrten Farben, veilchenblauen, eisenbraunen, weinroten, in den zartweißen Duft verhauchte, mit dem sich das Land an die flammende Schwermut des unaufhaltsam stürzenden Tages hingab.

Der Wanderer, auf seinen Speer gebogen, genoß dies Schauspiel lange. Er stand, bis ihn, vom westlichen Hügel her, die Schatten trafen, bis die Ränder des Himmels, in giftigere Farben getaucht, einschmolzen, bleiern erkalteten, und bis, hoch in Lüften, auf blassem Federgewölk, die weiße Stille dahinfuhr.

Er riß sich los. Und morgen muß ich nach Berlin zurück, dachte er, und es war ihm wie damals vor vielen Jahren, als die Front ihn unerbittlich zurückforderte aus den seligen Händen der Heimat. Der Tag hier war ein Traum gewesen, Berlin hieß die Wirklichkeit. Aber noch einmal, wie ein Schläfer vor dem Erwachen, barg er sich in den holden Trug schweifender Gedanken: wie er hier hausen wollte im wilden Wald, ein Jäger, ein Schrat, ein Kentaur. Und zerwarf die gläsernen Gespinste mit wildem Gelächter.

Die Straße war inzwischen bis nahe an den Fluß herabgestiegen; doch blieb noch ein breiter Streifen buschigen Waldes zwischen ihr und dem Ufer. Es liefen aber kleine Steige hinaus, und einem von ihnen, an einem Wasserlauf entlang, folgte der Wanderer, in keiner anderen Absicht als der, noch einmal freie Sicht auf die Strömung zu gewinnen, ehe er an die Brücke kam und in den gebundenen Bereich der Menschen. Ja, in seinem Herzen schien die wilderregende Wanderung dieses Nachmittags bereits zu Ende; er war schon in Gedanken bei dem neuen Bauwerk, bei dem gemütlichen Abendessen, bei dem morgigen Fest.
Er ging den Graben entlang, der sich rasch zu einem Altwasser ausbuchtete. Es war wohl noch hell hier, außerhalb des Waldes, am weißzischenden Fluß; aber, um noch Fische sehen zu können, schien es doch bereits zu dämmerig. Trotzdem hielt er die Augen unverwandt auf die klardunkle Flut gerichtet. Er würde sich ja nun doch von seinem geliebten Wurfspeer trennen müssen, denn es ging nicht an, also gerüstet unter die Leute zu treten. Und welch würdigeren Abschied konnte er seiner Waffe geben, als daß er sie zu guter Letzt doch noch gegen ein geschupptes Untier schleuderte, einen Hechten, einen armlangen, dreizehnpfündigen, wie ihn der Fährmann geschildert hatte heute nachmittag.
Er hatte sich doch wieder heiß gelaufen auf dem Marsch vom Kloster herab, und es tat wohl gut, das schwarze Staatsröckchen noch einmal abzutun und die Weste dazu und sich hier auszulüften in der Kühle des Abends. Aber der Regierungsrat mußte bemerken, daß die Schnaken auch abends stachen und nicht schlechter als am heißen Mittag, und daß das Hemd sie durchaus nicht daran hinderte; er mußte auch einsehen, daß ein Mensch völlig wehrlos preisgegeben ist, der in der einen Hand seine Kleider hält, in der anderen aber eine zwecklose, kindische Gerte. Er überlegte eben, ob er besser diese fahren ließe oder aber seinen Frack wieder anzöge, als er einen Nachen sah, der am Ufer angekettet war.

Unversehens war er wieder völlig im Bannkreis des Wassers, und obgleich er sich selber einen alten Kindskopf schalt, war er doch schon entschlossen, sich an dem Kahn zu versuchen. Er legte Rock und Weste nieder und prüfte, wie das Boot befestigt sei. Die Kette war um einen Pfahl geschlungen, der im Morast des Ufers steckte, das in einer steilen Böschung abfiel. Es war nicht leicht, das Boot zu betreten. Es schwankte unter seinem Sprunge, und die schwarze klare Fläche schaukelte in weiten Ringen. Der Boden des Kahns stand voll Wasser, das unter dem Gewicht des Mannes rasch stieg, aus vielen Ritzen quellend. Doch mit dem Sinken mochte es noch eine gute Weile haben, und der Mann turnte bis zur flachen Spitze der Zille vor.

Das Unternehmen hatte sich gelohnt. Denn dort vorn war eine Kiste an den Kahn gekettet, ein plumpes, viereckiges Ding, das unbewegt unterm Wasserspiegel schwamm: ein Fischkasten!

Der Regierungsrat warnte sich selber. Es war eine heikle Sache, wenn jemand kam und ihn zur Rede stellte, gerade ihn, einen Beamten, der in besonderer Sendung hier weilte. Aber wer sollte kommen! Es zog ihm alle Finger hin. Anschauen war ja noch kein Verbrechen. Der Kasten hing an einer rostigen Kette, deren Schlußhaken im Boot verankert war. Er zerrte an der Kette, der Kasten kam langsam in Fahrt, bis er dicht an der Planke der Zille lag. Ein altes Vorhängeschloß hielt den Deckel. Im Kasten rumpelte es geheimnisvoll. Der Frevler sah um sich, horchte. Niemand kam, es war alles still.

Er lachte, die Hände am Schloß. Es brach mitsamt der Oese, die es schließen sollte, aus dem morschen Holz. Der Kasten war offen.

Er hob ihn über den Spiegel. Das Wasser schoß weiß aus den runden Löchern. Das Schlegeln drinnen wurde lauter. Jetzt mußte er den Fisch sehen. Angestrengt hielt er mit der Hand die Kette, mit der andern lüpfte er den Deckel. Und

da sah er wirklich den Fisch, ungenau im Dämmern, wild schnalzend, bald schwarz, bald weißlichgrün. Es mußte der Hecht sein, der dreizehnpfündige, der gewaltige Bursche, der da hämmernden Schwanzes sich gegen die Wände seines Kerkers schnellte, als wittre er Tod oder Freiheit. Und jetzt tauchte gar der Kopf des Ungeheuers über den Rand des Kastens, ein spitzzahniger Rachen, ein grünschillernder Augenblitz – erschrocken ließ der Regierungsrat den Deckel fallen; der Kasten glitt in die Flut zurück.
In diesem Nu schwankte der Kahn, mit Wasser gefüllt, unter dem Erregten weg. Er erschrak, suchte nach einem Halt, griff mit beiden Händen den Fischkasten, der, von dem Stoß getrieben, sich nach vorwärts schob.
Der Regierungsrat, nach dem ersten Schock über das unfreiwillige Bad, faßte sich schnell. Er schalt sich selber einen Fischnarren, einen heillosen Tölpel, der seine Strafe verdient habe. Es fiel ihm sogleich ein, daß er Rock und Weste nicht anhabe, daß somit das Wichtigste dem Nassen entronnen sei. Die Hosen und die Stiefel aber würde er schon noch leidlich trocken laufen. Ja, bis an die Brust im Wasser stehend, lachte er schon des Abenteuers, des Schwankes aus seinem Leben, beim Wein erzählt, im Gelächter der Freunde. »Aber halt!« rief er plötzlich, dem leise abtreibenden Fischkasten nachblickend, »wenn ich schon deinetwegen ins Wasser muß, du Teufelsvieh, dann sollst du mir nicht entwischen!«
Er watete vorwärts; es wurde tiefer, er schwamm. Kaum zwei Armlängen vor ihm schaukelte der Kasten auf leichten Wellen. Er holte ihn ein; das schlüpfrige Holz war schwer zu greifen, der Zug nicht ohne weiteres zu bremsen. Es würde besser sein, das plumpe Ding mit der Strömung ans Ufer zu schieben. Dort, ehe das Altwasser in den Fluß mündete, mußte es gelingen. Mit kräftigen Stößen drängte er nach rechts. Aber da schoß von links her, kalt siedend, weißblinkend der Inn heran. In einem mächtigen Schwall, ruhig und gelassen, ergriff der Strom den Schwimmer. Der hatte den

Fischkasten halten wollen, jetzt hielt er sich an ihm. Das Wasser war so kalt nicht, es war auch noch bläulich hell über den Wellen. Und so dahingetragen zu werden, war, nach der ersten Angst, fast schön und feierlich.

Dem Regierungsrat fiel das Wort ein, das er schon einmal zu sich selber heute gesagt hatte, daß der Mensch, wenn er lebendig bleiben wolle, von Zeit zu Zeit in die tiefsten Brunnen seiner Dummheit fallen müsse. Und hatte er nicht auch an den reißenden Strom gedacht? So wahr, bei Gott, war noch selten ein Wort geworden. Und dieser ganze Tag, hatte er nicht Jahre des Lebens wettgemacht? Die Fähre, das Mädchen im Arm, der glückliche Schuß, das schlagende Pferd, die blühende Kirche, der Sonnenuntergang – und nun dies Abenteuer, ein würdiger Abschluß, Rock und Weste, sozusagen der eigentliche Regierungsrat, lagen wohlgeborgen am Ufer, hier aber trieb ein Mann dahin, vom Strom gewiegt, ein Mann, der schwimmen konnte.

Der Inn holte jetzt zu einer weiten Biegung aus. Der Mann mit dem Fischkasten kam nahe ans Ufer, aber die Rinne war hier tief und schnell. Da stand jetzt die neue Brücke, festlich geschmückt. Der Schwimmer sah hinauf: sie war menschenleer. Niemand würde ihn bemerken, das war gut so. »Hochansehnliche Festversammlung!«... Da würde er morgen stehen, die Hosen frisch gebügelt, kein Mensch würde etwas merken von dieser lächerlichen Geschichte.

Der Fluß lief wieder gerade. Unterhalb der Brücke sah der Schwimmer Sandbänke schimmern. »Dort werde ich an Land gehen«, sagte er. »Wenn mir nur der Bursche hier drinnen nicht auskommt, der an allem schuld ist. Ich werde den Kasten dort verankern; ich werde mit dem Fischer reden, heute noch, und ihm beichten. Und dann werde ich kurzerhand den Kerl da mitsamt dem Kasten kaufen, käuflich erwerben – ward je in solcher Laun' ein Hecht erworben?«

Die Brücke stieg jetzt ungeheuer hoch über das Wasser. Nun erst sah der Regierungsrat, wie reißend schnell der Strom

ihn dahinführte. Links müßt Ihr steuern! dachte er, kräftig rudernd, noch den alten Spruch belächelnd. Aber der ungefüge Trog gehorchte mehr der Gewalt des Flusses als den stemmenden und haltenden Kräften des schwimmenden Mannes. Der spürte den saugenden Drang des Wassers und erwog die Gefahr. Eine Stimme rief ihm zu, er solle doch den Kasten fahren lassen, ja, sich selber mit einem Ruck abstoßen, in die Mitte der Rinne hinein. Das rät mir der Hecht, lachte er und rührte kräftig die Beine. Das könnte dem Burschen so passen. Aber nein, mein Freund, wir bleiben beisammen!
Da war schon der Pfeiler. Das Waser, am Bug gestaut und gespalten, wich in einem Wirbel aus und gurgelte dann schräg nach rechts hinunter. Der Kasten, schwankend und halb kippend, streifte mit knirschendem Schrammen die Betonwand. Das morsche Holz wurde aus dem Gefüge gequetscht. Der Schwimmer sah noch einen schlagenden, leuchtenden Schein dicht vor den Augen. Der Hecht! Der Hecht! Er tappte, griff schleimige Glätte, drückte zu. »Hab' ich dich, Bursche«, jubelte er, da hob ihn die Woge und schlug ihn hart an die Mauer.
Aus den sich lösenden Händen des toten Mannes schoß der befreite Hecht mit kräftigen Schlägen in den Strom hinaus.

LUDWIG STEUB

Am Tegernsee

Wer sich auf Reisen belehren will, darf nicht ewig in Gmund bleiben. Ein Ausflug nach Tegernsee ist gerade so nahe und so wichtig wie einer von Schwabing nach der Residenz. Es war an einem Sonntagmorgen, als ich alpenbedürftig vor der Post ankam. Ach, das sah aus wie ein Jahrmarkt, wo der am dichtesten ist! Ein halbes Dutzend Stellwagen luden ihren mannigfaltigen Inhalt aus, verschiedene Equipagen rollten vor, etliche Sonntagsreiter mischten sich unter die Menge, die von einem Kranz von Schifferinnen, Wildpretschützen, Almerinnen und Landleuten aller Art malerisch umfangen war. Auch etliche Tirolerinnen machten ihre Aufwartung und waren mit Aprikosen wie anderen Südfrüchten freundlich zur Hand. Die Kellner rannten, die Lakaien schwirrten, die Hausknechte brüllten. Viele Ankömmlinge standen ratlos in dem Wirrsal – kein Zimmer, kein Quartier, kein Bodenloch! hieß es von allen Seiten. Desto sicherer drehte sich da um die eigene Achse ein unzerstörbarer Stock von wohlvermieteten Münchnern, lauter gute Leute, die zum Ausschiffen der Stellwagen herbeisputeten wie die Kinder zur Wachtparade. Es ist so angenehm, sagt der alte Dichter, vom sichern Ufer aus dem Schiffbruch der anderen zuzusehen. Diese Zuschauer gewährten auch in der Tat lauter angenehme Gesichter und schienen in der herrlichsten Sonntagslaune. Herr Oberleutnant N., in der Stadt so vornehm, grüßte mich sogar. Viele andere Zivilpersonen von der Altane, von der Türstaffel herab taten desgleichen. Und wirklich, diese Blumenlese von lieben Bekannten – wer konnte sie nur im Traume ahnen! – sie ging weit über die kühnsten Wünsche. Hier der Herr Sekretär, dort der Herr Assessor, der Herr Bezirks-, der Herr Regierungs-, der Herr Appellations- und

Oberappellationsrat, der Herr Staatsanwalt, der Herr Kommissar, der Herr Oberkommissar, der Herr Inspektor, der Herr Direktor, der Herr Konsistorialrat mit seinem christlich-germanischen Lächeln – auch der Herr Baron, der Herr Freiherr, der Herr Graf aus München waren da, alle in der Joppe und im ländlichsten Humor – aber es war fast zuviel auf einmal, und wirklich überwältigend.

Ach, lieber Gott, betete ich endlich, nur *ein* norddeutsches Gesicht, sei's ein Hannoveraner, ein Märker, ein Mecklenburger oder Pommer, nur einmal eine Abwechslung! – Und übersättigt von der Süßigkeit taumelte ich fort an die Table d'hote zu Guggemoos und kam unbewußt neben ein fremdartiges Hochzeitspaar aus Niedersachsen zu sitzen. Dieser günstige Zufall goß vorläufig Ruhe in mein beängstigtes Gemüt. So gibt's denn doch noch ein Fleckchen, dacht' ich mir, wo ihr nicht seid, ihr Lieben und Getreuen! Die junge Dame war schön und liebenswürdig, zum erstenmal im Gebirge und sonst auch ganz glücklich. Aus den reinen Augen lachte jene harmlose Seelengüte, die ich an den Frauen immer mehr schätzen lernte, je seltener ich sie in Wahrheit zu finden glaube. Hin und wieder sprachen wir etwas, hin und wieder auch nichts. Dieser geringe Verkehr stellte gleichwohl meine geistige Gesundheit wieder her. Als die Tafel aufgehoben war, dachte ich mir: »Noch einmal wag' ich's!« – und machte mich auf nach Egern.

Als ich an der Abtei, dem jetzigen Schloß, vorüberging, fiel mir die Vergangenheit ein, das Mittelalter, das Jahr 746, wo Otkar und Adalbert, die beiden frommen Brüder aus edlem Stamm, im Tegernseer Urwald den Grundstein des später so berühmten Stiftes legten. Ach, wie lange ist das her! Wie fern sind uns jene Zeiten, wo der bayrische Adel, statt in bedenklichen Wechselsgeschäften zu machen, jenen Überfluß für Bildung und Wissenschaft strömen ließ! Übrigens gibt es Augenblicke auf dem Lande, wo uns zu engerem Umgang ein althochdeutscher Klosterbruder ebenso lieb wäre, als irgend eine hoffnungsvolle Nummer aus einem neuhochdeutschen Staatshandbuch. Wie herzlich gern wär' ich dir begegnet, verehrter Fromund aus dem zehnten Jahrhundert, du Freund des Sängers von Venusia und unermüdlicher Kopist, oder dir, mein Werinher, ein heiterer Scholastikus, der schon dazumal ein Lustspiel auf den Untergang des Antichrist geschrieben, welches man wohl einmal auf unserem Hof- und Nationaltheater aufführen dürfte – und wie gern hätte ich dich gesehen, Metellus, den ältesten Poeten des Bayerlandes, der bereits zur Zeit der Ottonen lateinische Almenlieder gedichtet! Die Tegernseer Mönche schrieben nebenbei so schön, daß sie für ein kalligraphisches Meßbuch Weinberge, Wiesen und Gehölz bekamen. Auch Friedrich der Rotbart, der von ihrer Kunst vernommen, bestellte sich daselbst ein Missale, und ist der Brief noch heutigen Tages zu lesen. Kaiser Heinrich III. erhielt sogar eine ganz herrlich geschriebene Bibliothek geschenkt. Aus jenen dunkeln Zeiten leuchten deshalb mit besonderem Licht etliche kunstreiche Schönschreiber hervor, ein Sigibold, ein Adalbert, ein Ellinger usw., wogegen wohl mancher gelehrte Vater, der den Plato und den Aristoteles verstand, für alle Zeiten vergessen ist. In solchem Ansehen stand vor achthundert Jahren in Altbayern die edle Schreibkunst, welche da seitdem wieder so herabgekommen ist, daß man die verehrungswürdigen Erkenntnisse unserer Gerichte jetzt kaum mehr lesen kann, teils wegen Schlechtigkeit der Handschrift, teils wegen Unsinns der Abschreiber.

Das freundliche Egern ist nur durch eine kleine Meerenge von Tegernsee getrennt, doch behauptet man, zwischen den Städtern oder Sommerfrischgästen von Egern und denen von Tegernsee sei ein ungeheurer Unterschied der Denkungsart, der Sitten und der Tracht. Wer einmal in Tegernsee sich eingewohnt, passe seiner Lebtage nicht mehr nach Egern, und umgekehrt. Ein andermal werden wir vielleicht diese kulturhistorischen Rätsel näher untersuchen; heute wollen wir nur bemerken, daß auf jenem Gestade, wo die Fähre abstößt, an diesem Nachmittag sich fast immer mehr Seelen zusammenfanden, die nach dem Jenseits begehrten, als weiland um Charons schier zu oft zitierten Nachen. Früher war den Wartenden gar kein Schirm vor Regen oder Sonne geboten, jetzt steht wenigstens ein hölzernes Vordach da, unter welchem wir den glühenden Strahlen auszuweichen suchten. Da mir heute gar nichts zu Dank war, so dachte ich ärgerlicherweise: Wären wir jetzt im alten Griechenland, so stünde hier eine reizende Stoa mit korinthischen Säulen, und auf der Hinterwand hätte Zeuxis mit seinem famosen Pinsel ein mythologisch-historisches Gemälde hingehaucht, etwa wie die klassisch gebildeten Mönche von Tegernsee und ihre Braumeister sich mit Tritonen, Nereiden und Delphinen im Wasser tummeln – im Hintergrund der Hirschberg mit seinen Gemsen! Den Tegernseern wäre eine solche Pökile wohl auch schon angenehm, wenn sie nur einen unentgeltlichen Zeuxis fänden. Ich war schon wieder unversehens unter lauter Lieben, so daß ich nur in der goldenen Sonne, der herrlichen Landschaft, dem Blick auf die grünen Almen und den blauen See noch einigen Trost fand. Ach, du weiland stilles, idyllisches Egern, wie bist du doch so eigen geworden! Im See staken ein halbes Dutzend Bader, vielmehr Badende, männlichen Geschlechts natürlich, nur mit den Häuptern sichtbar, welche wie abgeschnitten auf den Wassern schwankten. Fräulein Crudelis fuhr schiffend am Gestade entlang, mutterseelenallein in einem bemalten Kähnchen. Die Zephire hatten – ich weiß nicht wie – den Weg in ihre weiße Krinoline gefunden, welche sich wie ein Segel blähte, so daß sie nur milde durch die Seerosen hinzusteuern brauchte, was sie mit himmlischem Lächeln tat. Derweilen schallen aus allen Fenstern die kunstreichsten Klavierkonzerte, die Chansons d'Amour, der Marsch aus dem Sommernachtstraum. Eine Zither schlägt den Elfenchor aus Oberon; Fräulein Amara jodelt: »Zu dir zieht's mich hin...« usw., mit jugendlichem Ungestüm, als wenn sie gar nicht mehr aufzuhalten wäre. Hin und wieder ein Trompetenstoß aus dem Wirtsgarten wie ein Posaunenschall aus einer anderen Welt, und von der nächsten Wiese die Musik des Rindviehs, welche wir weit oben im Bergwald aus sentimentaler Schwelgerei »Alpengeläute« nennen, während uns hier die einfachen Instrumente derselben neben der Harmonie der Pianoforte doch auch nur vorkommen wie die gewöhnlichsten Kuhschellen.

Im Wirtsgarten zu Egern saßen etliche Senate der beiden Münchner Bezirksgerichte beim braunen Bier, etliche Museumsfräulein bei ihrer Milch – mehrere würdige Matronen mit ihren keifigen Gesichtern lorgnettierten die ganze Welt. Da fand ich auch nicht, was ich im stillen begehrte – ich wollte nach Rottach hinüber, um das Letzte zu versuchen. Rottach ist der Zwillingsbruder von Egern, beide sich so ähnlich, daß man sie selbst in der Nähe kaum unterscheiden kann. Viele gingen nach Rottach, viele kamen daher – Männer und Frauen, diese verlockend geputzt mit den neuen Amazonenhütchen, auch schottisch verkleidete Münchner Kinder, welche unter sich französisch redeten; ferner der Herr Juwelier aus der Weinstraße, der Herr Großhändler von der Kaufingerstraße, die »lange Warenhandlung« vom Promenadeplatz, das Geschäftscomptoir bei den Theatinern – lauter Händedrücke, Begrüßungen und freundliche Erkundigungen. Wie man auf dem Maskenball fragt: »Bist auch da?«, so fragt man am Tegernsee: »Wie kommen Sie daher?«, obgleich jeder weiß, daß es da her eigentlich nur einen Weg gibt, und daß alle nur die eine Sehnsucht treibt, die Stadt und die Städter loszuwerden. Ihren Umarmungen kaum entrissen, begegnet der Wanderer wieder einer anderen Gefolgschaft – Dichtern, Malern, Professoren, Kunstschriftstellern, Politikern, nebst verschiedenen Gattinnen und Töchtern. Wieder Patschhändchen und Freundlichkeiten ohne Zahl. Ich nahm den Dichter zur Seite und flüsterte wehmütig: »Lieber Dichterling, ich habe einen wirklichen Poeten in der Tasche, möchte gern in einsamem Waldesgrün etliche Idyllen lesen – ist vielleicht dort drüben ein stiller Ort unter einer Linde, oder wär' es auch unter einem Tannenbaum?« »Ach«, sagte der Poet, »dort drüben ist's noch viel ärger als hier. Hundert Münchner sitzen jetzt beim Kaffee und hundert andere krabbeln an den Bergen herum und machen die ganze Gegend unsicher!« Eine alte Misanthropie, herber Täuschungen bitterer Sprößling – oft unterdrückt, nie ganz zu vertilgen –, brach nun unwiderstehlich los. Ihr lieben Freunde und Bekanntinnen, dachte ich, o wäret ihr doch jetzt nicht hier, sondern im Tivoli oder bei Reibel zu München, wo ich niemals hinkomme – und raschen Entschlusses flüchtete ich wieder über die Fähre, und ganz verschüchtert, allenthalben ausweichend, am Tegernseer Schloß vorbei und hinaus, hinaus, bis ich einsam am Wege stand, der da zieht von Tegernsee nach Gmund. Die Sonne war untergegangen, ein feuriges Abendrot lag über dem Flachland draußen, die Luft war ruhig, der See auch, so daß man bis von Kaltenbrunn herüber die Mädchen lachen hörte. Die Berge standen schwarz und groß umher und die Sterne stiegen über ihnen funkelnd auf – o du herrliche Einsamkeit! O du stille Pracht der Nacht. Es war kein Gram mehr in meiner Brust, ich segnete alle, denen ich heute begegnet – es waren doch lauter treffliche Leute!

HANS CAROSSA

Sah in's Tal hinaus...
Eine Kindheitserinnerung

Am Ostermontag nach dem Essen waren die Eltern nach Tölz gefahren, ich stand allein am Fenster, da kam, gemächlich knirschend, der gelbe Postwagen den Hügel herab. Der Postillion, prangend in Silber und Blau, begann auf dem Horn ein Lied zu blasen, es durchfuhr mich unüberwindlich; mit laut schlagendem Herzen sprang ich auf die Straße, sah den Kopf des Bläsers nach der anderen Seite gewendet und saß im Nu hinten auf dem Trittbrettchen, dunkel entschlossen, bis zur Loisach mitzufahren. Bald blieb das Dorf zurück, und ruhig, unter blauem Himmel, ergab sich das Wohlbekannte: gereihte Birken längs dem Straßengraben, wo schon Dotterblumen und Mehlprimeln blühten, das kupferbraune Moor mit aufgestapeltem Torf, und hinter allem die hell verhüllten Gebirge. Der Postillion blies Lied um Lied; ein weißes Gestäube ging von den Rädern aus. Dann und wann griff ich nach den Haselnüssen... Plötzlich fiel mir auf, daß ich die Gegend, welche wir nun durchfuhren, gar nicht kannte; nie hatte ich so viele Bäume gesehen, nie so große Steine, ich begann mich zu fürchten... Unverhofft endete die Fahrt an einem großen weißen Hause, an dem ein blaues Briefkästchen angebracht war; ich vernahm ein behaglich-gleichmäßiges Gesumm, dazwischen Zitherspiel, Gesang und Kegelkugelrollen und sah in einen offenen Wirtshausgarten hinein, wo viele Leute vor großen Krügen an langen Tischen beisammen saßen. Wie von Schlägen mürbe ließ ich mich abgleiten und wurde bald von staunenden Kindern umringt und jungen Müttern zugeführt. Sie fragten mich, wem ich gehöre, wuschen mir am Brunnen mein verstaubtes Gesicht und wußten jedes Bedürfnis. Endlich setzten sie mich zu ihren Männern an einen Tisch, brachten Ostereier, Brezeln und Milch und sprachen dabei immer von meiner Mutter, wie sie sich um mich ängstigen werde. Zuletzt beschlossen sie, mich dem Postillion, der nach zwei Stunden zurückkehren mußte, einfach wieder mitzugeben. Nachdem ich an den Speisen satt geworden, zogen mich die Kinder fort. Wir einigten uns auf ein Versteckspiel. Bald war auch ich an der Reihe, mich zu verbergen und gesucht zu werden. Ein langer scheunenartiger Bau schien meinem Zwecke dienlich; ich trat ein und sah, während ich mich im dämmrigen Raum weitertastete, wie gerade durch eine Luke am Boden der andern Seite etwas unbeschreiblich Schönes ins hereinfallende Licht hinaus entschwand. Begierig sprang ich nach und zwängte mich durch das Pförtchen. Es gelang nicht leicht; meine Jacke zerriß, Knöpfe hüpften davon, endlich stand ich draußen im Freien bei einem herrlichen Pfau. Jetzt aber, ganz nah, schollen die Rufe der Verfolger.

Vor mir stand Schilf und kahles Gesträuch als einziger Unterschlupf – plötzlich stieß das gleißende Tier einen Schrei aus, scharf, böse wie ein Schimpfwort – erschrocken brach ich mit einem Satz in das Dickicht ein und stürmte, Geflecht und Geschling überwindend, unaufhaltsam vorwärts, bis ich an eine kiesige Fläche gelangte; hier hielt ich und horchte. Die Kinder waren still, der Pfau war still; ein leises Tosen erschütterte den Boden, und breit hinaus, durch Strauch und Pflanzengefüge, glänzte das Wasser. Ich sah mich in der Nähe um. Nur schmaler trockener Grund schied mich von allerlei Tümpeln und Lachen mit schwarzem, halbüberschwemmtem Gestrüpp; hier hatten sich viele Holz- und Schilfstückchen gesammelt, dicht aneinanderliegend schwammen sie wie kleine Matten auf dem unruhigen Wasser, zierliche Vögel standen darauf und ließen sich schaukeln. Draußen aber war die große zu Wirbeln verzogene Flut.

Da wars, als hörte der Fluß zu fließen auf, als triebe vielmehr ich selber samt dem Ufer mit rasender Gewalt ins Unbekannte. Zugleich spürte ich einen leichten Schwindel und wagte von der täuschenden Ferne nicht wegzuschauen. Ich entsann mich auch dabei, daß ich über die Loisach hatte laufen wollen. Drüben, jenseits des Flusses aber nahte jetzt Musik, mir schien von einer Ziehharmonika, dazu heller vollstimmiger Gesang, ein Flirren von buntem Kleid oder Band. Da verlor sich das Trügende, das Wasser floß wieder, und während Musik und Farben sich entfernten, trieben auf den Wellen allerlei Gegenstände herunter: ein Stuhl, ein Rechen, ein

Backtrog, und ganz nahe, in schrecklicher Wahrheit, ein bräunliches Tier mit kugelhaft geblähtem weißem Bauch und entblößten schimmernden Zähnen. Dieser Anblick weckte unermeßliches Heimweh, bedroht schien die Rückkehr zur Mutter, und als nun gerade ängstlich, fast zornig die suchenden Kinder nach mir schrien, wars wie ein Glück. Ich folgte mit lauten Antwortrufen,... stürmte weiter und langte heiß und froh im Garten an. Schon stand der Wagen zur Abfahrt bereit. Ich nahm Abschied von den kaum gewonnenen Gespielen und lud alle zu einem Besuch in Königsdorf ein ...

WILHELM HEINRICH RIEHL

Hoftafel bei König Max II. auf der Blumser Alm

Zwei Tage hatten wir, völlig eingeregnet, in dem Jagdschloß der Vorderriß verweilt, als endlich der 10. Juli den sehnlich erwarteten blauen Himmel brachte. Ein sonnenheller, kühler Frühmorgen weckte uns, die Berge waren mit frischgefallenem Schnee bedeckt, was als gutes Wetterzeichen gilt, und wir rüsteten uns zu einem Zug über das Blumser Joch (in Tirol), um von dort zum Achensee niederzusteigen. Durch das großartige Alpental zur hinteren Riß wurde gefahren; dort bestiegen wir die Reitpferde, während unsere Wagen auf großen Umwegen über Bad Kreuth zum Achensee gingen, wo sie uns am nächstfolgenden Tag erwarten sollten. Wir ritten zwei Stunden einen rauhen Fußpfad hinan bis zur Hagelhütte; hier mußten wir absitzen, die Pferde wurden zurückgeschickt und das Steigen begann. Der König führte bei solchen Gelegenheiten einen Spruch im Munde, den er Saussure beilegte: »man muß auf die Berge steigen, als ob man niemals hinaufkommen wollte«, – und richtete sich nach dieser Regel. Er stieg äußerst langsam aber sicher und ausdauernd und kam zuletzt doch immer ans Ziel, obgleich es den Begleitern manchmal schien, als sei der Gipfel gar nicht zu erleben. So erreichten wir denn auch den wohl gegen 6000 Fuß hohen Rücken des Joches erst um zwei Uhr nachmittags. Da droben sah es prächtig aus; die Julisonne leuchtete blendend auf den frisch gefallenen Schnee, aus welchem an den steileren Seitenhängen ganze Fluren rot blühender Alpenrosen hervorschauten, hier und da auch ein vereinzelt blühendes Edelweiß.

Nun hätten wir oben unseren Mittagstisch halten sollen angesichts des großartigen Umblickes, der sich links in die tiefe Schlucht des Achensees, rechts in die Wildnisse der Hochalpenkette öffnete. Allein, mitten im Schnee, der obendrein bereits wieder zu schmelzen begann, ließ sich das denn doch nicht durchsetzen. Rottenhöfer war schon frühmorgens mit vielen Trägern und seiner ganzen Küchenausrüstung heraufgegangen. Er hatte unfern des ungastlichen Joches eine Sennhütte, die Blumseralm, gefunden, welche wenigstens Obdach bot. Aber an ein Aufschlagen der Tafel in der Hütte, wo nur eben das Bett der Sennerin neben dem Herde und dem Käsekessel Platz hatte, war freilich nicht zu denken. Rasch entschlossen ließ er darum den einzigen größeren bedeckten Raum, den Kuhstall, ausräumen. Der Boden wurde zur Vertilgung ländlicher Gerüche dick mit frischem Heu belegt, die Wände mit Gewinden von Knieföhrenzweigen und Alpenrosen malerisch maskiert; vor der schlimmsten Partie aber waren zwei blendend weiße Bettücher in groß stilisiertem Faltenwurfe aufgehangen und reich mit Alpenrosen bekränzt. Die Türöffnung war so niedrig, daß man nur gebückt hereinkommen konnte. Fenster nicht vorhanden. Zum Ersatz fiel durch die zahlreichen Löcher des Daches eine Art rembrandtisches Oberlicht in das geheimnisvolle Helldunkel. In Ermangelung eines Tisches diente die Stalltür als Tafel, zwei

Bänke von alten Brettern auf Klötze gelegt statt der Stühle. Da jedoch diese Bänke etwas höher geraten waren als der Tisch, so ragten unsere Knie einen halben Fuß über die Tafel, die Füße schwebten in der Luft und wir mußten die Teller beim Essen in den Händen halten. Im Gegensatz zu alledem war nun aber die Stalltüre mit dem feinsten Tafelzeug gedeckt, wir speisten auf kostbaren Tellern, tranken aus silbernen Reisebechern und, wie jeden Tag, lag das kalligraphisch zierlich geschriebene »Menü« neben dem Gedecke des Königs. Der Kontrast gegen die Umgebung war so abenteuerlich, daß uns der König zur feierlichen Eröffnung der Tafel dieses nach allen Regeln französisch verfaßte Menü vorlas – von der Reissuppe mit Huhn zu den Forellen mit neuen Kartoffeln, dem Rindsbraten mit Sauce à la Montpensier, den Koteletten mit neuen Erbsen und Bohnen, dem Rehziemer in Lorbeerblättern gebraten, bis zum »Schmarrn à la Blumseralp«, der Erdbeertorte, den Kirschen und Melonen und dem Konfekt, woran sich zuletzt die Tasse Mokka reihte mit einer Havanna, welche Seine Majestät vom bayerischen Konsulat in Havanna als das erlesenste Produkt der berühmten Insel zum Geschenk erhalten hatte. Es war alles echt mit einziger Ausnahme des Gerichtes, welches eigentlich das echteste hätte sein sollen, des »Schmarrens à la Blumseralp«, und der König, welcher auf seinen Jagdzügen auch die Originalküche seines Volkes gar wohl kennengelernt hatte, meinte, dieser zivilisierte Schmarren erinnere ihn an eine gewisse Sorte von Dorfgeschichten. So fanden wir auch das mitgebrachte Hofbräuhausbier nebst Rheinwein und Champagner echter als das Trinkwasser, welches uns der Berg bot; denn das war in Ermangelung einer Quelle aus einem Schneebache geschöpft und gewann keinen Beifall. Bei der schneidenden Kälte, die in dem Stalle herrschte, zogen wir unsere Mäntel und Überzieher an, bedeckten die Knie mit den Plaids und zitterten trotzdem vor Frost, bis Essen und Trinken uns die gehörige innere Wärme gab. Die wunderliche Situation entfesselte unseren Humor; niemals in meinem Leben habe ich einer fröhlicheren Tafel beigewohnt, Geist, Witz und Laune sprudelten in dem Tischgespräche, und die heitere Stimmung erreichte ihren Gipfel, als wir uns beim Braten plötzlich von außen belagert sahen. Den Kühen war es nämlich draußen zu kalt geworden, sie kamen zu ihrem Stall zurück und suchten brüllend durch die offene Türe einzudringen, wurden aber von den servierenden Bedienten mit ihren Servietten tapfer bekämpft und endlich zurückgeschlagen. Schade, daß sich kein Maler zur Stelle fand; die Hoftafel im Kuhstall würde ihm Stoff zum originellsten und stimmungsvollsten Genrebild geboten haben. Um vier Uhr begann das Absteigen zum Achensee.

LUDWIG THOMA

Die Halsenbuben

»Beim Halsen« heißt ein schöner Hof in Lenggries. In den sechziger Jahren hauste darauf der Quirinus Gerold mit seinem Weibe und zwei Söhnen.
Er war ein wohlhabender Mann, dem bares Geld im Kasten lag und der wohl an vierzig Stück Jungvieh zu den Almen trieb.
Seine Söhne, der Halsen-Toni und der Blasi, waren im ganzen Isartale bekannt wegen ihrer Kraft und Verwegenheit.
Sie waren von gutem Schlage, hochgewachsene und breitbrustige Burschen. Und flink und lustig dazu. Es hätte ihnen jeder eine vergnügliche Zukunft voraussagen mögen; sie ist ihnen aber nicht geworden.
Denn alle zwei sind in jungen Jahren gefallen von Jägershand und sie starben im grünen Walde.

Zuerst der Blasi.
Das war im Jahre 1869 gegen den Herbst zu.
Da ist den Jägern in der Vorder-Riß eine Botschaft zugekommen, daß zur Nachtzeit ein Floß mit Wilderern und ihrer Beute die Isar herunterkommen werde.
Wie es auf den Abend zuging, sind die Jagdgehilfen von ihren Reviergängen heimgekommen und haben sich recht auffällig in der Wirtsstube des Forsthauses bei Essen und Trinken gütlich getan.
Denn es waren, wie immer, Flößer und Holzknechte als Gäste da, und vielleicht die meisten von ihnen waren Spießgesellen der Wilddiebe.
Darum haben sich die Jäger nichts merken lassen.
Nach ein paar Stunden sind sie einzeln aufgebrochen und haben sich freundlich Gute Nacht gewunschen, als wolle sich jeder friedlich aufs Ohr legen.
Auch die Flößer und Holzknechte haben sich entfernt; sie gingen in die Sägmühle, wo sie auf dem Heu übernachten wollten.
Die Lichter in der Wirtsstube sind ausgelöscht worden, und das Forsthaus lag still und verschlafen in der finsteren Nacht.
Hinter einem Fenster des oberen Stockes brannte noch ein kleines Licht.
Denn die Frau Oberförster lag gerade um dieselbige Zeit in den Wehen, und die Tölzer Hebamme wachte bei ihr.
Hie und da steckte der lange Oberförster seinen Kopf zur Türe herein und fragte mit leiser Stimme, wie es um die Frau stünde. Er machte ein ernstes Gesicht, denn diese Nacht quälten ihn manche Sorgen.
Wenn ihn die Hebamme beruhigte, ging er mit langen Schritten an das Gangfenster und lugte scharf in die Nacht hinaus.
Er sah etwas Dunkles auf der abschüssigen Wiese, die gegen die Isar hinunterführt. Das bewegte sich rasch und verschwand. Einer von den Jagdgehilfen, die sich vorsichtig an den Fluß pürschten.

Eine Stunde und mehr verstrich.

Es war eine feierliche Stille, wie immer in dieser Einsamkeit.

Man hörte nichts als das Rauschen des Wassers.

Da blitzte auf einmal in der Sägemühle ein Licht auf und verschwand wieder, kam noch zweimal und erlosch.

Das war ein Zeichen, und alle scharfen Jägeraugen, die an der Isar wachten, erkannten es.

Einen Büchsenschuß oder zwei flußaufwärts liegt ein einsamer Bauernhof.

Man heißt es beim Ochsensitzer.

Da wurde jetzt auch ein Fenster hell, dreimal in gleichen Abständen.

»Bande, verfluchte!« brummte der Jagdgehilfe Glasl, der keine hundert Schritte davon entfernt hinter einer Fichte stand.

»I hab's wohl g'wißt, daß de wieder dabei san.«

Und er horchte angestrengt in die Nacht hinaus.

Es war nichts zu hören, und lange war auch nichts zu sehen.

Da kam der Mond über die Berge herüber. Sein flimmerndes Licht fiel auf den Fluß, und immer länger dehnte sich der glitzernde Streifen aus, und er ging in die Breite, bis zuletzt das ganze Tal angefüllt war von seinem Glanze.

Und jetzt konnte man einen Schatten sehen, der in der Mitte des Flusses mit Schnelligkeit dahinglitt.

Das waren sie.

Glasl faßte sein Gewehr fester und zog den Hahn über.

Das Floß kam näher.

Man hörte das Eintauchen des großen Steuerruders, und eine verhaltene Stimme rief: »Besser rechts halt'n, Dammerl! Besser rechts! Mir treib'n z' nah zuawi.«

Glasl ließ das Floß vorbeigleiten und stellte sich so, daß er gegen den Mond sah.

Die Umrisse der an den Rudern Stehenden hoben sich vom lichten Hintergrund ab, und der Jagdgehilfe konnte mit einiger Genauigkeit das Visier nehmen.

Er zielte kurz und feuerte.

Knapp und scharf antwortete das Echo auf den Schuß, dann brach sich der Hall und grollte das Tal entlang. Und weckte den schlafenden Wald.

Wildtauben flogen auf und Krähen schimpften.

Vom Wasser her kam ein unterdrückter Schrei und ein kräftiger Fluch.

»s' werd eppa'r oan g'rissen hamm«, brummte der Glasl und schaute dem Floß nach.

Das fuhr mit unverminderter Schnelligkeit weiter.

Aber jetzt, ein, zwei, vier Schüsse; und wieder einer, und wieder ein paar.

Da blitzte es auf, dort brach ein Feuerstrahl aus dem Walde.

Ein paar Kugeln schlugen klatschend ins Wasser, aber andere trafen das Ziel.

»Wart's, Lumpen!!« lachte der Glasl, »heunt habt's a schlecht's Wetter dawischt.« Und er schoß den zweiten Lauf ab.

Die Wilderer antworteten auch mit Pulver und Blei.

Aber sie schossen nur aufs Geratewohl, während sie selber ein gutes Ziel boten.

Dazu mußten sie achthaben auf die starke Strömung und die Felsblöcke, welche hier zahlreich aus dem Wasser ragen.

Sie hielten stark an das rechte Ufer hin und glitten unter der Brücken durch.

Wie das Floß nun in einer Linie mit der Sägmühle war, stellten die Jäger das Feuer ein.

Der Glasl Thomas hatte sein Gewehr wieder geladen und schlich von Baum zu Baum das Ufer abwärts.

Er gab wohl acht, daß er nicht in das Mondlicht hinaustrat, damit ihn kein spähendes Auge erblicken konnte.

Nach einiger Zeit machte er halt und ahmte den Ruf der Eule nach.

Ein ähnlicher Laut antwortete ihm, und bald stand er in guter Deckung neben dem Jagdgehilfen Florian Heiß.

»Kreuz Teufi!« sagte Glasl und lachte still in sich hinein.
»Flori, dös mal is was ganga.«
»Net z'weni«, erwiderte Heiß. »Bei dein' erst'n Schuß hat's oan g'numma.«
»I hätt's aa g'moant.«
»Ganz g'wiß. I hab's g'sehg'n. Den Lackl am Ruader hint' hast 'nauf belzt.«
»Auf den hon i aa g'schossen«, sagte Glasl; »aber es wer'n no mehra troffen sei'.«
»Was laßt si sag'n? De Lump'n hamm viel Wildprat am Floß g'habt, und da wer'n sie si fleißi dahinter eini duckt hamm.«
»Mein zwoatn Schuß hab' i eahna da Längs nach eini pfiffa. Vielleicht hat der aa no a bissei was to.«
»Recht waar's scho«, gab Heiß zurück.
»Was tean mir jetzt?«
»Steh' bleib'n a Zeitlang, nacha pürsch'n mir uns hinterm Ochsensitzer umi, und gengan übern Steg. An der Bruck'n ob'n derf'n mir uns net sehg'n lassen.«
Sie blieben schweigend stehen.
Nach einer Weile stieß Glasl seinen Kameraden an.
»Da schaug abi!«
In der Sägmühle flammte ein Licht auf und erschien bald an dem einen, bald an dem anderen Fenster.
»In der Sag' sans wach wor'n«, flüsterte Heiß.
»De hamm heut no net g'schlafa, de Tropf'n«, erwiderte Glasl.
»Jetzt gengan mir.«
Sie pürschten leise weg in den Hochwald.

Im Forsthause war große Aufregung.
Die Schüsse hatten das Haus geweckt; die Dienstboten waren aufgestanden und hinausgeeilt. Im Krankenzimmer stellte sich die Hebamme erschrocken ans Fenster und horchte furchtsam auf den Lärm.
Die Frau Oberförster richtete sich unruhig im Bette auf.

»Was is? Was gibt's?« -- »Nix, nix.«
»Hat's net geschossen?«
»Na, Frau Oberförster, da hamm S' Ihnen täuscht.«
Die Kranke ließ sich beschwichtigen; die müden Augen fielen ihr zu.
Da tönte wieder vom Flusse herauf ein scharfer Knall, und Schuß auf Schuß.
»Um Gottes willen!«
Die Kranke fuhr auf.
»Wo is mein Mann?«
»Regen S' Ihnen net auf, Frau Oberförster! Er ist daheim. Er ist halt im Bett.«
»Er is drunten!«
»Wo?«
»An der Isar. Ganz g'wiß, er is drunten!«
»Geh, geh! Was is denn?« sagte eine tiefe Stimme, und der Oberförster trat in das Zimmer.
»Bist da, Max? Gott sei Lob und Dank!«
Die Kranke streckte ihm ihre kleine, abgemagerte Hand entgegen, und ihre Augen leuchteten.
»Weil nur du da bist!«
»Aber was hast denn, Mamale?«
»Ich hab' so Angst g'habt. So Angst. Gelt, du gehst net weg?«
»I bleib scho bei dir.«
»Wer schießt denn da?«
»Ah, desweg'n brauchst dich net kümmern. Der Ochsensitzer hat si beschwert, daß die Hirsch'n alle Nacht in seiner Wiesen sind. Jetzt hab' i's heut vertreiben lassen.«
»Max!«
»Was?«
»Warum bist du heut noch ganz anzog'n?«
»Der Kontrolleur von der Hinter-Riß war da. Mir sin a bissel länger sitzen blieb'n.«
»Jetzt gehst aber ins Bett? Gelt?«
»Ja, ich hab' Schlaf. Aber hast du kein' Angst mehr?«

»Nein.«
»Weg'n dem dummen Schießen?«
»Nein!«
»Ich hab' g'meint, sie vertreib'n de Hirsch a so. Ich hab' net denkt, daß g'schossen wer'n soll.«
»Das macht nix. Ich bin schon wieder ruhig.«
»Dann Gut' Nacht, Mamale!«
»Gut' Nacht, Max!«
Der Oberförster zog die Türe leise hinter sich zu und blieb horchend stehen. Er schlich auf den Fußspitzen die Stiege hinunter und gab acht, daß keine Stufe knarrte.
An der Haustüre kam ihm ein Bursche entgegen.
»Herr Oberförster!«
»Red staad, Kerl!«
»Sie möcht'n in d' Sag abi kemma. Es is an Unglück g'scheg'n.«
»Wem?«
»A so halt.«
»Dös erzählst mir im 'nuntergehn. Komm no glei mit!«
»I möcht gern...«
»Nix. Du gehst mit mir! Mit meine Dienstbot'n hast du net z'reden!«
Sie schritten in die Nacht hinaus und gingen zur Säge hinunter.
Der Bursche voran.
»Also was is?« fragte der Oberförster.
»I hab' mir denkt, Sie wissen's scho.«
»Was soll ich wissen?«
»No ja. A so halt.«
»Wenn's d' net red'n magst, laß bleib'n. Hat di der Müller g'schickt?«
»Ja.«
Sie waren vor der Säge angekommen.
Die Haustüre stand offen, und aus einem Zimmer drang matter Lichtschein in den Gang hinaus.

Man hörte flüstern, dann setzten zwei weibliche Stimmen mit Beten ein.

Der Oberförster trat näher.

In der Mitte der Stube war auf zwei Stühlen die Leiche eines jungen Mannes aufgebahrt, der Kopf lag auf einem mit Heu gefüllten Sack gebettet.

Die erkalteten Hände hatte man zusammengelegt und darein ein kleines Kreuz gesteckt.

Es war ein unheimlicher Anblick in dem halbdunkeln Raume. Der Oberförster sah auf das wachsgelbe Gesicht des Toten; es mochte hübsch und männlich gewesen sein; jetzt trug es die entstellenden Spuren eines gewaltsamen Endes und war schmerzlich verzogen.

»Wer is das, Mutter?« fragte der Oberförster.

»Der Halsenblasi, dem Halsen von Lenggries sein Ältester.«

»Wie kommt der zu euch?«

»Seine Kamerad'n hamm an abg'liefert.«

»Wann?«

»Voring. Mit'n Floß san s' kemma.«

»San s' no da?«

»Na, na! Sie san glei weiter g'fahr'n.«

»Warum hast du mich holen lassen?«

»Es ist no oaner bei mir. Der brauchat a Hilf.«

Die Mutter deutete mit dem Daumen auf die Nebenstube.

Der Oberförster ging hinein.

Da lag ein Mann auf dem Boden, in eine grobe Kotze gehüllt; unter den Kopf hatte man ihm ein Kissen geschoben.

Er wandte sein blasses, von einem starken Bart umrahmtes Gesicht dem Eintretenden zu.

»Wo fehlt's?« fragte der Oberförster.

»Er is schwar g'schossen oberm recht'n Knia«, sagte der Müller. Und der Verwundete nickte zur Bestätigung.

»Is er verbund'n?«

»Sell wohl. Und an Einschuß hamm ma mit Pulver eig'rieb'n, daß 's Bluat'n aufg'hört hat.«

»Ja, der muß zum Doktor; so schnell wie möglich. I schick glei nach Lenggries.«
Der Verwundete schüttelte den Kopf. Dann sagte er mit schwacher Stimme: »Vergelt's Gott, aber mir waar's liaba, wann's mi selber auf Lenggries bringet'n. Na waar i dahoam.«
»Ja, halt'st de Fahrt aus? Tuat's dir net z'weh?«
»Na; i halt's scho aus. I möcht hoam.«
»Er is jung verheiret«, sagte der Müller.
»Ich leih ihm mein Wag'n. Recht gern; ihr müaßt's 'n halt mit der Tragbahr zum Weg 'nauf bringen.«
»Jawohl, Herr Oberförster. Und Vergelt's Gott dafür.«
»Wer is denn der arme Teufel?«
»Der Hag'n-Anderl von Lenggries.«
»Er werd' hoffentli wieder g'sund wern«, sagte der lange Forstmann und nickte dem Verwundeten zu.
Der schaute ihm verwundert und dankbar nach.
So menschlich geht es nicht immer ab unter Todfeinden.

Ein paar Stunden später fuhr der Hag'n-Anderl in weiche Betten gehüllt und gegen die Kälte geschützt auf Lenggries zu. Die Pferde gingen im Schritt und der Knecht gab obacht, daß der Wagen nicht über grobe Steine ging.
Hinterdrein kam ein anderes Fuhrwerk; ein Leiterwagen und darauf in Säcke eingenäht der Halsen-Blasi.
Und der hat kein Schütteln und Rütteln mehr gespürt.
Er ist mit vielen Ehren in Lenggries begraben worden; von weither sind die Leute zum Leichenbegräbnis gekommen.
Es ist ihm nachgerühmt worden, daß er so oft auf freier Pürsche war und seine Büchse in allen Revieren ringsherum krachen ließ: und daß er nun starb wie ein rechter Wildschütz. Die Burschen schworen, sie wollten es den Jägern heimzahlen; und der Bruder des Gefallenen, der Halsen-Toni, sagte, mehr wie *ein* Grüner müsse dafür hingelegt werden.
Er ist aber selber ein paar Jahre später von einer Kugel getroffen worden. Das erzähle ich ein anderes Mal.

JOSEF HOFMILLER

Steingaden und die Wieskirche
Briefe an seine Frau

Kohlgrub, 2. September 1917
...Die Luft ist köstlich, durch die Fenster kommt ein Gemisch von Düngerhaufen und Heu, im Dorf in unserer Nähe sind ein paar Brunnen, nicht so nixige Dinger wie sonst, sondern groß, so daß ein Dutzend Buben gleichzeitig drin baden könnten, rechtschaffen lange und breite viereckige Tröge und Tränken, in die aus einer Heiligensäule der Wasserstrahl hineinplätschert, die ganze Nacht, so daß du mit Rauschen einschläfst und unter Rauschen erwachst. Frühstücken tun wir unten in der guten Stube, die das übliche Durcheinander unpraktischer, billiger und geschmackloser Schreinervorlagen-Möbel mit Heiligenbildern, Rehgwichtln, Familienphotographien, Landschaften, Nippkitsch ist, aber in diesem Zimmer ist ein Sesselofen, und darauf steht ein Teller, und in dem Teller liegt, gelb, verführerisch und lockend wie je ein Paradiesapfel, die schönste Butter, und die Frau Schwarz fragt, ob wir Butter mögen zum Frühstück? Ob wir Butter mögen zum Frühstück, fragt sie! Wir mögen. Wir mögen auch Kaffee mit einer Milch, wenn nur Du sie so bekämst! Wir mögen Zucker, wir schnaufen kein Wort, daß wir Saccharin haben, wir mögen alles, wir vertilgen alles, wir hinterlassen alles leer. So sind wir dann um neun aufs Hörnle, waren um dreiviertel elf auf dem Gipfel, und dann runter. Die oberbayerische Landschaft, der Pfaffenwinkel, lag da wie auf einer Karte: ganz rechts der Starnbergersee in seiner ganzen Länge, davor der Staffelsee wie ein mattsilbriges Feigenblatt, und Murnau, Uffing, drunter Kohlgrub Ort und im Grünen Kohlgrub Bad, dahinter Wälder, die dunkelgrün, und große Moose, die rostrot sind und ineinander übergehen wie Batik,

und Wolkenschatten ziehen über die grüne und braune riesige Landkarte, hinten die Kirche auf dem Peißenberg sieht aus wie ein befestigtes Kloster, da ist Bayersoyen mit dem kleinen See, dahinter Rottenbuch, wo die Kloster-, und Böbing, wo die Schloßkäse wachsen im Frieden, das sieht man beides wie eingesprenkelte Flecken weißer Kieselsteine in dem grünen Teppich, dann errät man in der Ferne Schongau, gegen Westen ist Steingaden und weiß leuchtet die Wallfahrtskirche Wies, von der der Fassadenmaurer aus der Au zum Hans sagte, sie sei fast so schön wie Ottobeuren. Das alles ist Programm für die nächsten Tage. Ich unterbreche die landschaftliche Herrlichkeit, um von der »landschaftlichen« zu sprechen: die Pächterin erwähnte gerade im Zusammenhang mit Nachmittagskaffee die Vokabel Butter, butter, beurre, burro, butyrum, βούτυρον, von dem schon Homer sagte, daß er den Helden die Knie stärkt γούνατα φίλα – der Kaffee kommt, der Butter kommt, Platz dem Kalifen: »Heil sei dem Tage, da du tratst ein, Salam aleikum, Salam aleikum«, es sind zwar nur zwei Butterbrote, aber ein Schelm ißt weniger als er kriegt.

Fortsetzung abends halb sieben. Dies Kohlgrub mußt Du Dir vorstellen als ein Zeilendorf, wie Anger, nur statt des Angers in der Mitte die Straße; dann ist es nicht eben, sondern es steigt schwach gegen die Kirche. In der Mitte eine herrliche Dorflinde und Brunnen. In der Frühe weckt uns das Horn des Kuhhirten, der bringt dann so fünfzig Jungrinder zusammen, lauter reizende, frische, vergnügte Gottesgeschöpfe... Mittwochfrüh zehn Uhr[*], wir halten heut Rasttag, liegen im Gras und faulenzen; neben mir schläft der Hans. Eben Deinen zweiten Brief empfangen. Von unserer Tour vorgestern wollt ich Dir erzählen. Wir marschierten über Bayersoyen und überquerten die Ammer, die an dieser Stelle tief

---

[*] Der an Hofmillers Gattin gerichtete, im September 1917 geschriebene Brief ist die Urform des Aufsatzes über die Wies in »Wanderbilder und Pilgerfahrten«.

eingeschnitten ist und ein Knie bildet. Dann auf der andern Seite in die Höhe und mit beständiger Aussicht auf die Berge des Trauchgaus im vorderen Teil und die Tannheimer im Hintergrund weiter. Man merkt, daß man in eine ganz andere Gegend kommt. Gerade, wie wenn sich das aufgeregte Gelände beruhigen wollte; alles langgestreckter, nicht mehr wellig und hügelig, sondern ruhig fließend. Es geht durch den Wald, lang und schön, und auf einmal liegt Steingaden zu Füßen. Man kennt gleich die große ehemalige Klosteranlage mit der prachtvollen Kollegiatskirche in der Mitte. An den Türmen kennt man, daß sie noch in romanischer Zeit, im zwölften Jahrhundert, begonnen, an den Fenstern, daß sie erst in der Barockzeit endgültig ausgebaut worden ist. Dazu wieder die unverdorben romanische Chorapsis...
Du bist schon ganz in Schwaben, wenn es auch amtlich noch zu Oberbayern gehört. Aber alles, was Du hörst und siehst, ist schwäbisch. Der Platz hat fast etwas von Ottobeuren. Er ist viel hübscher als auf dem Bild...
Nun aber die Kirche! Ein prachtvoller, ursprünglich romanischer, dann barockisierter Bau, der viel vom Freisinger Dom hat, nur daß das Presbyterium nüchterner ist. An den Decken schöne Fresken... Wir gingen, nachdem wir sie genugsam genossen hatten (prachtvoller Orgelchor), ein Sträßchen, und dann stieg's scharf bergan gegen den Wald. Zuerst kamen wir durch ein Dorf, dann fragten wir uns weiter, und bald kamen wir in Sicht der Kirche Wies. Diese Wies (hat nichts mit Wiese zu tun, sondern »Unser Herrgott in der Wies«, in der Schaustellung, mit Dornenkrone) nun ist wirklich etwas vom Wundervollsten, das ich je gesehen habe, und so schwer sie zu erreichen ist, das müssen wir miteinander sehen, es ist unbeschreiblich. Ich will aber doch versuchen, es zu beschreiben... Das Schiff ist oval, und die Decke wird gestützt durch acht Doppelsäulenpfeiler, die aber so schlank sind und so weit hinaufreichen, daß dies Barock ganz gotisch anmutet, leicht, elegant, strebend, wozu auch die Farbe viel

beiträgt. Nämlich koloristisch ist die Wirkung wirklich unbeschreiblich und unreproduzierbar: das ganze Schiff, also der große ovale Hauptteil, ist nur weiß mit goldenen Stuckornamenten. Am Kanzel- und dem aus Symmetriegründen ähnlich behandelten Emporen-Oratoriumspfeiler hat der Künstler, ein Landsberger Zimmermann, schon etwas vollere Farben, um endlich im Presbyterium mit vollem Werk zu spielen. Dies Presbyterium ist bedeutend schmaler zusammengezogen, als das Langhaus erwarten läßt, und hat in den Verhältnissen etwas von der Eleganz der Asamkirche in der Sendlingergasse. Architektonisch aber und farbig ein geradezu unerhörtes Schwelgen: über den weißen Bögen zartviolette füllende Schilder, dazwischen die grüngrauen Säulen des Chorumgangs mit den feinen Brüstungen, wie dann diese Säulen raffiniert wirkungsvoll so angeordnet sind, daß zwischen den Schäften die Langfenster, zwischen den abermals ganz unbarockmäßig hohen, beinahe maurisch wirkenden Bögen die Ovalfenster gesetzt sind, aber damit noch nicht genug, oben wird die Verbindung zur Decke hergestellt durch weitere sechs ovale Fensterluken, die nach oben schief gestellt sind, so daß sich in einem fort Dir die überraschendsten Überschneidungen und Deckenfreskendurchblicke ergeben. Man könnte sagen, diese Kirche baut Barock mit den Prinzipien der Gotik; sie hat statt der Strebepfeiler und -säulen ihre gekuppelten in Säulen aufgelösten Pfeiler, sie hat einen Chorumgang wie die Frauenkirche, nur daß dort alles Ernst und Geheimnis und hier Festlichkeit und Farbe ist. Denn hier herrscht wirklich die Farbe, die immer pompöser wird, je mehr man sich dem Altar nähert; die Säulen rechts und links sind noch graugrün mit Gold, alle Säulen um den Altar selbst porphyrrot mit Gold, und auf dem Altarbild selbst herrschen die stärksten blauen und roten Töne vor, die durch das Weiß der Heiligenstatuen und Engelchen noch stärker wirken. Man könnte auch so sagen: Die Kirche ist eigentlich dreischiffig, aber die Außenschiffe sind so schmal, daß sie

wirkt wie einschiffig, und die Außenschiffe bloß wie mitschwingende Korridore. Daraus ergibt sich ein näheres Heranrücken des eigentlichen Schiffes gegen die Fensterwände und Lichteinwirkungen, wie sie nur bei Einräumigkeit herauszubringen sind, verbunden mit Raumwirkungen, wie sie nur durch Pfeiler und Säulen zu erreichen sind. Es ist in seiner Art das Unerhörteste, was wir gesehen haben, nur Ottobeuren kann in einem Atem damit genannt werden. Ottobeuren ist räumlich großartiger, schon wegen des grandiosen Querschiffs, aber farbig ist die Wies noch schöner. Alles ist raffiniert überlegt. Zum Beispiel: Auf den ersten Blick meint man, daß die roten Säulen das Altarbild einrahmen. O nein, das sieht man, wenn man sich nähert, daß es um ein paar Meter zurückgesetzt ist; und steht man ganz davor, sieht man, daß sogar der eigentliche Bilderrahmen noch vor, nicht direkt am Bild abschließt. Alles paßt zusammen, nichts stört.
Wir blieben eine halbe Stunde in der Kirche, dann gingen wir in das kleine Wirtshaus daneben, wo es einen recht netten Maikammer von De Crignis und Landkäs gab, und überstürzten uns mit Begeisterung. Dann gingen wir wieder hinein. Die Sonne hatte sich inzwischen verschloffen, und die Kirche leuchtete in ihrem eigenen Licht sozusagen. Wir kamen zur Meinung, am schönsten müsse sie sein bei ganz klarem, sonnigem Spätwinterhimmel am Spätnachmittag, wenn die Abendsonne auf den weißen Flächen und Säulen spielt. Aber inzwischen war es fünfeinhalb geworden, und wir hatten noch über drei Stunden heim. Es begann nun eine Wanderung über Wald, Heide und Moos, die nicht weniger eindrucksvoll war als die Kirche. Wir waren ganz wenig auf Wegen, meist sahen wir nur ganz schwache Wegspuren, einen helleren oder dunkleren Strich im kurzen Gras; zuerst Fichten, dann viel Laubbäume, besonders Birken, das Gras war wie ein dicker, nachgebender und elastischer Teppich, wir kamen nun an drei einsamen großen Höfen vorbei, viel Pferde, besonders junge Fohlen, dann ging's zur Ammer hin-

unter und zum Schluß, etwas ermüdend, auf miserablem Sträßchen über Saulgrub heim, wo wir todmüd waren, aber begeistert. Der Hans und ich redeten immer noch von der Wies, bis wir einschliefen, und als wir am nächsten Morgen aufs Hörnle stiegen, war unser gestriger Weg und die Wies das erste, was wir suchten. Sie steht einsam in der dunklen Landschaft und leuchtet weithin. Schwer zu erreichen ist sie: von Kohlgrub dreieinhalb Stunden (scharf gegangen!), von Schongau ebensoviel, von Lechbruck, was das nächste ist, zwei Stunden über Steingaden. Und diese Herrlichkeit ist so unbekannt, daß ich bisher, wo ich doch solchen Stellen nachgehe, nie etwas davon gehört habe! Bloß Dörfler machten mich darauf aufmerksam und den Hans der Fassadenmaurer aus der Au, den er auf dem Peißenberg getroffen hat.

JOSEF RUEDERER

Das Untier im Walchensee

Inmitten dichtbewaldeter Berge, hoch über der oberbayrischen Ebene ruht der einsame, dunkelgrüne Walchensee. Unbewegt ist seine Fläche, Karwendel und Wetterstein spiegeln im Sonnenglanze ihre verschneiten Felsrücken, und ein Schifflein zieht wie ein schwarzes Insekt von der Niedernacher Bucht hinüber zum Klösterl. Friede über dem Wasser, Friede darunter. Nur ganz in der Tiefe, weit unter den pfeilgerade ziehenden Fischen, lauert Tod und Verderben. Ein erschreckliches Untier ruht dort mit rollenden Augen, die so groß sind wie Feuerräder. Das umspannt mit seinem Riesenschweif das ganze Gewässer von einem Ende zum anderen seit tausend und abertausend von Jahren. Löst sich einst dieser Ring, schnellt das Untier den Schweif auseinander, dann wird zwischen Jocherwand und Herzogstand der Kesselberg bersten, der See wird durchbrechen und München geht zu grunde. Wenn Unglaube, frecher Übermut, Sittenlosigkeit und Gottesleugnung überhandnehmen, wird dieses Schicksal sich erfüllen und die neue Sintflut über Bayerns Hauptstadt hereinbrechen. Mit den Felsen werden die Wassermassen herabstürzen zum Kochelsee; der wird emporschnellen, wie von Zyklopenhänden geschleudert. Dann, einen Augenblick, wird er wieder zusammenbrechen und gleich darauf alles hinausschleudern in den Gebirgsbach, der ihn durchzieht, in die Loisach. Nun aber gibts kein Halten mehr, kein Besinnen. Über das Rohrfeld von Benediktbeuern geht der Strom hinaus, immer weiter ins flache Land. Wütend und zischend kommt er daher, wie mit gräßlichen Flüchen auf Leben und Wachsen. Was sich ihm in den Weg stellt, wird niedergerissen, Häuser, Wälder und Menschen. Nur da und dort ragt noch ein Kirchturm aus den aufgeregten, graubraunen Fluten. Bald stürzt auch der, und je stärker die Ebene sich neigt, um so stärker stürmt es dahin, das entfesselte Element. Gewitterwolken jagen vor ihm am Firmament, und unter ihnen leuchten von ferne in schwefelfarbenem Glanze weitverzweigte Kiesfelder. Darin zieht die Isar, noch unberührt, noch gesättigt von dem tiefen Grün, das sie aus ihrer Wiege, der Scharnitz, herausträgt. Doch in wenigen Augenblicken ist sie mit dem Riesenstrome verbunden, und der tobt als ungeheurer Katarakt in wildem Taumel dem Ziele entgegen. Leichen von Menschen und Tieren schleppt er mit sich, Inseln entstehen und verschwinden auf ihm wie draußen im Ozean. So gehts fort mit betäubendem Höllenlärm bis dahin, wo die Höhenzüge im Isarbette näher zusammentreten. Dort löst die gepreßte Kraft Steine und Erdreich wie frischgebackenes Brot. Hinter ihm tosendes Meer bis zum gähnenden Kessel des Walchensees, vor ihm die Stadt, die große Stadt, die das Unglück schon ahnt. Nicht seit heute und gestern. Seit hundert Jahren oder noch länger las man an einem bestimmten

Tage in der Michelskirche eine Messe, um das Verderben zu bannen – da, im letzten Augenblick, wo man sieht, daß alles verloren ist, zieht man die Glocken. Zu spät, dreimal zu spät. Die Sintflut kommt näher, jetzt zerreißt sie die Eisenbrücken, daß sie wie Stricknadeln zusammenbrechen, jetzt wälzt sie sich in die Vorstadt, jetzt umtobt sie die Frauentürme, jetzt ersticken die Münchner unter Bergen von Schlamm und Geriesel, und jetzt – ja, jetzt – besinne ich mich, daß das alles nichts weiter ist als ein Phantasiegebilde. Wie es entstand? Das könnte ich selber nicht sagen. Ich sitze im Isartal, auf Schwaneck. An der scharfen Biegung des Flusses, womit er beim Orte Pullach entscheidend zur Stadt herüberleitet. Hier hat man freien Blick über Wasser und Wälder bis auf die Alpenkette. Nichts von Verwüstung, nichts von düsteren Eindrücken. Überall Sonnenschein, überall Friede. Von außen geschützt durch Wälle und Zugbrücken, von innen durch Haubitzen und Hellebarden. Am Burgfried schlingt sich der Efeu empor, aus den Schluchten und Höhlen der Isar grinst es herauf wie von Drachen und Zauberwesen, die der köstliche Moritz von Schwind mit Knappen und Burgfrauen so einzig gemalt hat. Über dem starken Asyl aber ein Geist, der es Jahre beherrschte als Burgherr und Gebieter, der vielgerühmte, edle Ritter Mayer von Mayerfels. Diesen Recken habe ich selber noch trefflich gekannt, und hab ihn warten sehen auf der von Schwanthaler erbauten Veste. Einer vom Schlage der Don Quijotes, der Tartarins, von jenen Phantasten, die alles vergrößert sehen, gegen Windmühlen und Esel kämpfen, mit einem Worte: einer von jenen, die um fünfhundert Jahre zu spät auf die Welt kommen. So lachte man über ihn, man gab ihm Spitznamen. Der »Quastlmayer« oder, noch kürzer, der »Quastl« hieß er im Volksmund, weil er als Student an seiner Kneipjacke, gegen allen Komment, baumelnde Quasten getragen hatte. Und lebte er bereits als Fuchs oder Bursch wie nur ein Original lebt, als gereifter Mann trieb ers noch toller. War er draußen in seiner Burg, dann kleidete er sich als Ritter, nahm das Schwert zur Hand und schritt durch den hochummauerten Palas zum Verließ. Dort mußte er Gefangene wittern, denn er schrie mit Stentorstimme: »Wimmerts und heults nur, ös Bauernluada!« Oder er ging auf die höchste Zinne, wo der leere Kessel für das Wachtfeuer stand und rief den auf der Isar vorüberziehenden Flössern durch ein riesiges Sprachrohr den Gruß des Burgherrn zu. Die so Geehrten sollen dann freilich nicht immer in gleich poetischer Weise geantwortet haben. Sie hatten eben keine Einbildungskraft für die Sitten des Burglebens, die auf Schwaneck streng eingehalten wurden, bis auf eine aus jener Zeit, wo Troubadoure sich von Rittern gleich Jahre hindurch bewirten ließen: auf die Gastfreundschaft. Der dicke, pfiffige Altbayer mit dem fetten Gesichte war nämlich ein großer Geizkragen, der den Pilgern, wenn sie nach stundenlanger Besichtigung seines alten Gerümpels Hunger und Durst zeigten, einfach riet, in das nächste Wirtshaus zu wandern. So besinne ich mich, daß er einmal im Burghof in bestimmten Absätzen zwei Stunden herumbrüllte, ob denn der für meinen Vater bestellte Kaffee noch nicht bald käme. Und als wir uns endlich auf die Socken machten, weil wir merkten, daß alles Warten vergebens, drohte er seinem Knappen, daß er für solche Bummelei auf der Zinne der Burg baumeln solle. Uns aber, die wie halb verhungert den Bauch hielten, bot er statt einer Erfrischung zum Abschied in Versen den Minnegruß.

JOSEF MARTIN BAUER

Elbrus im Kriege

Seit den Pfingsttagen 1942, von Charkow bis Tscherkesk, sind wir einem Traum nachgelaufen. In einer Bauernhütte in Wesselij, mitten im tellerebenen, braun versengten Land, hat der Traum von den Bergen begonnen, und wenn von den Bergen die sehnsüchtige Rede gegangen ist, wenn wir jeden Morgen nach den ersten blauen Bergschatten Ausschau gehalten haben, ist der Traum um den Elbrus gegangen, um den höchsten Berg des Kaukasus. Des Krieges völlig vergessend, dem wir doch eigentlich nachlaufen sollten, spüren wir eines Tages endlich Fels unter den genagelten Bergschuhen, und Bäume sind um uns, wie wir sie seit Jahren nicht mehr gesehen haben, und behext vom Berg laufe ich, der Unerfahrene, mit den erlesenen Männern, die den Elbrus ersteigen sollen, über Utschkulan und Chursuk, am Oberlauf des Kuban und am Ullu Kam hinauf bis dorthin, wo von der Märchenwiese aus der entscheidende Anstieg beginnt.

Vom Nebel gezwungen, machen wir Rast und richten zum Zelten her, irgendwo zwischen den dünnen Wasserläufen, die sich durch Grün und Geröll einen lustig gezackten Weg gebohrt haben. Vom Nebel zu unwirklicher Größe verzerrt, tauchen anderswo als erwartet und darum schreckhafter die Umrisse von Kameraden und dann die Konturen von Tragtieren auf. Es ist wohl gut, in dieser grauen Ungewißheit bald unter das Leinendach eines Zeltes zu kommen, bevor uns auch noch die Kälte überfällt.

Und dann lassen wir, als wäre uns Gott oder der Tod selbst begegnet, mit einem Male erschreckt alles fallen, was wir in den Händen haben bei der Arbeit an den Zelten. Der Himmel, der uns weggeschlossen hat von aller Sicht und Freiheit, schenkt uns in später Güte noch einen Blick in die Umwelt, wie mir noch kaum je ein Blick ins Schöne geschenkt worden ist, mir so wenig, der ich in der Bauernebene daheim bin, wie den Männern, die aufgewachsen sind zwischen den Schönheitswundern der Berge. Ein leichter Wind stößt wider den Nebel und zerschleißt ihn.

Es wäre schon Wunder genug, daß über soviel grauem Nachtwerden im Nebel noch ganz hell und breit die Sonne liegt. Doch das Wunder beginnt erst, als die Sonne durch den uns gewährten Ausschnitt geführt wird als ein mit dem Brennglas zusammengeführtes Bündel Licht, über einen tief eingeschnittenen Sattel hin, in dem es nichts auszuleuchten findet als den Himmel in seinem abendlich vollen Blau, dann weitertastend entlang an einer Fülle von lichtestem Weiß, von Wolken vielleicht, die sich hier über uns geballt haben, oder doch nicht von Wolken; denn als das Licht auch noch den nebligen Rand wegschiebt, der nur den Blick auf einen Ausschnitt freigab, bescheint die Sonne fast senkrecht über uns in ihrem drängendsten Leuchten die blütenweiße Schulter des Minitau, nichts als Weiß, nichts als Schnee, eine schwellende Fülle von Berg.

Der Name »Elbrus« stammt aus irgendeiner kaukasischen Sprache, von der nichts mehr auf uns gekommen ist als dieses eine Wort: »die Brust«.

Wir alle haben im Augenblick, da der Vorhang weggezogen wurde, dieses Wort ganz verstanden.

Den riesigen grünen Garten darunter aber, zwischen dessen vielen tausend Geröllsteinen wir ganz klein untergehen und uns bei dem leisen Wunsch ertappen, darin wirklich untergehen zu wollen, den hungernden Blick nach oben gerichtet, wo die Schulter des Minitau sich wie eine Brust darbietet, nennen sie: Märchenwiese. Das innige deutsche Wort, in kyrillischen Buchstaben geschrieben, mutet wunderlich an, doch es füllt eine Lücke aus in der Sprache, die keinen Ausdruck dafür hat als unseren deutschen: Märchenwiese.

Nur ein paar Minuten währt das Spiel auf der Nebelbühne

über uns. Aber selbst diese paar Minuten sind so lang, daß wir die Augen schließen müssen. Wir verlieren den Maßstab für alles, was nicht so groß und nicht so herrlich ist.
Das Abenteuer des Krieges hat wieder seinen Alltag und jetzt seine kleine Allerleutestunde. Wir holen Wasser aus dem glasklaren Bach, um Tee zu kochen. Wir alle holen Wasser; denn als der erste Ausgesandte nicht zurückkommt, geht ein zweiter, ihn und das Wasser zu holen. Als der zweite nicht wiederkommt, geht ein dritter. Auch er kommt nicht wieder. Da geht der Herr nun selber aus.
Und am Rand des Wassers sitzt alles, was zur Zeltgemeinschaft gehört, schöpft aus dem gläsernen Bach und trinkt und ist betrunken. Nicht der Durst ist es, was uns alle becherweise Wasser hinunterschütten läßt, denn Wasser tränke doch niemand über den Durst, wenn es nicht eben dieses Wasser wäre, das edelste, das uns je dargeboten wurde.
So sitzen Weinkenner im Keller, die Schale mit Weißbrot vor sich, und proben und schlürfen und haben diese starren Augen, die mehr sagen als die Lippen, die längst gesättigt sind und immer noch trinken.
Es ist schon Nacht geworden, als wir an die Zelte zurückgehen.
Wie Gemsen steigen wir sogleich nach Tagwerden die Hänge empor, nun schon bei jedem Tritt sichernd, damit der Bergschuh einen Halt findet auf den glattgescheuerten Rollsteinen und den schräg hingeworfenen Platten, die der Mensch wie das Tier umsteigt. Bergkundige wittern den rechten Weg.
Daß wir richtig gegangen sind, finden wir zuweilen bestätigt an den Überresten von verrottetem Tragtiermist. Die selten zu diesem Paß ziehenden Menschen haben den Pfad nicht ausgetreten oder gezeichnet. War der Rucksack, der sich auf der Märchenwiese wieder aufgefüllt hat, schon auf guter Strecke eine Last, so drückt er jetzt alles Selbstbewußtsein nieder, wo die Hände zuweilen schon mit ins Gestein greifen müssen, da die Bergnägel abgleiten.

Wir spüren beim Verhalten mehr, als wir es sehen: der
Chotju-Tau-Paß ist erreicht. Auf den Meter genau an der
Paßschneide mündet der Gletscher aus, der schon bei jedem
Tritt nachgibt.

Paß ist ein kühnes Wort für den dürftig eingefrästen Sattel,
der von unten wie ein Gipfel und weiter von Osten her wie
ein oberflächlich von der Karies angefressener Zahn inmitten
eines kräftigen Gebisses anzusehen ist.

Als wir um zehn – wir ahnen die Weite und Schwere des
Weges über den Gletscher – die Rucksäcke übernehmen, sind
sie noch erheblich schwerer geworden als vorher. Was die
Tragtiere an Broten, Konserven und Schokolade bis hieher
gebracht haben, wird auf unsere Schultern umgeladen.

Um uns aber ist Sonne.

Nach welchen Gesetzen die Wege in Fels und Gletscher gefunden werden, habe ich auf meiner kurzen Bergfahrt nicht
erforschen können. Andere verwenden die Zeit eines Lebens
darauf. Ich gehe ruhig mit, vertraue auf die bergtüchtigen
Kameraden und bewundere, was im Finden vollbracht wird,
auch wenn diese Wissenschaft mit viel Fluchen und recht
derben Auseinandersetzungen kommentiert wird.

Der breite rote Rücken aber drängt uns aus der Bahn. Nach
einer fast ebenen Überquerung des Gletschers müssen wir
bergab gehen und verlieren mehrere hundert Meter, die in
neuerlichem Aufstieg mühsam zurückgewonnen werden
müssen. Der Tag hat auf der Märchenwiese begonnen und
soll dort drüben enden, der Traum von der Märchenwiese
aber wird vergessen auf dem schmutzigen Weiß des Gletschers, es stöhnt gleichmäßig in der dahinstapfenden Einer-
reihe, der Vordermann nimmt Schnee auf und läßt ihn im
heißen Mund schmelzen, um sich gurgelnd einen Trunk vor-
zutäuschen; ich versuche es nachzumachen und kämpfe mit
mir selbst, um das Schneewasser nicht doch zu schlucken.
Das nämlich, sagen die Erfahrenen, soll man nicht tun.

Alles Licht wird mit einem schmutzigen Gelbton übertüncht,

seit wir die Schneeschutzbrille aufgesetzt haben, um nicht blind beim Haus anzukommen, das nicht näherrücken will. Doch nicht die Brillen sind schuld, daß der Tag keine helle, freudige Farbe hat. Die Augen trüben sich selbst ein in dem Starren auf diese Fläche, die doch weiß sein sollte und gelb ist, braun, wie von Schmelzwassern überlaufen.

Es müssen viele Stunden vergangen sein, doch immer noch ist es der gleiche Tag, und die Tage haben auch hier nur vierundzwanzig Stunden, nur sechzehn Stunden Licht. Das Haus aber steht schräg rechts über uns und ist noch sichtbar. Also ist immer noch der gleiche Tag. Das bloße Auge kann die Stockwerke und sogar die Fenster auszählen.

Damit das Geschick, das uns unfreundlich gesinnt war, auch seinen naiven Witz habe, kommen wir von der rechten Seite, von Osten her, auf das Haus zu und betteln unseren müden Beinen jeden Schritt ab, daß sie uns noch tragen mögen, nur dieses kleine Wegstück noch tragen bis dort hinauf, und wir versprechen ihnen, daß sie dann ruhen und sich müde lang strecken dürfen in einem glücklichen Schlaf.

Als ich vor den Steinstufen stehe, die zum Wirtschaftsgebäude hinaufführen, und mich frage, wie ich diese Strecke noch schaffen werde, beugt sich ein mächtig geratener Russe in Uniform über meinen Rucksack und mich, sagt »Kamerad!« und nimmt meinen Rucksack in die Faust wie einen faltigen Apfel. Zum Wundern über den freundlichen Russen bin ich zu müde, doch an der Tür ins Haus bleibe ich denn doch erstaunt stehen, als der Russe mich mit weicher Geste einlädt, ich möge vorausgehen. Der Riese mutet an wie ein Hotelportier in einem fremden Land, wo die Geste die Worte ersetzen muß: Willkommen, der Herr! Das Zimmer ist im ersten Stock, sonnige Lage. Das Gepäck wird sofort nach oben gebracht, mein Herr.

Im Speisesaal auf der Westseite des ersten Stockes brennt an diesem Abend Licht hinter nur halb verhängten Fenstern, damit die Nachkommenden, wenn sie sich verirrt haben, wenigstens die Richtung finden. Die Russen, wenn sie kommen wollen, mögen auch nach dem Licht der Öllampen die Richtung suchen.

Über dem Haus und bei der meteorologischen Station werden Wachen ausgestellt. Ein schneidender Wind fegt ohne Ende um die Wandfelder aus Leichtmetall und pocht an die dreifachen Fenster, die er mit seiner Kälte durchdringt. Das ganze Haus ist bis in den letzten Winkel ausgefüllt mit Kälte.

Der Posten, der um zwei Uhr am Morgen des 19. August weckt, ist ein frivoler Narr. Gipfelstürmer, aufstehen! brüllt er durch die Gangflucht von Koje zu Koje und macht aus bedächtigen Bergwanderern Gipfelstürmer.

Die Tasche der Windjacke wird gefüllt mit den schundigen Bonbons aus der Intouristbeute. Sonst ist alles Beschwerende einschließlich der Geldbörse aus den Taschen entfernt worden, selbst die Brieftasche, die mit den Briefen ein Pfund wiegen mag, bleibt in der Koje, und ich trage mit mir nur mein altes verknittertes und längst nicht mehr lesbares Schutzzeichen.

Tragen von Steigeisen ist Pflicht.

Da ich, nur in Uniform und Windjacke, zu leicht angezogen bin, wird mir eine Pelzjacke und eine Fellmütze aufgenötigt, darin ich aussehe wie ein Waschbär und mich im Gehen behindert fühle. Da die Fürsorge aber schon einmal vorfühlt bis auf die Unterhosen, beuge ich mich dem Befehl und gehe als Bär zum Berg.

Über dem Haus steht in behütender Größe, schief in den Himmel gehängt, der Orion, mild berührt vom Keim eines morgendlichen Lichtes. Da an der Einwehung vor der Ostecke des Hauses jeder fällt, falle auch ich. Dann aber tappen die Steigeisen trotzig, um den Körper warmzustoßen, in das klumpige Eis.

Die Luft brauchen wir zum Atmen, sonst würden wir sie verschwenden an den Ausbruch heftiger Gefühle, als wir an einer Kehre ausschauen in den Raum und drüben den Uschba sehen in seiner brutalen Größe mit seinen gleich rücksichtslosen Nachbarn, deren ungebärdige Zacken eben wie die Flokken eines zerrauften Felles weichgestrichen werden vom aufkommenden Licht des Tages. Mit dem Morgen kommt der Wind kräftiger aus seinem Nachtversteck hervor und umspielt uns, ohne daß wir ihn spüren. Ich leugne alles Empfinden ab und bemühe mich, nichts zu sein als eine gehende Maschine. Wenn ich an der Kehre von einer Serpentine zur anderen bewußt veratme, packt mich die Enge und der Luftmangel an der Kehle. Ich weiß dann, daß die Luft längst zu wenig ist zu weiterem, angestrengtem Steigen, aber ich darf es nicht wissen, und weil ich es nicht wissen darf, kann ich die Beklemmung immer wieder verscheuchen.

Ein weißer Anorak steigt aus der Serpentine eine Strecke weit über uns hinauf, und ein Arm aus diesem Anorak heraus deutet auf den Westgipfel, der eine Sturmhaube hinter sich schleppt. »Wir kehren um. Der Gipfel wird Schneesturm haben. Und ich verantworte es nicht, daß vielleicht sechs oder acht Mann zugrunde gehen im Sturm.«

Der aus aller Ordnung geworfene Tag empfängt uns bereits nach acht Uhr wieder im Haus. Wir haben aufgegeben und kommen wie Besiegte heim. Damit aber niemand sehe, was wir wirklich empfinden, fluchen wir soldatisch auf alles, was Befehl heißt, und sind murrenden Herzens dennoch bereit, morgen oder irgendwann gehorsam zu wiederholen, was heute mißglückt ist...

Zwei Tage später, am 21. August, wagen wir es von neuem. Wieder sieht uns der Orion zu, als wir vor der Ostseite des Hauses nacheinander stürzen. Dann wird das Sternbild zugedeckt. Inzwischen haben wir uns gegenseitig gesagt, was zu sagen ist vor einem Beginnen, an dessen Ende wohl ein paar aus der Reihe der neunzehn Männer abgeschrieben werden müssen. Denn es ist Sturm.

Der Uschba bleibt unsichtbar. Die Steigeisen treten zuweilen in wattigen, neu aufgewehten Schnee.

Eine Weile begleitet uns wieder das Felsband zur Linken. Dann kommt vor uns aus dem Schneetreiben ein anderes, quer durch den Anstieg gezogenes Fries, das soviel Ziel bedeutet, daß die Aufstiegslinie nach links gebrochen werden muß. Hier oben, wohin das Gestänge einer abgebauten Fernsprechleitung weist mit zwerghaften Masten, denen der Gletscher bereits bis zum Hals hochgewachsen ist, soll nach der Karte die Pastuchowa-Hütte liegen.

Unser nächstes Ziel, da dieser Halt nun fehlt, soll eine aus Sperrholz im Sattel gebaute Hütte sein, das Glück vorausgesetzt, daß wir nicht, wie im Streit behauptet wird, immerzu ohne Höhengewinn um den Ostgipfel tanzen und dem Ziel nicht näherkommen. Der Höhenmesser versagt und gibt keine Antwort auf die streitbaren Zweifel, die im Höhenkoller gereizt, böse und insubordinat über die Lippen kommen, weil kein Teilnehmer mehr die Kontrolle über sich selbst hat. Die Höhe quält jeden, auch die schneegegerbten Männer, die in den Alpen die höchsten Gipfel erstiegen haben. Meinung und Widerspruch werden gebrüllt, und es scheint zuweilen, als seien wir nicht mehr Kameraden, sondern Feinde, die ihre größte Lust darin sehen, denen einen Stoß zu geben, die es überzeugt anders meinen.

Ich darf in soviel Streit ganz unbeteiligt sein und gehe, das Denken auf andere Dinge gerichtet, wie ein Roboter Schritt um Schritt in der langen Reihe.

Jedesmal, wenn wir in diesen Bergen ganz tief bedrückt sind, tut sich uns der Himmel auf. Als genug gestritten ist, teilt sich für eine knappe Minute der Vorhang aus Schnee und Nebel und zeigt uns, hoch über unseren Köpfen, die beiden Gipfel, zwischen denen im Sattel unser Anstieg hochführen soll zum höheren, zum linken Gipfel, den sie Minitau heißen. Nachdem uns dieser eine, wohl der rettende Ausblick gewährt worden ist, wird über uns zugemacht für immer.

Aber wir finden die Sperrholzhütte im Sattel und schaben vor der Öffnung, die Fenster und Tür in einem ist, mit Pickeln den Schnee fort, um dann flach auf dem Bauch hineinzukriechen in eine kalte, aber windlose Finsternis. Die Hütte hat außen nur eine schneefreie Frontseite hergezeigt und läßt sich auch, als wir Sitzplätze freigeschlagen haben, in ihrer Größe nicht überschauen, da sie wie ein russisches Eishaus vollgeweht ist mit festgefrorenem Schnee.

Da sitzen wir und frieren. Starre Hände nesteln aus den eisigen Verschnürungen den Bund des Rucksacks und holen aus der Tiefe die mitgebrachte Kondensmilch hervor. Die letzte Wärme der Finger ebnet den Schnee, damit der Primuskocher zu stehen kommt, dann brennt ein müdes, blaues Feuer so armselig zwischen unseren behütenden Händen, daß es die Milch kaum zu erwärmen vermag. Die Flamme ist so hungrig nach Sauerstoff wie wir, auch sie kann nicht mehr atmen und klammert sich hilflos an die Düsen. Von draußen schaut durch das Schlupfloch der schneeige Tag herein und will uns vorgaukeln, daß es heller geworden sei. Da der Raum dunkel ist, erscheint uns das kleine Rechteck wie ein Fenster in der Sonne. Niemand kann bei soviel Enge bis zur Tür kriechen und Ausschau halten nach der Wirklichkeit der Sonne. Die rauh aufgeschnittene Milchdose reißt die Mundwinkel wund, als wir die Dose lauwarmer Milch von Mann zu Mann herumgehen lassen, damit jeder sich daran auffrische.

Nach einer Stunde Rast kriechen wir aus dem Halbdunkel in den Tag, der keine Sonne hat und keinen lichten Schimmer. Bleiern fällt auf jeden die Enttäuschung, als uns wieder nur der stürmische Tag in seine Arme nimmt.

Beim Heraustreten aus dem schützenden Sattel hat der Sturm uns ergriffen und drückt uns an den Hang oder will uns wegreißen von dem Halt, den die in zweifachen Fäustlingen frierenden Hände gesucht haben. Der Sturm schlägt uns mit Schnee, der sich festklebt und die Sicht nimmt. Die Brille aber darf nicht abgenommen werden, weil das diffuse Berglicht uns blind machen würde. Wie die Pfoten eines Hundes, der einen zwischen die Zähne festgebissenen Knochen mit ungefügen Tatzen wegstreifen will, tappen die Fäustlinge über die Zelluloidscheiben, den Schnee abzustreifen, der alle Sicht verschließt.

Durch diese dumpfen Fenster sehen die Augen nichts als ein graues Weiß und in dieses Weiß gebettet große, ungefüge, schwarze Flecken. Das ist das Lavagestein. Die Hände suchen immer unsicherer nach einem Halt, während die Augen nur mehr den ganz kleinen Blickkreis haben bis zum Hang, der unmittelbar davor liegt.

So stöhnen wir hinauf, wieder einmal pfeifend und keuchend, zwischen die Mühen eine Pause eingefügt. Die Stimmen der Kameraden werden von irgendwoher zu mir getragen. Als es nur mehr achtzig Meter sein können bis hinauf, versperrt mir Groth den Weg. Sein Kopfschütteln verbietet mir die letzte Gewaltanstrengung, denn ich müßte ja als der Unerfahrene mit Gewalt und sinnloser Anstrengung erreichen, was die anderen mit List und Klugheit dem Berg abzujagen wissen.

Die Klugheit aber haben alle längst über Bord geworfen. Der Gipfelkoller hat die Bergsteiger gepackt. Wie Pferde, die eine Lücke im Plankenzaun gefunden haben, reißen sie sich los und rennen bedenkenlos den Hang empor, besessen von der Aufgabe, alles vergessend, was uns bisher zu einem geschlossenen Trupp zusammengehalten hat.

Über das ganze finstere Feld vor mir sind die Schatten der Kameraden zerstreut. Von oben her steigt Kempter mir entgegen und reicht mir über eine Felsplatte hin die Hand: nur diesen Felsbauch möge ich noch überklettern, dann sei es geschafft, dann falle der Berg zurück.

Was ich tue, weiß ich längst nicht mehr. Ich winde mich zwischen Fels und Eis empor, das Gesicht zerhauen vom eingepeitschten Rieselschnee. Der Körper wälzt sich über einen Block, der weit hinausbaucht. Dann fällt der Berg wirklich zurück.

Aber ich habe auch die letzte Kraft ausgegeben.

Groth verbietet mir jeden weiteren Schritt.
Und wenn andere von ihm sagen, er sei nicht mehr in der Lage gewesen, diese paar Schritte auf den aus dem Krater hochragenden Block zu steigen, so weiß ich als der einzige es besser. Er bleibt abwehrend vor mir stehen, um mir den Weg zu versperren, damit ich die Torheit nicht mache, die ein paar Augenblicke später doch eintritt. Er hat die Verantwortung für mich übernommen und blockiert das Stück Weg, das mir wahrscheinlich zum Tod würde.
Der Berg duldet kein Stehen mehr.
Während die anderen auf dem Gipfelblock Pflöcke einschlagen und die Seile eines Fahnenschaftes verspannen, stößt der Sturm alles in die Knie und treibt mit mir noch leichter als mit den berggewohnten Männern sein Spiel. Ich bin nur ein armseliges Schneetier im Angesicht solcher Majestät, als ein verlorener Ruf ankündigt, daß die anderen bereits vollbracht haben, was unsere Aufgabe war, und daß es Zeit ist zum Absteigen.
Absteigen!
Eine herrische Bewegung sagt mir, daß es falsch sei, mit dem Gesicht zur Wand abzusteigen. Die Wendung wird mir im Schneesturm durch eine Geste befohlen, und ich werde unsicher, da ich so den Halt aus den Händen geben muß. Doch wenn die Bergsteiger es schon für gut halten, mit dem Rücken zur Wand abzusteigen, werde ich es gut finden müssen.
Die Überlegungen werden mir erleichtert, als ich schon nach wenigen Schritten das Steigeisen des rechten Bergschuhes auf einer Lavaplatte ausgleiten fühle. Nun hat es wenig Sinn, noch irgendwo einen Halt zu suchen und den Absturz aufzuhalten. Das Gleiten wird zu einer rücksichtslosen Abfahrt, noch arbeitet das Hirn, der Erschöpfung zum Trotz, es wehrt sich gegen den Gedanken, mit zwischen den Beinen eingesetztem Pickel abzubremsen, also muß die Fahrt weitergehen, entweder in ein steiniges Ende, wenn der Körper sich auf den überstehenden Lavabrocken wundschlägt und dann endgültig ins

Überschlagen gerät, oder irgendwo in ein behutsames Auslaufen, wo der Schnee ein Polster gibt. Nach vielleicht achtzig Metern trägt die Gewalt dieser ungewollten Abfahrt mich wie über eine Sprungschanze hinaus, und ich falle, mich mehrmals überschlagend, in dicken Neuschnee, der zu einem Bett aufgeschüttet ist.
Es war also doch nicht das Ende, das aller menschlichen Voraussicht nach hier hätte fällig sein müssen.
Wo der Fels ins Eis übergeht, verhalten wir. Acht blinde Augen schauen auf den Kompaß. Mein Absturz hat sich eine falsche Richtung ausgesucht. Nur von fern hören wir, ohne die Stimmen örtlich festlegen zu können, die Rufe der übrigen Kameraden, die ebenfalls in Trupps irgendwo zu Tal gehen. Es ruft hier und ruft dort, der Sturm aber lacht brüllend über jeden Versuch einer solchen Orientierung, so daß wir auf gut Glück quer durch den Hang die anderen suchen müssen, deren Stimmen einmal ganz nahe aufkommen und sich ein andermal wieder weit weg in der Watte von Schnee verlieren. Es wäre leicht, sich hier für immer zu verirren im ewigen Schnee, und ehe morgen eine Expedition käme, uns zu suchen, hätte der Sturm längst die letzten Zeichen erloschenen Lebens zugeschüttet. Irgendwann aber, nach einer halben Stunde oder nach einer Stunde stehen im Schneetreiben große Schatten vor uns, die vor uns ebenso erschrecken wie wir vor ihnen. Wir haben uns gefunden und dürfen den Weg gemeinsam machen.
Ohne jede Sicht, nur der ungefähren Richtung folgend, treten wir eng hintereinander dahin, einer sich so knapp hinter dem anderen haltend, daß die Augen sehen, wo die Füße des Vordermannes einen Halt gefunden haben. Sollte einer die Blickverbindung mit den aufgeballten Absätzen des Vordermannes verlieren, so würde er den ihm folgenden Trupp in ein weißes Nichts ohne Ziel führen.
Vier Mann, einer nach dem anderen, da die Erschlaffung ansteckend wirkt wie ein tödliches Fieber, haben sich aus der

Reihe in den Schnee fallen lassen und wollen verzichten auf das Weitergehen. Es müßte schön sein, sich hier auch an den Hang fallen zu lassen und zu warten, bis der Schlaf käme. Keiner von uns, die wir noch auf den Beinen stehen, traut sich noch mehr als hundert Meter zu. Wir wissen nur, daß keiner von uns in der Lage sein wird, einen Zusammengebrochenen zu tragen. Vielleicht werden wir sie führen können. Ich weiß es nicht. Mir wird es schon schwer, auch nur einen Arm auszustrecken.

Wenn ich die Knie durchknicken lasse, wird wohl der übrige Trupp weitergehen. Vielleicht aber wird er anhalten, so wie wir es jetzt tun, und tröstend, begütigend davon sprechen, daß ja das Haus nicht mehr sehr weit entfernt sein könnte. Das Haus aber ist noch viele Gehstunden weit weg. Ein erschlafftes Hirn vermag noch soviel zu rechnen, daß es den Trost als Lüge durchschaut. So muß also der Wille die Kraft ersetzen. Die Knie dürfen nicht durchknicken. Wir müssen stehen und müssen gehen, nach dem abgeblasenen Harsch plötzlich in meterhohe Verwehungen hinein, wo die Füße im weichen Grund von Neuschnee versinken.

An jedem steilen Hang bin ich versucht, mich hinfallen und abgleiten zu lassen. Dieses Weggleiten hat mir beim Abstieg vom Gipfelstück viel erspart und müßte wohl auch jetzt noch einmal gelingen. Aber eine Spur von Willenskraft hält mich aufrecht.

Zur rechten Hand irgendwo kommt ein Felsband aus der grauen Düsternis. Es ist nur irgendein Felsband am Weg, eines ohne jede Bedeutung, wo wir doch nach einem Wegweiser suchen.

Erst dort geht ein Aufatmen durch die dahinfallende Reihe von ausgedorrten Menschenleibern, wo ein erster Mast des Leitungsgestänges vor uns steht. Der Weg also war doch der richtige. Und dies hier wäre ungefähr der Platz der Pastuchowahütte. Von einer Stange zur anderen freilich vermag niemand zu sehen. Aus der Stellung der Isolatoren aber können

wir die ungefähre Richtung zur nächsten Stange ablesen und tappen in dieser Richtung weiter, bis wirklich eine Stange aus dem kochenden Schneebrei auftaucht.
Ich kann nicht mehr.
Bis zum Haus werden wir noch eine volle Stunde zu gehen haben. Die Gewißheit, daß es noch eine Wegstunde ist, bringt mich in Gefahr. Es ist mir im Gesicht angeschrieben, daß ich mit der letzten Reserve einer nur eingebildeten Kraft Fuß vor Fuß setze. »Komm! Ich führe dich!« sagt jemand neben mir. Es ist wohl wieder Kempter, der mich Außenseiter mit Gewalt durchs Ziel schleppen will. Aber ich will mich nicht führen lassen, obgleich es längst keine Schande mehr wäre. In Trotz und fast gehässig wende ich mich ab und will es auf mich nehmen, auch diese Entfernung noch totzutreten, allein, enttäuscht und geschlagen. Die Muskeln sind wie aus allen Bändern gelöst, so daß die Wegspur nicht mehr geradeaus weiterführt, wie ich es möchte, sondern im Zickzack, wie ich eben dahinwanke.
Als erstes Zeichen, daß wir uns dem Haus nähern, kommt von unten herauf der blökende Schrei eines Nebelhorns. Man weiß also unten, daß wir uns nur schwer zurechtfinden, doch bleibt der nächste Ruf des Nebelhorns fünf lange Minuten aus. Vielleicht ist der Ruf jetzt näher, vielleicht ist er noch ferner als zuvor. Fünf Minuten braucht der Mann mit dem Nebelhorn, um den in solcher Höhe unmäßigen Luftverbrauch wieder zu ergänzen.
Das Horn fängt uns ein, damit wir uns auf dem letzten Wegstück nicht mehr verlaufen. Einer der Zurückgebliebenen steht mit der Kamera vor dem Haus. Wir versuchen uns geradezuhalten, wenn unsere vollständig in Eis gepackten Gesichter auf ein Bild kommen sollten.
Dann muß der zerschundene Körper noch das Ungeheuerliche, das vermeintlich Ungeheure leisten, vom Platz vor dem Haus in den halbdunklen Gang hinein und von dort die Treppe hinaufzugehen.

Am nächsten Morgen schweigt der Sturm. Nur ein leiser Wind, der hier nie zum Schweigen kommt, höhnt über unser Tun, über den wunderlichen Soldatengehorsam, der den Berg nahm, als der Sturm so furchtbar wehte, daß ein bürgerlicher Mensch sich davor gefürchtet hätte, auch nur einmal um das Haus zu gehen.

Ob es schön ist, dort oben gewesen zu sein, weiß ich nicht. Immer noch höre ich den Sturmwind nachwimmern, und mein unrasiertes Gesicht ist von Frost und Wind geschält, ganz anders als das Gesicht eines Menschen.

OSKAR MARIA GRAF

Was uns das Wegrainerbasl einmal erzählte

Um die Zeit des Burenkrieges – mein Gott, wie lang ist das her! – sind meine jüngere Schwester Nanndl und ich einmal in den Schulferien etliche Tage zu Besuch bei unserem geliebten Basl in Hirschenreuth gewesen. Das Basl war eine Schwester unserer verstorbenen Großmutter väterlicherseits und hat mitten in dem großen weitläufigen Dorf ein nettes, kleines Häusl gehabt, das ihm sein seliger Mann, der Sattler Georg Wegrainer, samt einem spärlichen Vermögen schuldenfrei hinterließ. Da lebte die gute Alte still und gemütlich dahin, in den Achtzigerjahren schon, aber immer noch leidlich wohlauf, mit jedem Menschen Freund und am meisten von den Kindern geliebt.

Uns zwei Geschwister hat das Wegrainerbasl besonders gern mögen, und wenn wir bei ihm waren, vergaß es oft die wenige Hausarbeit, spielte mit uns und erzählte uns die schönsten Geschichten.

Damals nun – es war ein wunderschöner Septembertag – hat

es in Hirschenreuth grad einen sogenannten Rekrutenabschied gegeben, der besonders stürmisch und lärmend war. Die kürzlich ausgemusterten Burschen sind in großem Zug, allesamt toll und voll besoffen, buchstäblich hüpfend durch das Dorf gezogen, haben gesungen und gejohlt und mit ihren Stöcken herumgefuchtelt, daß man meinen konnte, es komme eine Prozession Irrenhäusler.
Und dann und wann schoß so ein Übermütiger mit dem Terzerol in die Luft, daß die Fensterscheiben der benachbarten Häuser zitterten. Wenn sich wo eine dralle Bauernstochter oder Dirn sehen ließ, ging ein wildes Verfolgen an. Zum Glück aber erwischten sie keine davon. Kurzum, die wilde Kohorte machte das ganze Dorf rebellisch.
Nanndl und ich lagen unter den dickbewachsenen Weinbeerstauden im Vorgärtl des Wegrainerbaslhäusls und schmausten nach Herzenslust die süßen Beerln, als der Zug sich daherwälzte. Wir sprangen halb erschrocken und halb neugierig auf und liefen ans Gartentürl. Krachen und Lärmen, Soldaten und dergleichen haben wir gern gehabt. »Ah, ah, do schaug, do schaug!« schrien wir zugleich und wollten auf die Straße, um noch mehr zu sehen. Unser Basl aber kam auf einmal aus dem Haus und holte uns zurück. Vielleicht ängstigte sich die Alte, wir möchten uns in dem Trubel ein Leid antun, vielleicht konnte sie das Schießen nicht leiden, jedenfalls fiel uns beiden auf, daß sie diesmal ziemlich energisch unsere Hände nahm und uns ins Haus führte. Es schoß auch grad wieder etliche Male und roch rundherum nach Pulver. Das Basl zuckte zusammen und schüttelte mürrisch den Kopf. »Saulakln!« hörten wir sie brummen.
»Dö müassn an Krieg... Dös werdn Soidatn, Basl!« sagte ich, und ich erinnerte mich dabei an all die lustigen und traurigen Kriegsgeschichten, die uns mein Vater oft erzählte, und die schönen, bunten Bilder, welche wir zu Hause in langen Winternächten in dem Buch »Der große Krieg 1870/71« immer anschauten, kamen mir in den Sinn.

»Dö bringa oi Franzosen um«, sagte ich wiederum keck. Es war doch so schön auf den Bildern zu sehen: Die blauen Bayern stürmten immerfort vorwärts, die Franzosen mit ihren roten Hosen liefen allemal wie Wiesel davon. Herrgott, dachte ich mir, wenn ich einmal groß bin, ich geh' gleich zu den Soldaten und zieh' in den Krieg.
Meine Schwester war in die niedere Stube gelaufen, kniete bereits auf der Bank und schaute durchs Fenster auf die Straße. Es krachte abermals donnernd, und der wilde Lärm wurde noch dröhnender.
»U-u-und die Franzosen müssen's sehen,
daß wir Deutsche-e-e Sie-eger-er si-i-nd...«,
grölte es aus den rauhen Kehlen der Rekruten, die nunmehr in die nebenanliegende Humpelbräuwirtschaft einzogen.
»Ah! Ah! san s' weg! Jetzt san s' beim Wirt drin!« plapperte Nanndl fast enttäuscht: »Ah, schod, schod!«
Auch ich war ans Fenster gelaufen, aber ich sah nichts mehr. Wir zwei Geschwister setzten uns endlich auf die Bank und fingen zu fragen an: »Gell, Basei, dös werdn lauter Soidatn, gell?«
»Is scho boid wieda a Kriag, Basei, ha?«
»Gell, dö kriagn schöne Roß und große Seebin und Gewehra, Basei?«
Während wir so voll Eifer fragten, bemerkten wir auf einmal, daß unser gutes Basl auf der Ofenbank Platz genommen hatte und – den Rosenkranz um ihre verwutzelte Hand gewunden – still betete. Wir mußten erst noch einmal hinschauen, um diese Ernsthaftigkeit zu begreifen, und bekamen alsdann auch ernste Gesichter.
»Basei?« fragte ich schüchtern, aber die Alte gab nicht an. Uns zwei erfaßte jetzt auf einmal eine merkwürdige Schamhaftigkeit, wir wußten nicht, was wir tun sollten, und falteten schließlich auch die Hände. In einem fort aber schauten wir dabei fragend auf unser Basl, und so blieb's eine gute Weile. Endlich rollte die Alte ihren Rosenkranz wieder zusammen

und steckte ihn ein, machte ein Kreuz und schnaufte seufzend.

»Ja-ja, Kinderln, ja-ja... Woaß's ob s' wieda hoamkemma, dö Burschn«, sagte sie mit ihrer langsamen Stimme: »So san s' anno sieberzg aa furt, enker Vater und ünsa Hansgirgl, grod so... Ja-ja, Kinderlen...«

Wir erinnerten uns, der Wegrainer-Hansgirgl war bei Orleans gefallen.

»Und da sell schwarz Peta, der wo sellmois bei enkern Vater Bäckergsell gwen is, is aa nimma hoamkemma...«, erzählte das Basl weiter. Die Stimme klang gar nicht mehr. Die Alte hockte gebuckelt da und schaute ins Leere. So hatten wir unser Basl noch nie gesehen. Stockstumm war's in der Stube, bloß die Katze auf dem Ofen hörte man murren.

»Und oi Roß hobn s' braucht sellmois... Hot ma kaam no ackern kinna... Hot ghoaßn, der Krieg daurt bloß a poor Wocha, und nacha is's a ganz' Johr herganga... Hot man nix mehr gsehng a der Kirch und auf'n Feld als Weiberleit und Kinda und a poor oite Mannerdn...«, murmelte die Alte wieder so vor sich hin. Sie holte einen tiefen Schnaufer aus sich heraus. Vom Humpelbräu herüber klang das plärrende Singen der Rekruten, stoßweise Schreie durchgellten den Lärm ab und zu.

»Do is amoi ünsa Herrgott auf ara so a Dorf kemma, Kinderlen«, fing jetzt das Basl etwas belebter an: »Und dös ist gwen, grod wia si d' Franzosen mit üns z'kriagt hobn... Sogt der Herrgott zu dö Bauern an Dorf, ob s' an Kriag ming, und glei hobn s' gsogt: ›Jawoi, wir mächtn an Kriag!... Dö Lumpn, dö Franzosn ghärn ghaut!‹ Do hot ünsa Herrgott gsogt: ›Baurn, enker Nutzn is's it und wer woaß's, wer no hoamkimmt von enk.‹

Und do is oana dabei gwen unta dö Baurn, a recht a frecha Kerl... Hot ausgschaugt wia a Jaga und hot an Stutzn umghängt ghabt und a Hüatl mit aran Gamsbart, und der hot in oan furt gschrien: ›Gehts ma zua, den Bazi do, der is höch-

stens vo dö Franzosn oana, weil er a so wehleidi haherred't!‹
D'Baurn hobn glei auf eahm gehärt und hobn ünserun guatn
Herrgott recht z'sammgschimpft. Gsogt habn s', wenn er
it glei macht, daß er weiterkimmt, derschlogns'n. Aba ünsa
Herrgott hot koa Angst it ghabt und hot wiederum zu dö
Baurn gsogt: ›Do schaugts, Baurn, es is mittn unter der Arnt,
und oiß steht so schö da... Waar gscheita, ös tats enk um
enka Sach kimmern ois um dö Franzosn... Wennd's an Kriag
müaßts, geht oiß z'grund auf dö Felda...‹
Aba der frech Kerl, der Jaga, der hot grod gschimpft und
ghetzt und hot koa Ruah it gebn. ›Gehts weita, Mannerdn!‹
hat er in oan furt gschrien: ›Auf und an Kriag!... Dös werd
schö und lusti!‹ Aba der Herrgott hot'n scho kennt, den Kerl
mit sein' frechn Mäu und hot aa gsehng, daß er an Goaßfuaß
hat, der Bazi. Der Teifi is's gwen, koa anderer, Kinderlen!
Der alloa freit si, wenn sie d' Leit streitn und raaffa... Er
hot an Profit davo...
Ünsa Herrgott aba hot nix gsogt zu dö Baurn, wer dös is
mit sein' frechn Mäu. Wia aba jetzt dö Baurn auf ünsern
guaten Herrgott los hobn wuin, do is's eahm z'dumm wordn,
und er hot an rechtn Zorn kriagt. Und do hot er sei' allmäch-
tige Hand aufgehebt und hot gschrien: ›So, Baurn, also ös
mächts an Kriag!?... Guat, nacha zoag i'n enk!‹ Und er hot
auf dö schöngwachsna Kornacker zoagt... Is oiß mannshoch
gstandn, wunderschö, so weit wia ma gsehng hot...
Und do sogt der Herrgott auf amoi: ›Marsch, du! Du gehst
voro'... Marsch!‹ zum Teifi. ›Und ös laafts oisamm hint
noch! Nur weita! Marsch!‹ schreit er dö Baurn o, und wia
er's sogt, ünsa guata Herrgott, do hobn si oi Stoitürn aufto
und d' Küah, d' Säu, d' Roß und d' Ochsn – oiß is rausgrennt,
wia wenn a jeda Hof brennert, und nacha hot der Herrgott
gsogt: ›So, jetza, marsch, nix wia üba oi Acka! Oiß muaß
hi sei'! Oiß muaß dertretn werdn, marsch!‹
›Wos?‹ hobn d' Bauern derschrocka gfrogt: ›Mir soitn ünsere
Felder dertrampeln? Geh, du bischt ja narrisch!‹ Aba der

Herrgott hot nimma Pardon gebn, und oisam, dö ganzn Viecha und dö ganzn Baurn samtn Teifi hobn üba dö schöna Acka stampfa müassn, daß nix mehr überbliebn is... Koa grode Echern nimma...
Drüba is's ganga wia der ärgst Schaur... Gschnauft und gjammert hobn d' Baurn, und weh hot's eahna to, daß oiß a so unsinni z'grund geh muaß, aber stampfa hobn s' müassn... Koa Pardon hot der Herrgott gebn, bis oiß weit und broat hi gwen is... Und d' Weibertn und d' Kinda san dogstandn und hobn gwoant und gschrien: ›Um Gotts wuin! Um Gotts wuin, oiß geht z'grund!‹ Aba d' Viecha und d' Baurn samtn Teifi hobn it stehbleibn kinna... Grennt san s', bis z'letzt oiß a zerstampfte Broatn gwen is... Bis s' umgfoin san wia d' Fliagn, so lang hobn s' laaffa müassn... Do hat a arms Weiberts d' Händ aufghebt und hot zum Himmi auffigschrien: ›Heiliga, guata Herrgott, erlös uns von dem Übl!‹ Und do hot der Herrgott wieda seine zwoa Arm ausgstreckt, und auf oamoi san d' Viecha und d' Baurn stehbliebn, ganz weit weg. ›Doher!... jetzt kinnts hoamgeh!‹ hot ünsa Herrgott übers Land gschrien, und oiß is wieda z'ruckkemma – die Viecha san a d' Ställ z'ruck, und d' Baurn san aa wieda as Dorf kemma... Der Teifi laaft heunt no a so in der Welt umanand und hetzt d' Leut auf zum Kriagfüahrn. – Zu dö Baurn aba – sie hobn oisam gwoant, weil oiß hi gwen is – hat der Herrgott gsogt: ›Do schaugst umi üba enkerne Acka!... Koa Echa steht nimma! Wer will denn dös? Wer denn?‹
Und do hobn d' Baurn 'rumgschaugt und hättn gern an Teifi, der wo z'erst a so ghetzt hot, derwischt, weils'n derschlogn hättn woin, aba koana hot'n mehr gsehng... Und do san s' bitthaft hinkniaglt und hobn d' Händ aufghebt zum Himmivata... Aba wia s' schaugn, is aa der weg gwen...«
Diese seltsame Geschichte hat uns das Wegrainerbasl erzählt, damals bei der Rekrutenfeier in Hirschenreuth. Ich hab' selbige Nacht fort und fort von den wild dahintrampelnden

Kohorten der Menschen und Tiere geträumt, und geweint
hab' ich im Schlaf vor Schrecken.
Aber um wieviel mehr und bitterer haben seitdem Millionen
Menschen auf der Welt mit mir weinen müssen!

GEORG BRITTING

Sehnsucht nach dem Allgäu

Ich möchte ein Haus, wo, den Sommer zu haben,
Ich nur vor die Haustür treten muß:
Und da liegt schon die Wiese! Die Heuschrecken
   springen,
Ein lieblich Getön macht der Fluß.

Dahinter sind Berge, nicht hohe: sanft-grüne!
Wie sie das Allgäu zu bieten hat.
Die Grashänge glänzen, vom Winde geschliffen,
Metallisch glatt.

Zum Fluß hinab führt der Haselnußpfad,
Ein steiniger, grüner Graben.
Die Nüsse tragen gekräuselte Röckchen,
Wie sie die Ballettmädchen haben.

Der Fluß ist braun, pechfarben, oft schwarz,
Um den Felsblock dann kocht er weiß,
Und wird wieder friedlich. Dort grasen
Der Ziegenbock und die Geiß.

Der Bock hat Hörner. Schwer schlägt der Geiß
Das Euter gegen das Bein,

Und in dem Euter die seufzende Milch
Möchte gemolken sein.

Die Feder im Gras, die blaue, von wem?
Vom Häher, der waldeinwärts fliegt?
Oder vom Entenerpel, der stolz
Im schwarz-weißen Wasser sich wiegt?

Ja, so ist der Sommer! Ja, so ist das Haus,
In dem zu sein, mich gelüstet,
Um freudevoll den Erpel zu sehn,
Der im blauen Golde sich brüstet,

Das düstere Fichtengedränge zu sehn,
Die schweigsamen Spuren im Sand –
Und die Forelle, wenn's mir gelänge,
Daß ich vertraulich das Richtige sänge,
Schmiegte sich mir in die Hand.

Österreich

JANKO VON MUSULIN

Alpenländisches Lesebuch

Das ›Deutsche Lesebuch‹ war das Lieblingsobjekt der Germanistenschelte in der ersten Nachkriegszeit. Man warf ihm vor, daß es weltfremd sei und der Gegenwartsrealität zuwenig Rechnung trage. Ritter und Burgfräuleins bevölkerten seine Welt, böse Drachen lauerten in unkomfortablen Höhlen, der Bauer fahre nicht hochgemut auf seinem Traktor, trotte vielmehr geduldig hinter seinen »harben Rössern« über das Feld, dem er in bester Blut-und-Boden-Manier verbunden blieb. Übersehen wurde dabei, daß es keinesfalls die Aufgabe eines Lesebuches sein kann, uns die Gegenwart zu schildern, sich allein mit ihr zu beschäftigen, daß es vielmehr eines seiner wichtigsten Aufgaben ist, die Türe in die Vergangenheit aufzustoßen, die ›Bauer-Bürger-Edelmann‹-Welt noch einmal lebendig zu machen, ohne die man nicht einmal ein Märchen goutieren kann. Die Gefahren einer ›romantischen‹ Betrachtungweise wurden dabei sicherlich überschätzt; gewiß ist es etwas merkwürdig, daß die wichtigsten Tiere unserer Kindheit der Bär und der Wolf waren, die wir nie zu Gesicht bekamen, aber hat es unseren zoologischen Blick verdunkelt oder die Bedeutung der Stechmücke und der Filzlaus herabgemindert? Seither sind die Nachteile einer ahistorischen Betrachtung längst offenbar geworden, und man hat die Dimension ›Vergangenheit‹ wieder eingeführt, ohne ideologisches Säbelrasseln freilich und ohne homerische Kämpfe über das Thema auszufechten.
Davon macht das ›Alpenländische Lesebuch‹ keine Ausnahme; allerdings war hier die Aufgabe weder allzu schwierig noch langwierig, hat man die Alpen doch erst nach Amerika und Australien entdeckt als neuen, gewaltigen Kontinent inmitten unseres zivilisierten alten Kontinentes. Natürlich

wußte man schon vorher, daß es sie gab, daß sie da waren, hat sie aber bloß als barbarisches Unbehagen registriert, als Hindernis und Barriere, als Konkretisierung von all dem, was man gemeinhin die ›Unwirtlichkeit der Natur‹ zu nennen pflegt. Der ›Entdeckung der Alpen‹ – und es handelte sich hier durchaus um Erschließen und Aufnehmen, Ersteigen und Erfahren – liegt daher nicht nur die übliche geographische Neugier zugrunde, sondern vor allem auch das emotionale Phänomen eines völligen Sinneswandels, wie man ihn selten beobachten kann: das, was man durch die Jahrhunderte von sich gewiesen, als bloße Bedrückung empfunden, verteufelt oder vergöttlicht hatte, wurde plötzlich miteingeschlossen, der Lebensraum weitete sich aus; Schönheit, die ewig vor einem gelegen, wurde erkannt, Städte, Dörfer, Höfe, Pflanzen und Tiere, die bisher nur die ›Grenze‹ markiert hatten, erhielten mit einemmal ein gewaltiges Hinterland; daraus ergab sich eine Vielfalt neuer Beziehungen. Wer diesen Umschwung eingeleitet und wie kein anderer für das veränderte Naturgefühl verantwortlich war, ist bekannt: Jean Jacques Rousseau, der ewig unstete Philosoph und Essayist, einer der geistigen Väter der Französischen Revolution.

Aber erst im frühen achtzehnten Jahrhundert mehren sich die Zeugnisse deutscher Sprache, die dem veränderten Gefühl Ausdruck geben. Die Sprache zeigt, daß es sich nicht um Hirten und Jäger, sondern um Stadt- und Hausbewohner handelt. Gingen die ersten Bilder vorwiegend von Mensch und Tier aus, so die späteren von der geschlossenen Siedlung. Den ›Berg-Rücken‹ erreicht man nun über die ›Fels-Wand‹, es ist die Rede vom ›Tal-Kessel‹ und von ›Kamin‹, einer Felsspalte, in der man hinaufklettert. Erst in einer späteren, schon verspielten Phase findet man wieder Freude an ›menschlichen‹ Vergleichen, denen ein euphemistischer Charakter nicht ganz abzusprechen ist. So notiert ein Dichter aus dem deutschen Norden bei einer Fahrt durch Tirol, daß er »ein fernblaues Berglein bemerkt habe, das sich auf die Fußzehen zu stellen schien und den anderen Bergen recht neugierig über die Schulter blickte.«

In den frühen Zeugnissen ist oft noch eine Spur jenes Schauderns zu ahnen, das uns vormals die hohen Berge als einziges Gefühl eingeflößt hatten, selbst im Jubilieren ist noch Respekt enthalten. »Langsam, wie Geister hob sich hie und da ein Berg, und sank allmählich in seinem blitzenden Schneemantel wieder unter... Die Nacht hatte in dieser Fremde ihren Zaubermantel über uns geworfen, wir wußten nicht, wie das war, daß alles sich beugte und wankte, das ganze Firmament schien zu athmen, ich war über alles glücklich« schrieb Bettina 1810 in einem Brief an Goethe über ihre Reise nach Salzburg. Bald wird die Furcht konkreter und ihre Überwindung trägt zur Hebung des Selbstbewußtseins bei. So schreibt Nikolaus Lenau von einer Beschreibung des Traunsteins, die er mit einem rüstigen Gemsenjäger und seiner Schwester Nani, »einer hübschen, blauäugigen Dirne« unternommen hat: »Ganz oben trat ich hinaus auf den äußersten Rand eines senkrechten Abgrundes, daß die Nani aufschrie, mein Jäger aber frohlockte ›Das ist Kuraschi, da ist noch keiner von Stadtherren außitreten‹«; und er fährt in dem Brief an seinen Bruder fort: »Die Minute, die ich auf jenem Rand stand, war die allerschönste meines Lebens... das ist eine Freude! Trotzig hinabzuschauen in die Schrecken eines bodenlosen Abgrundes und den Tod heraufgreifen sehen bis an meine Zehen und stehen bleiben und solange der furchtbar erhabenen Natur ins Antlitz sehen, bis es sich erheitert, gleichsam erfreut über die Unbezwinglichkeit des Menschengeistes, bis es mir schön wird, das Schreckliche: Bruder, das ist das Höchste, was ich bis jetzt genossen...«

Hier wird nicht allein im Persönlichen eine Menschheitserfahrung (im Schrecklichen, Erschreckenden, das Schöne zu sehen) nachvollzogen, es wird auch ein weiteres, bisher vernachlässigtes Motiv eingeführt, zu dem ›Land‹ treten die ›Leut‹, hier in Gestalt des rüstigen Gemsenjägers und seiner

Schwester, der hübschen ›blauäugigen Dirn‹. Sie gehören natürlich dazu, wußten als erste etwas von den Bergen, waren als Hirten, Bauern und Jäger mit ihren Gefahren vertraut: ein versprengtes Tier, ein verirrter Herr (Maximilian in der Martinswand). Von ihnen ging zwar nicht die Initiative zur Erschließung der hohen Berge aus, aber sie waren als Helfer und Unterstützer unentbehrlich. Vor allem aber schienen sie von der Umwelt geprägt, ihre dörfliche Gesellschaft von den Bergen geformt, ihre Sprache und Gewohnheiten, ihre Kunst und Musik der großartigen Szenerie wohl angepaßt. Für eine Weile wurde der bäuerliche Mensch, das Leben in den Bergen, zu einem Lieblingsthema der Literatur und darstellenden Kunst von Anzengruber zu Schönherr, von Defregger zu Egger Lienz, Steirische Sagen und Südtiroler Überlieferungen begleiteten den Heranwachsenden, Tiroler Szenen schmückten die Herrenhäuser, Spindel und Schlitten wurden zu Sammelobjekten. Vor so viel unmittelbarer Berührung schien das literarische Dreigestirn, das Wien um die Jahrhundertwende glanzvoll beherrschte, zurückzuschrecken. Von ihnen hat wohl Hofmannsthal die Vielfalt des Gebirges am genauesten gekannt – er war schon als junger Mann in Bad Fusch gewesen, hatte Südtirol durchwandert und war in Aussee, Steiermark Obertressen 14 ansässig gewesen, aber weder von ihm noch von Schnitzler oder Beer-Hofmann hören wir viel von Bauern, Maibäumen, dörflichen Festen, von Fensterln und Almabtrieb. Daß aber Hofmannsthal das Thema nicht zu banal war, daß es ihm viel eher zunächst zu schwierig und heikel erschien, zeigte sich, als er in der Reife seines Lebens ›Andreas oder die Vereinigten‹ schrieb und darin die vielleicht schönste bäuerliche Frauengestalt der deutschen Literatur schuf.

Wenn ein ›Alpenländisches Lesebuch‹ nicht nur den Blick für die Landschaft schärft, sondern auch aufzeigt, wie die Sprache ihre Geheimnisse aufspürt und wiedergibt – Max Mells ›Gebirgskranz um Aussee‹ mag dafür als Beispiel gelten – wäre schon viel erreicht. Mehr noch, wenn es gelänge, Verständnis für die ›Leut‹ dieser Landschaft und ihre Lebensart zu wekken. Es ist keine aussterbende, es ist eine sich verändernde Lebensart. Die Menschen in den österreichischen Alpen haben nie von der Landwirtschaft allein leben können; mußten sie sich früher durch Arbeit in den Bergwerken, durch Vorspanndienst und Holzarbeit ein zusätzliches Einkommen schaffen, so jetzt durch den Fremdenverkehr, durch den Bau von Kraftwerken, durch die Tätigkeit in der nahe gelegenen Industrie. Der Fremdenverkehr spielt dabei, nicht nur was das Volumen anbelangt, die größte Rolle, er schafft eine innige, ständige Verbindung von Menschen verschiedener Herkunft und Lebenserfahrung. Wenn der Städter begreift, daß er es mit einfachen, aber keinesfalls primitiven Menschen zu tun hat, wenn er fühlt, daß er hier einer anderen, aber alten und eigenen Kultur gegenübersteht, wenn er die ihm geleisteten Dienste eher mit Gastfreundschaft assoziiert als mit Servilität, wenn er spürt, daß es hier Stolz und Tapferkeit gibt, die in Jahrhunderten gewachsen sind und Form gewonnen haben, wird er sehr wohl dazu beitragen können, daß die im vollen Gang befindliche Veränderung ohne Verödung, Verhärmung und Verhärtung abläuft und in die neue Form viel von dem hinübergerettet wird, was in der alten nützlich, gut und unersetzlich war.

BETTINA VON ARNIM

Ankunft in Salzburg

Von Salzburg muß ich Dir noch erzählen. Die letzte Station, vorher Laufen; diesmal saß Freiberg mit mir auf dem Kutschersitz, er öffnete lächelnd seinen Mund, um die Natur zu preisen, bei ihm ist aber ein Wort wie der Anschlag in einem Bergwerk, eine Schicht führt zur andern; es ging in einen fröhlichen Abend über, die Thäler breiteten sich rechts und links, als wären sie das eigentliche Reich, das unendlich gelobte Land. Langsam wie Geister hob sich hie und da ein Berg, und sank allmählich in seinem blitzenden Schneemantel wieder unter. Mit der Nacht waren wir in Salzburg, es war schauerlich die glattgesprengten Felsen himmelhoch über den Häusern hervorragen zu sehen, die wie ein Erdhimmel über der Stadt schwebten im Sternenlicht, – und die Laternen, die da all mit den Leutlein durch die Straßen fackelten, und endlich die vier Hörner, die schmetternd vom Kirchthurm den Abendsegen bliesen, da tönte alles Gestein und gab das Lied vielfältig zurück. – Die Nacht hatte in dieser Fremde ihren Zaubermantel über uns geworfen, wir wußten nicht wie das war, daß alles sich beugte und wankte, das ganze Firmament schien zu athmen, ich war über alles glücklich. Du weißt ja, wie das ist, wenn man aus sich selber, wo man so lange gesonnen und gesponnen, heraustritt ganz in's Freie.
Wie kann ich Dir nun von diesem Reichthum erzählen, der sich am andern Tag vor uns ausbreitete? – wo sich der Vorhang allmählig vor Gottes Herrlichkeit theilet, und man sich nur verwundert, daß alles so einfach ist in seiner Größe. Nicht einen, aber hundert Berge sieht man von der Wurzel bis zum Haupt ganz frei, von keinem Gegenstand bedeckt, es jauchzt und triumphiert ewig da oben, die Gewitter schweben wie Raubvögel zwischen den Klüften, verdunkeln einen Augen-

blick mit ihren breiten Fittigen die Sonne, das geht so schnell und doch so ernst, es war auch alles begeistert. In den kühnsten Sprüngen, von den Bergen herab bis zu den Seen ließ sich der Übermuth aus, tausend Gaukeleien wurden in's Steingerüst gerufen, so verlebten wir wie die Priesterschaft der Ceres, bei Brod, Milch und Honig ein paar schöne Tage; zu ihrem Andenken wurde zuletzt noch ein Granatschmuck von mir auseinander gebrochen, jeder nahm sich einen Stein und den Namen eines Berges, den man von hier aus sehen konnte, und nennen sich die Ritter vom Granatorden, gestiftet auf dem Watzmann bei Salzburg.

An Goethe, 26. 5. 1810

AUGUST GRAF VON PLATEN

Salzburger Spaziergang

Heute morgens ging ich zuerst zum Michaelsthor hinaus, wo ich den breiten, reißenden Fluß und die schönen Buchenlauben des Kapuzinerbergs übersehen konnte. Der ziemlich geschmacklose Brunnen auf dem Domplatze besteht aus einem grobkörnigen Marmor. Von derselben Steinart, die ohne Zweifel in der Gegend vorkommt, ist die vordere Fassade des Doms, die Hauptmasse der Kirche aber aus Quadern von Nagelfluh. Der Dom, der nach dem Modelle der Peterskirche erbaut sein soll, erregt nicht die mindeste Sehnsucht nach Rom, um das Original zu sehen. Es steht zu hoffen, daß mich bald Palladio und Scamozzi eines Bessern über eine modern antike Kunst belehren werden, deren Denkmäler in Deutschland wenigstens unerträglich sind. Recht eigentlich geschmacklos ist die Kollegienkirche. Welche Fülle von Leerheit spricht aus einer solchen Architektur. Das einzige

Ueberbleibsel alter Kunst in Salzburg ist die Pfarrkirche, deren Inneres jedoch dergestalt durch moderne Schnörkel verdorben ist, daß das Auge beständig an den hohen Gewölben haften muß, um nicht gestört zu werden, und auch hier hat der Ungeschmack alles mit weißer Tünche überschmiert. Die Kirche ward gegen Ende des fünfzehnten Jahrhunderts erbaut. Daß die Säulen noch kunstloser ausgefallen sind als die der Martinskirche in Landshut, daran ist hier wie dort das schlechte Material Schuld.

Der Eindruck, den das Steinthor immer wieder hervorbringt, ist immer wieder groß. Die Inschrift und die beiden Medusenköpfe entschädigen für die Verzierungen der erzbischöflichen Brustbilder. Die Obelisken auf der anderen Seite, wiewohl sie mit dem Felsen unmittelbar zusammenhängen, nehmen sich nicht sonderlich aus. Die Nagelfluh ist ein allzu hartnäckiges Material für Kunstwerke. Ich ging längs der Felsenmauer fort bis ans Klausenthor. Wodurch, fragt es sich, wurden diese Kalktrümmer, die auf der bayerischen Ebene als Geschiebe zerstreut liegen, in so festen Massen zusammengebacken? Und wie geht dies Konglomerat in eine selbständige Gebirgsart über? Die letztere Frage wird sich wohl auf dem Weg nach Werfen einigermaßen beantworten lassen. Von da ging ich, an der Festung vorüber, auf den Mönchsberg, wo man einen vollständigen Überblick über die Stadt gewinnt und sich von der absonderlichen Bauart der Dächer näher unterrichten kann. Dies Nagelfluhgebirge prangt allenthalben mit den schönsten Laubwäldern.

HUGO VON HOFMANNSTHAL

Festspiele

Der Festspielgedanke ist der eigentliche Kunstgedanke des bayrisch-österreichischen Stammes. Gründung eines Festspielhauses auf der Grenzscheide zwischen Bayern und Österreich ist symbolischer Ausdruck tiefster Tendenzen, die ein halbes Jahrhundert alt sind, zugleich Kundgebungen lebendigen, unverkümmerten Kulturzusammenhanges bis Basel hin, bis Ödenburg und Eisenstadt hinüber, bis Meran hinunter. Südlichdeutsches Gesamtleben tritt hier hervor; der gewaltige Unterbau ist mittelalterlich, in Gluck war der Vorgipfel, in Mozart war der wahrhaftige Gipfel und das Zentrum: dramatisches Wesen und Musikwesen ist eins – hohes Schauspiel und Oper, stets nur begrifflich geschieden, im Barocktheater des 17. Jahrhunderts schon vereinigt, in der Tat untrennbar. Hier tritt Weimar an Salzburg heran; was in Goethe wahrhaft theatralisches Element war – und wie gewaltig dieses war, werden die Salzburger Festspiele zeigen – ist ein großartiges Übereinanderschichten aller theatralischen Formen, die dem süddeutschen Boden entsprossen sind: vom Mysterium und der Moralität über das Puppenspiel und das jesuitische Schuldrama zur höfischen Oper mit Chören, Maschinen und Aufzügen. Und was ist Schillers Schaffen, nicht des jungen Schiller, sondern des reifen von der »Jungfrau von Orleans« bis zur »Braut von Messina«, anderes als ein Ringen um die Oper ohne Musik?
So tritt Weimar zu Salzburg: die Mainlinie wird betont und zugleich aufgehoben. Süddeutsche Stammeseigentümlichkeit tritt scharf hervor und zugleich tritt das Zusammenhaltende vor die Seele. Nicht anders kann als in solcher Polarität das im tiefsten polare deutsche Wesen sich ausdrücken; so war es zu den Zeiten des alten ehrwürdigen Reiches, so soll es

wieder sein. Mozart ist das Zentrum: das ist keine begriffliche Konstruktion, sondern Naturwahrheit, die waltet doch auch im Geistigen, nicht nur im Geographischen und in der Wirtschaft. Das romanische Element in seinem Leben ist nicht Akzidenz, nicht Zeitmode, sondern ewig und notwendig und Weltbrücke. Steht die Dreiheit: Idomeneo – Don Juan – Zauberflöte – in der Mitte, so ist Gluck von selber mitinbegriffen, mit Gluck aber auch das antike Drama, soweit unser theatralischer Instinkt es uns heranbringen kann – denn Gluck war nur ein Ringen deutschen Geistes um die Antike, wie Racine das Ringen französischen Geistes um die Antike –, und Glucks Drama war Wiedergeburt antiker Tragödie aus der Musik.

Von »Don Juan« und den anderen Komödien Mozarts ist Anschluß gegeben – und ein Programm dieser Art rechnet mit wirklichen, nicht mit begrifflichen Anschlüssen – an das weltliche Drama Calderons, wie an das geistliche. Mit dieser höchsten Auswirkung des barocken Theatergeistes ist das Mysterium und das geistliche Spiel, soweit es sich mit Anstand auf die weltliche Bühne bringen läßt, einbezogen. An das naive deutsche Wesen der »Zauberflöte«, an die Gemütswelt der Mozartschen Komödie schließen sich Webers Werke und schließt sich Ferdinand Raimunds von einer bescheidenen Musik durchwebte Märchenwelt an. Shakespeare war vom Augenblick an einbezogen, als man diese Bühne aufschlug: aber der Shakespeare des »Sturm« und des »Sommernachtstraum« vor allem.

HERMANN BAHR

Salzburger Barock

Drei große Männer haben Salzburg geschaffen. Leonhard von Keutschach hat es ermöglicht, Wolf Dietrich entworfen, Paris Lodron verwirklicht. Der Keutschacher war ein derber, handfester, kriegerischer Mann, der verstand, worauf es ankam und dafür kein Mittel scheute. Er bricht den Trotz der Bürger. Es gelüstet sie nach Rechten und sie berufen sich auf ein kaiserliches Privileg, den »Ratsbrief« Friedrich III., der ihnen einen »geschwornen Rat« und »alle Freiheiten« zusagt, wie sie »des heiligen Reiches Städte genießen«; ja schon heißt es, daß sie sich von der angestammten geistlichen Obrigkeit abwenden und unmittelbar unter den Schutz des Kaisers stellen wollen. Gelingt ihnen das, so wird aus Salzburg, das bisher ein Kloster mit Nebenräumen für seine Knechte war, irgendeine deutsche Stadt, mit ein paar Kirchen und Klöstern in der Ecke; der Gottesstaat wäre vernichtet, der Leib hätte den Geist besiegt. Da läßt der bauernschlaue Keutschacher, der seine Salzburger kennt, die Häupter der Bürgerschaft zu sich entbieten, er ladet sie zum Essen ein, da will er mit ihnen verhandeln. Sie kommen, werden von seinen Trabanten ergriffen, auf Schlitten gebunden und in kalter Nacht nach Radstadt entführt. Und jetzt, dieser Geiseln sicher, stellt er den zitternden Bürgern die Wahl, ob sie den Tod der Aufrührer wollen oder sich unterwerfen. Sie unterwerfen sich, ihr Eigensinn ist gebrochen. Salzburg bleibt eine Kirche mit angebauten Wohnungen. An diesem Tag, im Februar 1511, ist Salzburg barock geworden, vierzig Jahre nach der Vollendung des Franziskaner Hallenchors, der zuerst die Gotik barockisiert hat.
Der Keutschacher war so stark, daß davon auch noch sein Nachfolger leben konnte. Dieser, Herr Matthäus Lang von

Wellenburg, ist wirklich nichts als Leonhard von Keutschach noch einmal, bloß in kleineren Dimensionen: vorsichtiger, bedenklicher, bürgerlicher. Immer einen Trupp zuverlässiger Tiroler Landsknechte hinter sich, vollendet er die Zähmung der widerspenstigen Bauern und Bürger. Erst Wolf Dietrich hat wieder das volle Maß. Er ist der Sohn eines deutschen Kriegsobersten, der Enkel der Clara von Medici, einer Schwester des Papstes Pius IV., der Neffe des heiligen Borromäus. Also deutsches Eisen, den Glanz der Mediceer und einen Tropfen Heiligkeit im Blut, kommt er jung nach Rom und wird da für sein ganzes Leben zum Römer. Er ist ein glühender Phantast, von seinen inneren Gesichten so gequält, daß er explodiert; er muß sich immer wieder entladen. Er scheint am hellen Tag zu träumen und träumt so stark, daß die Wirklichkeit davor erblaßt. Sein Traum überwältigt sie, doch ohne sie zu vergewaltigen, sie geht vielmehr eben durch ihn erst selbst in Erfüllung: sein inneres Gesicht gibt gleichsam der Wirklichkeit erst ihr wahres Gesicht. Er phantasiert, aber nicht auf die Welt los, sondern aus dem Herzen der Welt. Er hat Halluzinationen, aber als ob sie von der Natur selbst entworfen und ihm nur diktiert wären. Er erinnert an Balzac. Die Gestalten Balzacs haben mehr Realität, als seine Mitmenschen hatten. Die Natur bleibt oft in der bloßen Intention stecken, es gelingt ihr nicht ganz; Balzac hilft ihr nach, er weiß, was sie meint, und kann es besser als sie. Und nun denke man sich aber Balzac auf einem Thron, mit der Macht nicht bloß über Worte, sondern über das Leben selbst! Wolf Dietrich stürzt auf die Stadt los, als ob er alles in blinder Wut vernichten wollte. Aber er vernichtet nur, was an ihr nichtig ist. Er will sie ganz wesentlich, sie soll nur der Ausdruck ihrer Idee sein. In Sankt Peter wird eine Stadtansicht von 1553 aufbewahrt: sie zeigt uns, wie sich damals an der alten Kirchenstadt schon im stillen rings eine höchst eigensinnige, sehr eigenwillige Bürgerstadt angesetzt hatte, draußen in der Gstätten, drüben am Stein und unter dem Nonnberg, mit Giebeln und Dächern. Den Eigensinn und Eigenwillen der Bürger hatte schon der Keutschacher zerbrochen, schon 1511, aber das Zeichen blieb, erst Wolf Dietrich hat es niedergemacht. Er hat auch die alte Residenz weggeräumt. Er italianisiert die Stadt ganz, er bringt den Palazzo nach Salzburg. Und überall reißt er nieder, alles gräbt er um, überall baut er auf. Er hat gar keine Pietät. Auf die Nachricht, daß der alte Dom in Flammen steht, antwortet er ruhig: Brennet es, so lasset es brennen! Und das entsetzte Volk sagt ihm nach, er hätte selbst das Feuer gelegt. Er aber plant schon einen neuen, den er als ein Ebenbild der Peterskirche will. Er kommt freilich nicht mehr dazu. So große Menschen sind unbequem, sie muten ihrer Zeit mehr zu, als sie ertragen kann, bald lauert ihnen überall Neid, Unverstand, Furcht, gekränkter Ehrgeiz, enttäuschte Hoffnung auf, bis sich zuletzt fast auch die Natur selbst, aus ihrer Behaglichkeit aufgestört, gegen sie zu wenden scheint. Er hat Salzburg zum deutschen Rom gemacht, aber aus den Salzburgern keine Römer. Er flieht zu spät, wird verfolgt, gefangen, abgesetzt und stirbt im Kerker. Den Dom baut sein kleinmütiger Nachfolger, der, um zu sparen, den Plan überall reduziert, aber auch so noch ist es der schönste Dom Italiens auf deutscher Erde. Wie denn von aller Größe Wolf Dietrichs kaum ein Schatten bleibt, aber dieser Schatten ist unser Salzburg.

Kaum ein Schatten bleibt von ihm und auf dem Stuhl folgt ihm seine Karikatur, Markus Sittikus, ungefähr in derselben Proportion wie Matthäus Lang zum Keutschacher. Er haßt den Wolf Dietrich und äfft ihn nach. Die Salzburger sagten damals: den Wolf Dietrich, der eine Geliebte hatte, haben wir davongejagt, aber sein Nachfolger hat gleich ihrer zwei! In allem war es so: Markus Sittikus übertrieb den Wolf Dietrich immer noch und hat ihn doch niemals erreicht. Er gab nur den Fürsten, erst der nächste war wieder einer, Paris Graf von Lodron. Der ist ein geborener Erbe, einer, der nur die Hand auszustrecken braucht, und die reife Frucht fällt ihm überall zu, sozusagen der Raffael unter Salzburgs Fürsten; und wie dieser Typus, dem ein gnädiges Geschick alles so leicht macht, immer: milde, liebreich, freudig. Er hatte ja bloß den Willen Wolf Dietrichs zu tun. Wolf Dietrich hat, aus der Idee Ruperts, Salzburg erschaut, seine Vision hat Paris Lodron in Stein und Mozart dann in Musik gesetzt.

Salzburg entsteht auf einen Wink der Natur, von dem der Mensch den höchsten Gebrauch macht: sie bietet ihm ihren Schutz und er wendet ihn zum Dienste Gottes an.
Der Fluß, aus der Enge schießend, in die Weite stürzend, sieht sich unversehens noch einmal gehemmt, höchst unerwartet treten ihm auch in der Ebene wieder Felsen entgegen, hart ans Ufer heran. Indem er sich durchwindet, bleibt, von ihnen gedeckt, ein umfriedeter, gesicherter Platz. Gerade Platz genug, daß der heilige Rupert mit seinen Mönchen niederknien kann.
Die Natur selbst sagt da dem Menschen: hier kannst du ruhen! Er antwortet ihr: hier will ich beten! Und wie nun diese Antwort tausend Jahre lang von Geschlecht zu Geschlecht schallt und jedes wieder das alte Gebet von neuem anstimmt, das ist Salzburg: Natur, ganz Geist geworden, Geist zu Stein. In diesen tausend Jahren wird Salzburg an jedem Tag erbaut. Das Angebot der Natur, zur Andacht benützt, diesen Grundgedanken, diese Grundgebärde dekliniert Jahrhundert um Jahrhundert, jedes auf seine Weise wieder. Die Stadt bleibt ein bewaffnetes Gloria. Dehnt es sich aus, so muß es die Waffen verstärken; und im Gefühl neuer Waffenkraft wieder kann es sich dann immer noch stolzer strecken. Auf dieser Einheit und Geschlossenheit bei höchster Vielfältigkeit und Lebendigkeit, auf dieser völligen Durchdrungenheit von dem einen Gedanken, der einen Gebärde ruht der unaussprechliche Zauber der Stadt. In jedem einzelnen Stück ist sie ganz, ihre Vergangenheit stirbt niemals ab, alles Alte wird immer zu neuer Gegenwart. Nirgends ist ein Zufall, alles

ist wesentlich, eines deutet auf das andere hin, erkennt sich und erfüllt sich darin. Jede Kirche ist hier eine Stadt und die ganze Stadt ist ein Kloster mit irdischen Nebenräumen. Die frommen Frauen auf dem Nonnberg verlassen nie das Stift. Wozu denn auch? Es enthält Salzburg ganz. Ebenso Sankt Peter. Und gar die Franziskanerkirche: das westliche Tor führt in die Nacht einer vermauerten Basilika, die nun aber auf einmal der lichteste gotische Dom ist, von neun Kapellen immer festlicher leuchtenden, immer üppiger prangenden, immer stürmischer frohlockenden Barocks umringt; wer sie durch das südliche Tor verläßt, hat die ganze Baugeschichte des Christentums durchgemacht und die Steine rufen ihm das Wort Goethes zu: Wir bekennen uns zu dem Geschlecht, das aus dem Dunkel ins Helle strebt.

Sankt Peter ist um 700 gegründet, Nonnberg etwas später, die Stadtpfarrkirche zu Unsrer Lieben Frau, die seit 1634 den Franziskanern gehört, um 1200. Sie wirken dennoch alle barock. Sankt Peter ist ja bewußt barockisiert worden. Im Franziskanerchor hat sich das heimliche Barock, das in aller Gotik lauernd versteckt liegt, unversehens einmal erwischen lassen. Was aber selbst den ungestört gotischen Raum der Nonnbergkirche so barock macht oder ob ich mir das nur einbilde, kann ich nicht sagen. Noch merkwürdiger ist, daß von allen Salzburger Kirchen am wenigsten barock die Fischers von Erlach sind, besonders die Kollegienkirche. Das mag aber vielleicht gerade der höchste Triumph des Barock sein, daß es in seiner fanatischen Gier, nichts auszulassen, alles aufzusaugen, zuletzt auch sich selber verzehrt und über sich hinaus in seinen eigenen Abgrund stürzt. Barock ist das Superlativ aller Synthese. Es ist unersättlich, es hat nie genug, es will alle Höhen, alle Tiefen, alle Weiten in einer einzigen ungeheuren Gebärde beherrschend umfassen, nichts soll übrigbleiben, die ganze Welt aller Himmel und aller Erden und aller Höllen in seinen Armen sein. Indem es immer auf Gestalt dringt, öffnet es aber diese so weit, daß es zuletzt wieder

ins Chaos gerät. Gestalten ist Begrenzen, jede Gestalt ist ein Verzicht, aber die dämonische Herrschsucht des Barock ringt um eine grenzenlose Gestalt. Es ist ein Ebenbild des Menschen, der immer ganz er selbst, aber dabei doch alles sein will und sich so zwischen höchster Verselbstung und unendlicher Entselbstung immer wieder verliert. Darum muß alles Barock unaufhaltsam nur immer werden, es kann nicht anhalten, es kann niemals sein. Barock ist die Bewegung, ist das Leben selbst. Ein barockes Werk ist nie da, es entsteht immer erst unter unseren Augen, es braucht unseren Blick. Unter unseren Augen steigt eine Gestalt aus dem Chaos herauf, in das sie schon wieder hinab verlischt. Barock ist so flüchtig wie Musik. Und ist ewig wie Musik.
Daher auch die geheimnisvolle Lebendigkeit dieser barocken Stadt Salzburg, in der alle Vergangenheit immer wieder Gegenwart wird und getrost in die Zukunft blickt. Während man an anderen Orten vor alten Bauten sich einer beklommenen Rührung kaum erwehren kann, ja Mitleid hat, wie sie so verloren, so vergessen in einer fremden Welt stehen, ist hier Urältestes immer noch mit uns zusammen. Es blickt gleichsam zutraulich dem Enkel noch über die Schulter und er merkt gar nicht, daß es, auf ihn gestützt, ihn doch mit leisem Druck noch immer führt.

GEORG TRAKL

St. Peters-Friedhof

Ringsum ist Felseneinsamkeit
Des Todes bleiche Blumen schauern
Auf Gräbern die im Dunkel trauern –
Doch diese Trauer hat kein Leid.

Der Himmel lächelt still herab
In diesem traumverschlossenen Garten,
Wo stille Pilger seiner warten,
Es wacht das Kreuz auf jedem Grab.

Die Kirche ragt wie ein Gebet
Vor einem Bilde ewiger Gnaden,
Manch Licht brennt unter den Arkaden,
Das stumm für arme Seelen fleht.

Indes die Bäume blüh'n zur Nacht
Daß sich des Todes Antlitz hülle
In ihrer Schönheit schimmernde Fülle,
Die Tote tiefer träumen macht.

AUGUST GRAF VON PLATEN

Hallein und das Salzgebirge

Der Weg von Hellbrunn war über die Maßen sonnig, und ich fühlte mich glücklich genug, als bei Kaltenhausen die Berge sich an die Straße herandrängten. Nun zeigte sich Hallein mit seiner ganzen Umgebung, deren Reichtum unabsehbar ist. Im Hintergrunde erheben sich die Steyer Gebirge in unnahbarer Majestät. Die Salzach schlängelt sich durch üppige Wiesen, hellgrüne Buchenwälder hängen von Bergen und Hügeln ins Thal herab, wo die Esche, der Ahorn und der Lärchenbaum heimisch sind. Ich trat in der Post ab und bestieg sogleich den Dürrenberg, um die Salzwerke zu sehen. Der Weg führt an einem Gießbache vorbei von der Art, wie man so viele im bayerischen Gebirge sieht, wenn ein Bergwasser sich zwischen großen Kalkgeschieben Platz macht; hier fühlte ich mich eigentlich erst recht im Gebirge.
Die Kirche von Dürrenberg ist aus rotem Marmor erbaut. Ringsum sind die Wohnungen der Bergleute. Ich ging ins Wirtshaus, und der Steiger Anton wurde beauftragt, mit mir einzufahren. Ich fand in ihm einen gesetzten und wohlunterrichteten Mann, der mich manches merken ließ, was mir sonst vielleicht entgangen wäre. Ich setzte die runde Bergmannsmütze auf, zog Hosen und Wams an, und noch ein drittes Kleidungsstück, das mit einem Gürtel um den Leib befestigt wird, und der Steiger steckte mir selbst den Handschuh in den Gürtel. Auf dem Weg nach dem Grubeneingang zeigte er mir ein Stück Jaspis, der aber selten vorkommt. Es ist kein geringer Genuß für einen angehenden Geognosten, mitten ins Eingeweide der Erde versetzt zu werden. Auch muß wohl etwas Dämonisches in meiner Natur sein, da ich mich unter der Erde so unbeschreiblich wohl fühlte. Die Kühlung war so erquickend nach einem heißen Tage, es herrschte eine

so feierliche Ruhe in diesen einsamen Stollen, und ich fand hier, was man selten findet, unmittelbare Belehrung.
Die Gewinnung des Salzes beruht auf einem sehr einfachen Chemismus. Das süße Wasser wird von oben in die großen ausgehauenen Salzkammern, deren sich dreißig in Dürrenberg befinden, geleitet. Das Wasser, das die Kammern bis an die Decke erfüllt, löst das Salz auf, und läßt den Thon zurück, der mit ihm vorkommt. Das Salz wird nun als Sole in Rinnen nach Hallein geführt, der Thon wird als Letten benützt, um das Hinausdringen der Sole aus den Kammern zu verhüten; das Überflüssige wird auf zweirädrigen Karren aus dem Berg hinaus gebracht und in den Fluß geworfen, der es weiter schwemmt.
Der Berg hat siebzehn Ausgänge, und also ebenso viele Hauptstollen. Der unterste davon ist in Kalkstein eingehauen und erforderte eine Arbeit von vierzig Jahren. Er ist dreiviertel Stunden lang. Durch diesen fuhren wir wieder ans Tageslicht, das zuerst, noch vierhundert Klafter entfernt, wie ein kleiner Stern glänzte. Ich sah auch die Stelle, wo des Morgens die Bergleute sich vor einem Muttergottesbilde zum Gebet vereinigen, und die kleine ortsgemäße Mineraliensammlung von allen Vorkommnissen des Berges, worunter sich schöne Gipskrystalle und Muschelkalke auszeichnen.
Sehr lustig ist das Hinunterglitschen auf den sogenannten Stollen und die Ausfahrt selbst auf einem Karren, der von zwei Bergknappen gezogen wird. Der Weg von dem Ausfuhrplatze bis Hallein beträgt keine Viertelstunde, ist aber ganz unbeschreiblich schön. Ueber den Gießbächen, die von den Kalkfelsen herabgleiten, erheben sich die üppigsten Buchenwälder mit den hellsten, frischesten, lachendsten Schattierungen. Ich stand erstaunt vor diesem Meer von Grün, vor dieser verschwenderischen Fülle des Laubs, das sich so malerisch, so reich, so gefällig gruppiert. Es war der schönste Anblick, dessen ich bisher auf dieser Reise genossen hatte, wiewohl die Umgebungen von Salzburg schon so reich an

herrlichen Buchenwäldern sind. Zum erstenmal wünschte ich recht lebhaft einen Gefährten, nicht aus Langeweile wie in Salzburg, sondern um diesen Schatz von Anschauungen zu teilen.

Ich verließ Hallein heute morgens frühzeitig. Die Nebel senkten sich allmählich und verklärt standen alle Gipfel. Als die Sonne aufging, zog sich wieder ein Flor um die Gegend und später bildete sich, der Sonne gegenüber, ein bleicher Nebelbogen. Es war Sonntag und die Wege wurden voll von Kirchengängern und Kirchengängerinnen. Die weibliche Tracht nähert sich hier schon sehr der männlichen, wodurch die Weiber nicht hübscher werden, als sie überhaupt sind. Da weder die Salzburger noch Salzburgerinnen wegen der Schönheit ihrer Gestalt berühmt sind, so habe ich auch nicht nötig, einzustimmen.

NIKOLAUS LENAU

Auf dem Traunstein

Bruder! ich umarme Dich herzlich in Gmunden, unserem geliebten! Wie schön ist es hier, wie schnell sind mir die Tage wieder vergangen! Wenn nur Du hier wärest! jeder Busch, jeder Stein, jede Welle scheint mich nur mit halber Freundlichkeit zu grüßen und zu fragen: hast Du den nicht mitgebracht, der uns so schön besungen?! Auch die Menschen haben so gefragt, besonders unsere trauten Wirte zu Ort. Da wurden dann wieder Pfannenkuchen gemacht und frohe Gesichter, wenn ich weidlich einhieb in diese wahrhaft klassischen Rollen, bullas aureas.

Vorgestern habe ich den Traunstein bestiegen! Um sechs Uhr morgens fuhr ich von Gmunden zu Wasser ohngefähr fünfviertel Stunden nach der Lanauerstiege. Meine Begleiter waren Hansgirgl und seine Schwester Nani; er ein rüstiger Gemsenjäger, sie eine hübsche blauäugige Dirne. Wir stiegen aus und die steilen Stufen hinan. Schon am Fuße des Berges hat mich eine Art Freudenrausch ergriffen, denn ich ging voraus und kletterte die Stiege mit solcher Eilfertigkeit hinauf, daß mir der Jäger oben sagte: »Das ist recht! so halt! weil Sie da herauf gut kommen sind, werden Sie auf den Traunstein wie ein Hund hinauflaufen.« Und es ging trefflich, in drei Stunden waren wir oben. Welche Aussicht! Ungeheure Abgründe in der Nähe, eine Riesenkette von Bergen in der Ferne und endlose Flächen. Das war einer der schönsten Tage meines Lebens; mit jedem Schritt bergan wuchs mir Freude und Mut. Ich war begeistert. Wenn mir mein Führer sagte: »Jetzt kommt eine gefährliche Stelle!« so lachte ich, und hinüber ging es mit einer Leichtigkeit, die ich bei kaltem Blute nimmermehr zusammenbrächte und die mir jetzt am Schreibtisch unbegreiflich vorkommt. Meine Zuversicht stieg mit jedem Schritte; ganz oben trat ich hinaus auf den äußersten Rand eines senkrechten Abgrundes, daß die Nani aufschrie, mein Jäger aber frohlockte: »Das ist Kuraschi, da ist noch keiner von den Stadtherren außitreten.« Der gute Kerl wollte mich bereden, in Gmunden zu bleiben noch einige Zeit, er würde mich dann mitnehmen auf die Gemsenjagd. Bruder, die Minute, die ich auf jenem Rande stand, war die allerschönste meines Lebens, eine solche mußt auch Du genießen. Das ist eine Freude! Trotzig hinabzuschauen in die Schrecken eines bodenlosen Abgrundes und den Tod heraufgreifen sehen bis an meine Zehen und stehn bleiben und solange der furchtbar erhabenen Natur ins Antlitz sehen, bis es sich erheitert, gleichsam erfreut über die Unbezwinglichkeit des Menschengeistes, bis es mir schön wird, das Schreckliche: Bruder, das ist das Höchste, was ich bis jetzt genossen, das ist ein süßer Vorgeschmack von den Freuden des Schlachtfeldes. Ich jauchze, wenn ich daran zurückdenke.

Wenn du nach Gmunden kommst, geh zum Jagerhiasl hinterm Traunstein, sein Sohn Hansgirgl soll Dich auf den Traunstein führen und Dir jene Stelle zeigen, da tritt hinaus und denke dann in der seligsten Minute Deines Lebens an mich, Du wirst mich dann noch mehr lieben.
Ich brachte dann den größten Teil des Tages auf der Spitze des Berges zu. Ha, wie schmeckte das Pfeifchen Ungartabaks! Wie schmeckte der treffliche Wein und der Blick aus dem blauen Auge des Mägdleins! Vivat Traunstein! Abends um sechs Uhr ging es hinab, rüstig und schnell, in fünfviertel Stunden waren wir unten in der Maralm, ich lernte den Gebrauch des Griesbeils bald, stellenweise fuhren wir auch ab über das Geröll, taten manchen lustigen Sprung und trieben allerlei Kurzweil. Besonders über ein Pflänzlein, auf der Spitz des Traunsteins gepflückt und Nimmernix genannt. Du erhältst es in diesem Briefe. Die Senninnen geben ihren Burschen, wenn sie von ihnen besucht werden, immer einen Blumenstrauß; findet sich darin dieses Nimmernix, so ist es nix.

FRIEDRICH HEBBEL

Gewitter in Gmunden

Es wäre undankbar, von Gmunden abzureisen, ohne des überaus herrlichen Wetters zu gedenken, dessen wir uns mit kaum einer Ausnahme vom ersten bis zum letzten Tage erfreut haben. Immer Gold und Himmelblau, dazwischen, wie noch gestern Abend, ein imposantes Gewitter oder ein Sturm, dann wieder, als ob nichts geschehen wäre, die alte ungetrübte Herrlichkeit. Nur die Stürme waren jedes Mal außerordentlich stark und erhoben sich zu verheerenden Orkanen, welche die dicksten Bäume wie dürres Schilf abknickten, so daß sie wie grüne Leichen herum lagen, wohin man trat. Den ersten erlebten wir bei Traunkirchen, glücklicherweise unter Dach, im Gasthof zum Stein; ich sah zum ersten Mal in meinem Leben Regenstrahlen, die wie Säulen von dem hinein blasenden Winde zerbrochen und umher geschleudert wurden, und eine Reihe hoch gewachsener Pappeln bückte sich bei jedem Stoß so tief, wie Federn auf dem Jägerhut, mit denen der frische Hauch des Morgens spielt. Der zweite brach eines Sonntags-Mittags kurz vor dem Essen aus, nachdem ich eben vom Baden zu Hause gekommen war; ich sah durch's Fenster in mein Gärtchen hinaus und bemerkte, daß ein alter Birnbaum, der dicht davor steht, so gezaust wurde, daß die Erde sich spaltete. In einer Stunde war alles aus, und wir konnten das Schlachtfeld beim schönsten Sonnenlicht in Augenschein nehmen. Ganz wunderbar war der dritte, der eines Abends Stunden lang mit einem Gewitter kämpfte, das sich entladen wollte; er jagte es wohl drei Mal an der Himmelswölbung herum, zuweilen pausirend, aber augenblicklich wieder mit vollen Backen ansetzend, wenn sich ein Blitz hervor wagte oder eine Regenwolke brach und nicht ablassend, als bis er es hinter den Traunstein getrieben hatte, wo der Kampf sich meiner weiteren Beobachtung entzog.

ADALBERT STIFTER

Hallstatt

Heute morgen nach neun Uhr saß ich mit dem Fernrohr auf dem Hallstätter Kirchhofe und sah hinunter auf den See. Er warf nicht eine winzige Welle, und die Throne um ihn ruhten tief und sonnenhell und einsam in seinem feuchten Grün – und ein Schiffchen glitt heran – einen schimmernden Streifen ziehend. – Ich richtete das Rohr darauf und sah – es war als träumte ich – Aston mit seinen Mädchen sah ich. Fast ein Hinabstürzen war es von der Kirche in den Ort, und eben stiegen sie alle aus – der alte Herr in meine Arme, ju-

belnd, freudenvoll – Emma, lachend, sprang herbei und sagte, daß sie in ihrem ganzen Leben noch auf keinen Menschen so zornig gewesen sei als auf mich – und Lucie reichte mir lächelnd die Hand und schwieg und war freundlich, wie immer. Sie sind in Ischl und werden noch vier Wochen dort bleiben. Wir traten alle in die obere hölzerne Gaststube, die die Aussicht auf den See bietet, und nun ging es an ein Fragen und an ein Erzählen und an ein Essen und Trinken – und kein Wort von ihr. Im Anschauen dieser geliebten Menschen und Freunde wurde mir Angela wieder so heiß lieb, wie in jenen schönen Tagen, ja noch unendlich heißer und sehnsuchtsvoller; es ist, als könnte ich nicht leben, ohne sie nur einmal noch zu sehen. Jede Miene, jeder Laut, jeder Blick zog eine Reihe jener eingesunkenen Tage hervor, die so tief und so selig zurückstanden, als lägen schon Jahre dazwischen – aber heute kamen sie, alle jene Tage, wieder und standen so lieb und altbekannt vor meinem Herzen.
Hundertmal wollte ich fragen und hundertmal vermochte ich es nicht. Sie mußten mir es in den Augen lesen, aber keines erwähnte ihrer. Ja, als es endlich Abend geworden, und sie alle abfuhren und mich recht freundlich nach Ischl einluden, überwältigte mich fast der Unmut; – ich ging auf unser Zimmer und in tiefem Schmerz lehnte ich die Stirne an das Fensterkreuz und starrte hinunter. – Der letzte Abend verklomm auf den Bergeshäuptern, und an ihren schwarzen Wänden hing bereits die Nacht. »Ist Ihnen unwohl?« fragte eine unsäglich sanfte Stimme hinter mir. Emil war es, der schöne Mensch, und nie glichen seine Augen so sehr denen eines Engels. – »Nichts ist mir«, antwortete ich, »als ihr tut mir alle zu sehr weh.« – »Wir werden es nun nicht mehr tun!« sagte er sanft und bat mich, ihn auf einer Nachtfahrt auf dem See zu begleiten, und dort trug er mir das bürderliche Du an. Als wir zurückgekehrt waren, gab ich ihm mein Tagebuch, weil ich ihm von nun an völlige Offenheit schuldig zu sein glaubte.

ROBERT MUSIL

Kindergeschichte

Herr Piff, Herr Paff und Herr Puff sind miteinander auf die Jagd gegangen. Und weil es Herbst war, wuchs nichts auf den Äckern; außer Erde, die der Pflug so aufgelockert hatte, daß die Stiefel hoch über die Schäfte davon braun wurden. Es war sehr viel Erde da, und so weit das Auge reichte, sah man stille braune Wellen; manchmal trug eine davon ein Steinkreuz auf ihrem Rücken oder einen Heiligen oder einen leeren Weg; es war sehr einsam.

Da gewahrten die Herren, als sie wieder in eine Mulde hinabstiegen, vor sich einen Hasen, und weil es das erste Tier war, das sie an diesem Tag antrafen, rissen alle drei ihre Schießrohre rasch an die Backe und drückten ab. Herr Piff zielte über seine rechte Stiefelspitze, Herr Puff über seine linke, und Herr Paff zwischen beiden Stiefeln geradeaus, denn der Hase saß ungefähr gleichweit von jedem und sah ihnen entgegen. Nun erhob sich ein fürchterlicher Donner von den drei Schüssen, die Schrotkörner prasselten in der Luft wie drei Hagelwolken gegeneinander, und der Boden staubte wild getroffen auf; aber als sich die Natur von diesem Schrecken erholt hatte, lag auch der Hase im Pfeffer und rührte sich nicht mehr. Bloß wußte jetzt keiner, wem er gehöre, weil alle drei geschossen hatten. Herr Piff hatte schon von weitem ausgerufen, wenn der Hase rechts getroffen sei, so gehöre er ihm, denn er habe von links geschossen; das gleiche behauptet Herr Puff über die andere Hand; aber Herr Paff meinte, daß der Hase sich doch auch im letzten Augenblick umgedreht haben könne, was nur zu entscheiden wäre, wenn er den Schuß in der Brust oder im Rücken habe: dann aber, und somit unter allen Umständen, gehöre er ihm! Als sie nun hinkamen, zeigte sich jedoch, daß sie durchaus nicht herausfinden konnten, wo der Hase getroffen sei, und natürlich stritten sie jetzt erst recht um die Frage, wem er zukomme.

Da erhob sich der Hase höflich und sagte: »Meine Herren, wenn Sie sich nicht einigen können, will ich so frei sein und noch leben! Ich bin, wie ich sehe, bloß vor Schreck umgefallen.«

Da waren Herr Piff und Herr Puff, wie man zu sagen pflegt, einen Augenblick ganz paff, und bei Herrn Paff versteht sich das eigentlich immer von selbst. Aber der Hase fuhr unbeirrt fort. Er machte große, hysterische Augen – wahrscheinlich doch, weil ihn der Tod gestreift hatte – und begann, den Jägern ihre Zukunft vorauszusagen. »Ich kann Ihnen Ihr Ende prophezeien, meine Herren«, sagte er, »wenn Sie mich am Leben lassen! Sie, Herr Piff, werden schon in sieben Jahren und drei Monaten von der Sense des Todes in Gestalt der Hörner eines Stiers hingemäht werden; und der Herr Paff werden zwar sehr alt werden, aber ich sehe etwas äußerst Unangenehmes am Ende – etwas – ja, das läßt sich nicht so leicht sagen –«; er stockte und blickte Paff teilnahmsvoll an, dann brach er ab und sagte rasch: »Aber der Herr Puff wird an einem Pfirsichkern ersticken, das ist einfach.«

Da wurden die Jäger bleich, und der Wind pfiff durch die Einöde.

Aber indes die Röhrenstiefel an ihren Beinen noch im Winde klapperten, luden ihre Finger schon von neuem das Gewehr, und sie sprachen: »Wie kannst Du wissen, was noch nicht geschehen ist, Du Lügner!«

»Der Stier, der mich in sieben Jahren aufspießen soll«, sagte Herr Piff, »ist heute doch noch gar nicht geboren; wie kann er spießen, wenn er vielleicht überhaupt nicht geboren wird!?«

Und Herr Puff tröstete sich damit, daß er sagte: »Ich brauche bloß keine Pfirsiche mehr zu essen, so bist Du schon ein Betrüger!«

Herr Paff aber sagte nur: »Na, na!«
Der Hase erwiderte: »Das können die Herren halten, wie sie wollen; es wird Ihnen nichts nützen.«
Da machten die Jäger Miene, den Hasen mit ihren Stiefelabsätzen tot zu treten, und schrien: »Du wirst uns nicht abergläubisch machen!!« – Aber in diesem Augenblick kam ein häßliches altes Weib vorbei, das einen Haufen Reisig am Rücken schleppte, und die Jäger mußten rasch dreimal ausspukken, damit ihnen der Anblick nicht schade.
Da wurde das Weib, das es bemerkt hatte, böse und schrie zurück: »Bin a amol schön gwen!« Niemand hätte zu sagen vermocht, welche Mundart das sei; es klang aber geradezu wie der Dialekt der Hölle.
Diesen Augenblick benutzte der Hase, um zu entwischen. Die Jäger donnerten aus ihren Büchsen hinter ihm drein, aber der Hase war nicht mehr zu sehen, und auch das alte Weib war verschwunden; man glaubte nur während der drei Schüsse ein unbändiges Hohngelächter gehört zu haben.
Da wischte sich Herr Paff den Schweiß von der Stirn und ihn fror.
Herr Piff sagte: »Gehen wir nach Hause.«
Und Herr Puff kletterte schon den Abhang empor.
Als sie oben bei dem steinernen Kreuz angelangt waren, fühlten sie sich aber in seinem Schutze sicher und blieben wieder stehen.
»Wir haben uns selbst zum besten gehalten«, sagte Herr Puff »– es war ein ganz gewöhnlicher Hase.«
»Aber er hat gesprochen –« sagte Herr Paff.
»Das kann nur der Wind gewesen sein, oder das Blut war uns in der Kälte zu Ohren gestiegen« – belehrten ihn Herr Piff und Herr Puff.
Da flüsterte der liebe Gott am Steinkreuz: »Du sollst nicht töten...!«
Die drei schraken von neuem ordentlich zusammen und gingen mindestens zwanzig Schritte dem steinernen Kreuz aus

der Nähe; es ist aber auch zu arg, wenn man sich nicht einmal dort sicher fühlen kann! Und ehe sie noch etwas erwidern konnten, sahen sie sich mit großen Schritten nach Hause eilen. Erst als der Rauch ihrer Dächer sich über den Büschen kräuselte, die Dorfhunde bellten und Kinderstimmen durch die Luft zu schießen begannen wie die Schwalben, hatten sie ihre Beine wieder eingeholt, blieben auf ihnen stehn, und es wurde ihnen wohl und warm. »An irgend etwas muß schließlich jeder sterben« – meinte Herr Paff gelassen, der es bis dahin nach der Prophezeiung des Hasen am weitesten hatte; er wußte noch verdammt gut, weshalb er das sagte, doch plagte ihn jetzt mit einemmal ein Zweifel, ob wohl auch seine Gefährten davon wüßten, und er schämte sich, sie zu fragen.

Aber Herr Piff antwortete genau so: »Wenn ich nicht töten dürfte, dann dürfte ich doch auch nicht getötet werden? Ergo sage ich, da hat es einen grundsätzlichen Widerspruch!« Das mochte nun jeder beziehen, worauf er wollte; eine vernünftige Antwort war es nicht, und Herr Piff schmunzelte philosophisch, um zu verbergen, daß er brennend gern erfahren wollte, ob ihn die anderen trotzdem verstünden oder ob in seinem Kopf etwas nicht in Ordnung gewesen sei.

Herr Puff, der dritte, zertrat nachdenklich einen Wurm unter der Stiefelsohle und erwiderte: »Wir töten ja nicht nur die Tiere, sondern wir hegen sie auch und halten auf Ordnung im Feld.«

Da wußte jeder, daß auch die andern wußten; und indes sich jeder heimlich noch daran erinnerte, begann das Erlebte schon zu zerrinnen wie ein Traum nach dem Erwachen, denn was drei gehört und gesehen haben, kann kein Geheimnis sein und also auch kein Wunder, sondern höchstens eine Täuschung. Und alle drei seufzten plötzlich: Gott sei Dank! Herr Piff seufzte es über seiner linken Stiefelspitze, Herr Puff über seiner rechten, denn beide schielten nach dem Gott im Feld zurück, dem sie heimlich dafür dankten, daß er ihnen nicht wirklich erschienen sei; Herr Paff aber, weil die beiden andern wegsahen, konnte sich ganz zum Kreuz umdrehen, kniff sich in die Ohren und sagte: »Wir haben heute auf nüchternen Magen Branntwein getrunken; das sollte ein Jäger nie tun.« »So ist es!« sagten alle drei, sangen ein fröhliches Jägerlied, worinnen viel von Grün die Rede war, und warfen mit Steinen nach einer Katze, die verbotenerweise auf die Felder schlich, um Haseneier zu fangen; denn nun fürchteten sich die Jäger ja auch nicht mehr vor dem Hasen. Aber dieser letzte Teil der Geschichte ist nicht ganz so verbürgt wie das übrige, denn es gibt Leute, welche behaupten, daß die Hasen nur zu Ostern Eier legen.

MAX MELL

Gebirgskranz um Aussee

Dieser schöne Gau, dieser grüne Talkessel, den die großen Berggestalten im Kreis umgeben, reizt bei jedem Besuch von neuem, sich in genießendem Betrachten die Gliederung klarzumachen, die ihm die Natur gegeben hat. Der Blick ist umschränkt, an keiner Stelle ist ihm das Land offen, aber er fühlt sich nicht eingeengt, denn die Maße dieser Gestalten beunruhigen nicht, es ist, als ob das großartige Denkmal eines Werdens gelassen zum Beschauen hingestellt wäre – des nie aussetzenden Werdens, das wie in aller Landschaft, wie in allem Lebendigen gleichsam als seine leise Arbeit zu ahnen bleibt. Abgetrennt, entrückt, ein Stückchen Landes für sich, mit seinen schmalen klemmenden Zugängen erscheint dieser Talgrund wie geschaffen für ein unabhängiges Gemeinwesen; und wie die Menschen es sich hier eingerichtet haben, bestätigt dem Ankommenden diese Anschauung schnell. Er erfährt

die Stimmung, als käme er in eine Hauptstadt; freilich ohne je sagen zu können, sie ist hier oder da: denn wenn er meint, nun sehe er sie, greife er sie, ist ihm das Bild schon wieder entwunden: überall blickt die Natur hervor, als wolle sie in reizender Art unterbrechen und darauf aufmerksam machen, wie sehr sie menschliches Planen angeregt, ihm aber auch die Aufgaben gestellt habe. Versicherte jemand, daß ein großer Baukünstler des siebzehnten oder achtzehnten Jahrhunderts aus diesem Ort hervorgegangen sei und an den Formen dieses Landes seinen Sinn geschult habe, so begriffe man das wohl: man hörte gern von einer Wirkung auf künstlerische Anlage: die Maße in diesem Raum sind es, die das Verweilen so unbeschwerlich und angenehm machen. Sie haben etwas, was die künstlerische Empfindung anrührt und ein erst noch unbestimmtes heiteres Gefühl für dieses Land wachruft.
Drei grüne Hochflächen lassen die Bergtrümmer in das Tal zu den mehrfachen Wasserläufen herab; sie sind ebenso viele Bühnen, jede besonders gestaltet; und erscheinen sie von den Felsenmassen der Gebirge als glänzende Hintergründe abgeschlossen, so falten diese, sowie man ihnen nachforscht, sich unaufhörlich in sich selbst zurück und öffnen neue Bühnen, ob ihre Fläche nun durch einen See ausgefüllt ist oder nicht, bis vor dem gebieterischen Abschluß durch eine letzte riesenhafte Mauer. Dies erfährt man von der Begrenzung nach Norden, also gegen das Donauland. Gegen den Süden sucht das Auge eigentlich immerfort die schöne kristallene Bühne, das Eisfeld, in niederem Rahmen aus dunklem Stein eingelassen, das dem Gipfelkranz der höchsten Erhebung in diesem Rund, des Dachsteins, unmittelbar vorgelagert ist. So bieten sich nördlich die Bühnen in der Taltiefe gefällig, einladend, weich, südlich die eine hohe, hinaufgehobene, göttlich-unwirtliche.
Ich betrachte – und betrachte so oft! – von einem der lieblichsten und gastlichsten, dabei beherrschenden Punkte des ganzen Talkessels, von den Wiesen und Wegen des Ramgutes;

es liegt, ein wohlerhaltener vornehmer Bau aus dem fünfzehnten Jahrhundert, mit schönem hohem Schindeldach, auf einer der drei grünen Bühnen; sie heißt Obertressen und läßt alle drei überschauen. Auf ausgedehnten Flächen, denen moosige Senkungen nicht fehlen, tragen sie vereinzelte Gruppen von Häuschen, dazwischen etwa ein Heiligtum, und Waldstücke; in diese sind allenthalben bewachsene Trümmer des Kalkgesteins gesät, und sie sprechen eine Wildheit und Einsamkeit aus, die die feinen weißen Kieswege unmittelbar daneben verleugnen. Ihre Bänder ziehen weitum durch das Grün; manchmal senken sie sich steil zum Lauf der starken, stürmischen Alpenwässer, welche aus den Seen kommen, und dort, in den Faltungen, sammeln sich in langen Zeilen die Baulichkeiten des Badeortes, nützen jedes Plätzchen aus, doch niemals ohne Bequemlichkeit, klimmen manchmal die Hänge empor und lassen doch deren Form, die mit der Feinheit und Glätte angewehten Schnees vergleichbar ist, unversehrt.

Die umschließenden Berggestalten halten, eben durch die vorgeschobenen grünen Hochflächen, sehr verschiedene Entfernungen und wirken mit dem Reiz einer Gesellschaft, die sich eingefunden, deren jedes einzelne Mitglied von besonderem Wesen ist und damit eine Erwartung erregt. Sie lieben entschiedene Formen, und nicht zufällig scheint es, daß der eine formlose Berg, der Sandling, am weitesten weggerückt bleibt und damit zugleich als sein Amt ausübt: auch dem Himmel sein Recht zu lassen. Der Beschauer wird sich nicht ohne einige Überraschung klar werden, daß es eigentlich die Gerade ist, die in dieser zackigen und trümmergroßen Bergumgebung zur Geltung zu kommen sucht, gleichsam als träte sie immer wieder zu unbestimmt bleibenden Versuchen an. Gegen die östliche, die steirische Seite hin erscheint sie am regelmäßigsten, und den Ausblick dorthin könnte man sich allenfalls auch andernorts geboten denken. Hier wiederholen bewaldete Berge gewiß sechs- oder siebenmal in mancherlei Größen die simple Form des Ameisenhügels; scheinbar sind sie untereinander nicht verbunden und haben doch die heitere Beziehung zueinander, als wären sie alle gleich wichtige und gleichberechtigte Versuche eines und desselben Dings. Ihnen gegenüber ist es eine Einmaligkeit, die der gewaltige Saarstein aufweist; er ist in diesem Tal anwesend wie ein raubtierähnliches Lebewesen mit langen Flanken und wilden Gliedern. Er zeigt neben einem lang hingewölbten Rücken ein Paar riesige, in ungeknickter Schräge aufstrebender Zähne, der eine schärfer, der andere stumpfer, beide aber mit ihrer pfeilerhaften Wucht und mit dem Reiz ihrer Unähnlichkeit das Auge immer wieder bannend. Hier ist es der Umriß, der die Gerade bietet; der gleich riesige Nachbar bietet sie sanfter und malerischer, weil sie in der inneren zutage liegenden Formung des Gesteins auftritt. Ich meine die große ungefüge Masse des »Zinkens«, der als Vorberg des Dachsteins wie ein Schild, den der Eisriese zu seinen Füßen aufstützt, den Blick nach der Mittagseite für viele Stellen des Tals allein für sich in Anspruch nimmt. Nach dem Tal senkt er sich zuunterst mit einer schroffen, vorwiegend waldbesetzten Abfahrt, seine oberen Teile aber weisen im Gestein schräge, nach dem Saarstein zu aufgestellte Schichtlinien: reiche, oftmals wiederholte Bänder, dunkel im Dunkeln, mit einer Richtung nach oben einen großartigen, nun zur Erstarrung verurteilten Willen ankündigend, dessen Ziel, nicht ersichtlich noch ahnbar, in den ungeheuren plumpen Körper des Berges hinabgesunken scheint. Vollends die Ruhe, die eine Berggestalt nur aufweisen kann, zeigt der Loser. Seine Rast scheint tierisch wie die eines Wiederkäuers, eine gelassene Wehrlosigkeit ist in ihm, in der er sich von Gewittern und Stürmen überfallen, umklammern und wie zu Mißhandlungen einhüllen läßt. Wie sehr er einem ruinenhaften Zustand hingegeben ist, drücken ohne weiteres die wunderbaren waagrechten Linien seines hellen Kalkkörpers aus: Er ist von sauber geschichtetem Aufbau, aber in zwei große Trümmer zerfallen, der eine Teil nach rechts, der andere nach links gebogen; die Rücken, die sie einander zukehren, überhaucht dünner Pflanzenwuchs, der eine Teil will nichts vom andern wissen, nur jene Linien der Gesteinsschichtung streben zueinander, setzen sich, die weit klaffende Stelle überspringend, fort und halten in einer Einheit fest, die vor unausdenkbaren Zeiten dahingegangen. Wie die anderen Berge dieses Umkreises in der Erregung ihrer starr gewordenen Massen: ihrem leidenschaftsgeprägten Angesicht gegenüber liegt diese Berggestalt des Losers als ein schlummernder Wächter, da nichts von Gefahr ist an seiner sonnigen und luftigen Wildheit und Einfalt, er ist ganz Frieden, und es ist eine Art Vertrauen, mit dem ihn der Blick, der hier überall beschäftigte und angeregte, sucht von den friedvollen Fluren.

THOMAS BERNHARD

An der Baumgrenze

Am elften, spät abends, nahmen hier im Gasthaus ein Mädchen und ein junger Mann, wie sich herausstellte, aus Mürzzuschlag, ein Zimmer. Die beiden waren schon kurz nach ihrer Ankunft im Gastzimmer erschienen, um ein Nachtmahl einzunehmen. Ihre Bestellung gaben sie rasch, nicht im geringsten unbeholfen, auf, handelten jeder für sich dabei vollkommen selbständig; ich sah, daß sie gefroren hatten und sich jetzt, in Ofennähe, aufwärmten. Sie seien, meinten sie, über die Menschenlosigkeit, die hier herrsche, überrascht, und erkundigten sich, wie hoch Mühlbach liege. Die Wirtstochter gab an, daß wir uns über tausend Meter hoch befänden, das ist unwahr, ich sagte aber nicht »neunhundertachtzig«, ich sagte *nichts*, weil ich in der Beobachtung der beiden nicht gestört sein wollte. Sie hatten mich bei ihrem Eintreten in das Gastzimmer zuerst nicht bemerkt, waren dann, wie ich sah, über mich erschrocken, nickten mir zu, schauten aber nicht mehr zu mir herüber. Ich hatte gerade einen Brief an meine Braut zu schreiben angefangen, daß es klüger sei, schrieb ich ihr, noch eine Weile, bis ich selbst mich in Mühlbach eingewöhnt habe, bei ihren Eltern auszuharren; erst dann, wenn ich außerhalb des Gasthauses für uns beide, »möglicherweise in Tenneck«, schrieb ich, zwei Zimmer für uns beschafft habe, solle sie herkommen. Sie hatte mir in ihrem letzten Brief, von den Anklagen gegen ihre verständnislosen Eltern abgesehen, geschrieben, sie fürchte Mühlbach, und ich antwortete, ihre Furcht sei grundlos. Ihr Zustand veränderte sich in der Weise krankhaft, daß sie jetzt *alles* fürchte. Dann, wenn das Kind da sei, schrieb ich, könne sie wieder klar sehen, daß alles in Ordnung *sei*. Es wäre falsch, vor Jahresende zu heiraten, schrieb ich, ich schrieb: »Nächstes Frühjahr ist ein guter Termin. Der Zeitpunkt, in welchem das Kind kommt«, schrieb ich, »ist in jedem Falle peinlich für die Umwelt.« Nein, dachte ich, das kannst du nicht schreiben, alles, was du bis jetzt in den Brief geschrieben hast, kannst du nicht schreiben, darfst du nicht schreiben, und ich fing von vorne an und zwar sofort mit einem Satz, in welchem ich Angenehmes, von unserm Unglück Ablenkendes, von der Gehaltserhöhung, die mir für August in Aussicht gestellt ist, berichtete. Der Posten in Mühlbach sei abgelegen, schrieb ich, dachte aber, Mühlbach ist für mich und für uns beide eine Strafe, eine Todesstrafe und schrieb: »Innerhalb der Gendarmerie werden sie alle nach Gutdünken des Bezirksinspektors versetzt. Zuerst habe ich geglaubt, die Versetzung nach Mühlbach sei für mich und für uns beide vor allem eine Katastrophe, jetzt nicht mehr. Der Posten hat Vorteile. Der Inspektor und ich sind ganz selbständig«, schrieb ich und dachte: eine Todesstrafe und was zu tun sei, um eines Tages wieder aus Mühlbach hinaus – und in das

Tal und also zu den Menschen, in die Zivilisation hinunterzukommen. »Immerhin sind drei Gasthäuser in Mühlbach«, schrieb ich, aber es ist unklug das zu schreiben, dachte ich, und ich strich den Satz aus, versuchte ihn unleserlich zu machen und beschloß schließlich, den ganzen Brief ein drittes Mal zu schreiben. (In letzter Zeit schreibe ich alle Briefe drei- bis vier- bis fünfmal, immer gegen die Erregung während des Briefschreibens, meine Schrift selbst sowie meine Gedanken betreffend.) Die Gendarmerie sei eine gute Grundlage für uns beide, von der Gehaltserhöhung, von einer im Spätherbst in Wels zu absolvierenden Waffenübung schrieb ich gerade, als die beiden, seltsamerweise das Mädchen zuerst, hinter ihr der junge Mann, in das Gastzimmer eintraten, von der Frau des Inspektors, die in den Lungen krank und verloren sei und aus dem slowenischen Cilli stamme. Ich schrieb ihr weiter, aber ich fühlte, daß ich auch diesen Brief nicht abschicken würde können, die beiden jungen Menschen zogen meine Aufmerksamkeit vom ersten Augenblick an auf sich, ich stellte eine plötzliche vollkommene Konzentrationslosigkeit meinerseits den Brief an meine Verlobte betreffend fest, schrieb aber weiter Unsinn, um die beiden Fremden durch die Täuschung, ich schriebe, besser beobachten zu können. Mir war es angenehm, einmal neue Gesichter zu sehen, um diese Jahreszeit kommen, wie ich jetzt weiß, niemals Fremde nach Mühlbach, um so merkwürdiger war das Auftauchen der beiden, von welchen ich annahm, daß er Handwerker, sie Studentin sei, beide aus Kärnten. Dann aber bemerkte ich, daß die zwei einen steiermärkischen Dialekt sprachen. Ich erinnerte mich eines Besuches bei meinem steirischen Vetter, der in Kapfenberg lebt, und ich wußte, die beiden sind aus der Steiermark, dort reden sie so. Mir war nicht klar, was für ein Handwerk der junge Mann ausübt; zuerst dachte ich, er sei Maurer, was auf Bemerkungen seinerseits, Wörter wie »Mauerbinder, Schamotte« usw., zurückzuführen war, dann glaubte ich, er sei Elektriker, in

Wirklichkeit war er Landwirt. Nach und nach wurde mir aus dem, was die beiden sprachen, eine schöne Wirtschaft, die noch von dem fünfundsechzigjährigen Vater des jungen Mannes geführt wurde (»Hanglage«, dachte ich), gegenwärtig. Daß der Sohn die Ansichten des Vaters, der Vater die Ansichten des Sohnes für unsinnig hält, daß sich der Vater gegen den Sohn, der Sohn gegen den Vater wehrt. »Unnachgiebigkeit«, dachte ich. Eine Kleinstadt sah ich, in welche der Sohn einmal in der Woche zum Unterhaltungszweck hineinfährt, sich dort mit dem Mädchen, das er jetzt da am Ofen über seine Vorhaben, den väterlichen Besitz betreffend, aufklärt, trifft. Er werde den Vater zwingen, aufzugeben, abzudanken. Plötzlich lachten die beiden, um dann für länger ganz zu verstummen.

Die Wirtin brachte ihnen ausgiebig zu essen und zu trinken. Mich erinnerte, während sie aßen, vieles in ihrem Verhalten an unser eigenes. So wie der junge Mann dort, habe auch ich immer zu reden, während sie schweigt. In allem, was der junge Mann sprach, drohte er. Drohung, alles ist Drohung. Ich höre sie, sie ist einundzwanzig (ist er älter?, jünger?), sie habe ihr Studium (Jus!) aufgegeben. Von Zeit zu Zeit erkenne sie ihre Auswegslosigkeit und flüchte dann in wissenschaftliche (juristische?) Lektüre. Er »verschlechtere« sich, sie entdecke mehr und mehr eine von ihr so genannte »angewandte Brutalität« an ihm. Er würde seinem Vater immer noch ähnlicher, ihr mache das Angst. Von Faustschlägen in die Gesichter von Brüdern und Vettern, von schweren Körperverletzungen ist die Rede, von Vertrauensbrüchen, von Mitleidslosigkeit seinerseits. Dann sagt sie: »Das war schön, auf dem Wartbergkogel.« Ihr gefalle sein Anzug, das neue Hemd dazu. Ihrer beider Schulweg führte durch einen finstern Hochwald, in welchem sie sich fürchteten, daran erinnerten sie sich: an einen aus Göllersdorf entsprungenen Häftling, der, in Häftlingskleidung, in dem Hochwald über einen Baumstamm gestürzt und an einer tiefen Kopfwunde verblutet und, von Füchsen angefressen, von ihnen aufgefunden worden ist. Sie redeten von einer *Frühgeburt* und von einer Geldüberweisung... Sie waren, wußte ich plötzlich, schon vier Tage aus der Steiermark fort, zuerst in Linz, dann in Steyr, dann in Wels gewesen. Was haben sie denn für Gepäck mit, dachte ich. Anscheinend ist es viel Gepäck, denn die Wirtin hat schwer getragen, ich höre sie noch, man hört, wie jemand in den ersten Stock hinaufgeht zu den Fremdenzimmern. Zweimal ist die Wirtin hinaufgegangen. Inzwischen, dachte ich, wird es in dem Zimmer warm sein. Was für ein Zimmer? Die Schwierigkeit in den Landgasthäusern ist im Winter die Beheizung. Holzöfen, dachte ich. Im Winter konzentriert sich, auf dem Land, fast alles auf das Einheizen. Ich sah, daß der junge Mann derbe hohe, das Mädchen aber städtische, dünne Halbschuhe anhatte. Überhaupt, dachte ich, ist das Mädchen für diese Gegend und für diese Jahreszeit völlig ungeeignet angezogen. Möglicherweise haben die beiden, dachte ich, gar keinen Landaufenthalt vorgehabt. Warum Mühlbach? Wer geht nach Mühlbach, wenn er nicht gezwungen ist? Im folgenden hörte ich einerseits zu, was die beiden miteinander sprachen, während sie mit dem Essen aufgehört hatten, nunmehr noch Bier tranken, andererseits las ich, was ich fortwährend geschrieben hatte, durch, und ich dachte, das ist ein völlig unbrauchbarer Brief, rücksichtslos, gemein, unklug, fehlerhaft. So darf ich nicht schreiben, dachte ich, so nicht, und ich dachte, daß ich die Nacht überschlafen werde, am nächsten Tag einen neuen Brief schreiben. Eine solche Abgeschiedenheit wie die in Mühlbach, dachte ich, ruiniert die Nerven. Bin ich krank? Bin ich verrückt? Nein, ich bin nicht krank und ich bin nicht verrückt. Ich war müde, gleichzeitig aber wegen der beiden jungen Leute unfähig, aus dem Gastzimmer hinaus und in den ersten Stock, in mein Zimmer zu gehn. Ich sagte mir, es ist schon elf Uhr, geh schlafen, aber ich ging nicht. Ich bestellte mir noch ein Glas Bier und blieb sitzen und kritzelte auf das Briefpapier

Ornamente, Gesichter, die immer gleichen Gesichter und Ornamente, die ich schon als Kind immer aus Langeweile oder versteckter Neugierde auf beschriebenes Papier gekritzelt habe. Wenn es mir gelänge, plötzliche Klarheit über diese beiden jungen Menschen, Verliebten, zu haben, dachte ich. Ich unterhielt mich mit der Wirtin, während ich den beiden Fremden zuhörte, alles hörte ich und plötzlich hatte ich den Gedanken, die beiden sind ein *Gesetzesbruch*. Mehr wußte ich nicht, als daß das keine Normalität ist, so, wie die beiden, spätabends mit dem Postautobus in Mühlbach anzukommen und sich ein Zimmer zu nehmen, und tatsächlich fiel mir auf, gestattet die Wirtin den beiden wie Mann und Frau in einem einzigen Zimmer zu übernachten, und ich empfinde das als natürlich und verhalte mich passiv, beobachte, bin neugierig, sympathisiere, denke nicht, daß es sich da ohne Zweifel um etwas zum Einschreiten handelt. Einschreiten? Auf einmal fange ich mit Verbrechen in Zusammenhang mit den beiden zu spielen an, als der junge Mann mit lauter Stimme, im Befehlston, zu zahlen verlangt, und die Wirtin geht zu ihnen hin und rechnet die Konsumation zusammen und wie der junge Mann seine Brieftasche öffnet, sehe ich, daß sehr viel Geld in ihr ist. Die Landwirtssöhne, so kurz sie von ihren Eltern gehalten sind, denke ich, heben doch dann und wann eine größere Summe von einem ihnen zur Verfügung stehenden Konto ab und geben sie, gemeinsam mit einem Mädchen, rasch aus. Die Wirtin fragt, wann die beiden in der Frühe geweckt werden wollen, und der junge Mann sagt »um acht« und schaut jetzt zu mir herüber und legt für die Wirtstochter ein Trinkgeld auf den Tisch. Es ist halb zwölf, wie die beiden aus dem Gastzimmer sind. Die Wirtin räumt die Gläser zusammen, wäscht sie ab und setzt sich dann noch zu mir. Ob ihr die beiden nicht verdächtig vorkommen, frage ich sie. Verdächtig? »Natürlich«, gibt sie mir zu verstehen. Wieder versucht sie, sich mir auf die gemeinste Weise zu nähern, ich stoße sie aber weg, mit der

Stablampe an die Brust, stehe auf und gehe in mein Zimmer. Oben ist alles ruhig, ich höre nichts. Ich weiß, in welchem Zimmer die beiden sind, aber ich höre nichts. Während des Stiefelausziehens glaube ich, daß da ein Geräusch war, ja, ein Geräusch. Tatsächlich horche ich längere Zeit, aber ich höre nichts.
In der Frühe, um sechs, denke ich, ich habe nur vier Stunden geschlafen, bin aber frischer als sonst, wenn ich schlafe, und ich frage im Gastzimmer unten die Wirtin, die den Boden aufreibt, sofort, was mit den beiden sei. Sie hätten mich die ganze Nacht lang beschäftigt. Er, der junge Mann, sagte die Wirtin, wäre schon um vier Uhr früh wieder aufgestanden und aus dem Haus gegangen, wohin, wisse sie nicht, das Mädchen sei noch auf seinem Zimmer. Die beiden seien gänzlich ohne Gepäck, sagte die Wirtin jetzt. Ohne Gepäck? Was hat sie, die Wirtin, dann gestern abend so schwer in das Zimmer der beiden hinaufgetragen? »Holz«. Ja, Holz. Jetzt, nachdem der junge Mann schon um vier Uhr früh weggelaufen ist (»Ich bin aufgewacht und hab' ihn beobachtet«, sagt die Wirtin, »ohne Mantel bei der Kälte, weg«...), sei ihr, was die beiden anbelangt, »unheimlich«. Ob sie ihnen die Pässe abverlangt habe, Ausweise, fragte ich. Nein, keinen Paß, keinen Ausweis. Das sei strafbar, sagte ich, ich sagte das aber in einem Ton, der zu nichts führt. Ich frühstückte, dachte aber immer an die zwei Fremden und auch die Wirtin dachte an sie, wie ich beobachten habe können, und den ganzen Vormittag, an welchem ich mit dem Inspektor zusammen auf dem Posten verbracht habe, nicht ein einziges Mal habe ich den Posten verlassen müssen, haben mich die zwei Fremden beschäftigt. Warum ich dem Inspektor nichts von den beiden erzählt habe, weiß ich nicht. Tatsächlich glaubte ich, es würde nicht mehr lange (Stunden?) dauern und es hieße einschreiten. Einschreiten? Wie und *auf Grund von was* einschreiten? Berichte ich dem Inspektor von dem Vorfall, oder berichte ich ihm nichts davon? Ein Liebespaar in Mühlbach!

Ich lachte. Dann schwieg ich und machte meine Arbeit. Es waren neue Einwohnerlisten aufzustellen. Der Inspektor bemüht sich, seine Frau aus der Lungenheilstätte Grabenhof in die von Grimmen zu bringen. Das koste, meinte er, viel Gesuchsanstrengung, viel Geld. Aber in Grabenhof verschlechtere sich ihr Zustand; in Grimmen sei ein besserer Arzt. Er werde einen ganzen Tag Urlaub nehmen und nach Grabenhof fahren und seine Frau nach Grimmen bringen müssen. Die zwanzig Jahre, die er und seine Frau in Mühlbach gelebt haben, hätten genügt, um sie, die aus der Stadt Hallein stammt, zu einer Todkranken zu machen. »Ein normaler Mensch wird ja da in der guten Luft, auf der Höhe heroben, nicht lungenkrank«, sagte der Inspektor. Ich habe die Inspektorin nie gesehen, denn solange ich in Mühlbach bin, ist sie nie mehr nach Hause gekommen. Seit fünf Jahren liegt sie in der Heilstätte Grabenhof. Er erkundigte sich nach meiner Verlobten. Er kennt sie, hat sogar mit ihr, wie sie das letzte Mal in Mühlbach gewesen ist, getanzt, der alte, dicke Mann, denke ich, ihn anschauend. Es sei »Wahnsinn«, zu früh, genauso »Wahnsinn«, zu spät zu heiraten, sagte er. Er gestattete mir in der zweiten Vormittagshälfte (»schreib«, kommandierte er) den Brief an meine Braut endgültig zu schreiben. Auf einmal hatte ich einen klaren Kopf für den Brief. Das ist ein guter Brief, sagte ich mir, als ich damit fertig war und in ihm ist nicht die kleinste Lüge. Ich würde ihn rasch aufgeben, sagte ich und ging zum Postautobus hinüber, der schon warmgelaufen war und gleich, nachdem ich dem Fahrer meinen Brief gegeben hatte, abfuhr, an dem Tag, vom Fahrer abgesehen, ohne einen einzigen Menschen. Es hatte einundzwanzig Grad Kälte, ich las das gerade neben der Gasthaustür vom Thermometer ab, als mich die Wirtin, im offenen Gang stehend, ins Gasthaus hineinwinkte. Sie klopfe schon stundenlang immer wieder an das Zimmer, in welchem das Mädchen liege und bekomme keine Antwort, sagte sie, »nichts«. Ich ging sofort in den ersten Stock hinauf und zu der Zimmertür und klopfte. Nichts. Ich klopfte noch einmal und sagte, das Mädchen solle aufmachen. »Aufmachen! Aufmachen!« sagte ich mehrere Male. Nichts. Da kein zweiter Zimmerschlüssel da ist, müsse man die Tür aufbrechen, sagte ich. Die Wirtin gab wortlos ihr Einverständnis, daß ich die Tür aufbreche. Ich brauchte nur einmal kräftig meinen Oberkörper an den Türrahmen drücken und die Tür war offen. Das Mädchen lag quer über dem Doppelbett, bewußtlos. Ich schickte die Wirtin zum Inspektor. Ich konstatierte eine schwere Medikamentenvergiftung bei dem Mädchen und deckte es mit dem Wintermantel zu, den ich vom Fensterkreuz heruntergenommen hatte, offensichtlich war das der Wintermantel des jungen Mannes. Wo ist der? Unausgesprochen fragte sich jeder, wo der junge Mann ist. Ich dachte, daß das Mädchen den Selbstmordversuch tatsächlich erst *nach* dem Verschwinden des jungen Mannes (ihres Verlobten?) unternommen hat. Auf dem Boden verstreut lagen Tabletten. Der Inspektor war ratlos. Nun müsse man warten, bis der Arzt da sei, und alle sahen wir wieder, wie schwierig es ist, einen Arzt nach Mühlbach herauf zu bekommen. Es könne eine Stunde dauern, bis der Arzt kommt, meinte der Inspektor. Zwei Stunden. In Mühlbach nur nie in die Lage kommen, einen Arzt zu brauchen, sagte er. Namen, Daten, dachte ich, Daten, und ich durchsuchte die Handtasche des Mädchens, erfolglos. Im Mantel, dachte ich und ich suchte in dem Mantel, mit dem ich das Mädchen zugedeckt hatte, nach einer Brieftasche. Tatsächlich befand sich in dem Mantel die Brieftasche des jungen Mannes. Auch sein Paß war in dem Mantel, Wölser, Alois, geb. 27. 1. 1939 in Rettenegg, Rettenegg bei Mürzzuschlag, las ich. Wo ist der Mann? Ihr Verlobter? Ich lief ins Gastzimmer hinunter und verständigte per Telefon alle Posten von dem Vorfall, der mir für einen Haftbefehl gegen Wölser ausreichend erschien. Mit dem Arzt hat es größte Eile, dachte ich, und als der eine halbe Stunde später erschien, war es zu spät: das Mädchen war tot.

Das vereinfacht jetzt alles, dachte ich, das Mädchen bleibt in Mühlbach.

Die Wirtin drängte, daß man die Leiche aus dem Gasthaus hinausschaffe, in die Leichenkammer hinüber. Dort lag das Mädchen, ununterbrochen von den neugierigen Mühlbachern angestarrt, zwei Tage, bis seine Eltern ausgeforscht werden konnten und am dritten Tag endlich in Mühlbach erschienen, *die Wölser,* Wölsers Eltern, die auch die Eltern des Mädchens waren, der junge Mann und das Mädchen waren, wie sich zum Entsetzen aller herausstellte, Geschwister. Das Mädchen wurde sofort nach Mürzzuschlag überführt, die Eltern begleiteten es im Leichenwagen. Der Bruder und Sohn blieb unauffindbar.

Gestern, den achtundzwanzigsten, fanden ihn überraschend zwei Holzzieher knapp unterhalb der Baumgrenze über Mühlbach erfroren und mit zwei von ihm erschlagenen schweren Gemsen zugedeckt. (1967)

LUDWIG ANZENGRUBER

Das Dorf im Gebirg

Es war einer der verstecktesten Orte, von welcher Seite man ihm auch beikommen wollte, man hatte stundenlang durch Wälder, über Wiesenhänge und Steinflächen zu gehen, dann gelangte man zur Stelle; zwei mächtige Berge, auf deren Höhe ein dunkler Streif hohen Tannenwuchses hinzog, kehrten sich die kahlen Felswände zu, die eine fiel steil ab bis zu dem Bache, der schäumend in fliegender Hast einherschoß, die andere baute etwa im ersten Drittel der Berghöhe eine gewaltige Steinstufe vor, die schroff über dem Wasser hing, auf dieser Fläche stand das Dörfchen. An der Felswand gegenüber waren etliche Steige sichtbar, und wenn man sich entschloß, einen derselben hinabzuklettern, konnte man nicht mehr fehlgehen, denn alle führten nach der Stelle, wo über den Bach, der hier nach einer scharfen Krümmung zwar gleich eilig, aber nicht so ungebärdig wie früher dahinfloß, ein großer Baumstamm ohne Geländer gelegt war, wer sich schwindelfrei genug fühlte, ihn zu beschreiten, gelangte in den Ort, beidseitig reihte sich dort Hütte an Hütte zu einer einzigen, langen, schmalen und geraden Gasse, die scheinbar durch die kleine Kirche, deren Portal vom anderen Ende hersah, abgeschlossen wurde, während über dem Turme ferne Felszacken aufragten, in der Tat aber stand sie frei, und wenn man an der Mauer des kleinen Friedhofes, der sie umgab, vorübergeschritten war, da sah man den Boden wieder mählich ansteigen, erst lag da ein langaufgerolltes Band, Felder und Wiesen, dann ein dunkler Streif Waldes und zuletzt jenes überragende nackte Gestein.

In dieser Abgeschiedenheit waren und blieben die Leute unter sich, für das Nahe und Nächste schärfte sich ihr Blick, sie wurden schlau, kniffig und pfiffig, aber der beschränkte Raum beschränkte auch ihren Verstand, und doch, wie die Gegensätze sich berühren, kamen sie trotz diesem der Mahnung des weisen Horatius nach und staunten nichts an, wo sie es zu tun schienen, geschah es Zeitvertreibs halber und drehte sich um ein Nichts; wenn an einer Zaunlatte ein Nagel mit gekrümmter Spitze durchstach, da konnte einer davor stehen und mit emporgezogener Braue nachsinnen: hat der, der ihn erschlug, den Nagel krumm gehämmert, oder bog sich der von selbst? Oder vor einer ausgetrockneten Regenlache, in der eine Fußspur sichtbar war: wer ist da wohl so blindlings durchgelatscht? Aber jeder gab sich mit den Gedanken, die er sich darüber machte, zufrieden und befragte keinen andern, denn neugierig waren sie durchaus nicht, warum auch? Aufkommen tut ja doch alles, wenn heut nicht und morgen nicht, so doch ganz gewiß am Jüngsten Tag.

Hätt' einer versichert, ihm wäre außerm Ort, gerade über dem Steg, der liebe Gott begegnet, – natürlich, ein alter Herr mit langem, schneeweißem Bart, und hätt' es gleich frei herausgesagt, um jedes Mißverständnis auszuschließen, wer er wäre, – die Kinder würden ans andere Ende gelaufen sein, die Alten hätten höchstens die Köpfe zur Haustüre hinausgesteckt; es nähme eben keinen wunder, hat sich doch seinerzeit, wie geschrieben steht, der Herr gar manchen Abend im Paradiesgarten ergangen, so konnte er sich ja auch einmal daher verstiegen haben.

Das war nicht Leichtgläubigkeit, sondern in gewissem Sinne Vollgläubigkeit. Das Blau oder Grau, das über den beiden Felswänden hing, das war für jeden der Himmel, die paar Hufen Landes, die sein Fuß beschritt, waren die Erde, und dieses Wenige auf das beste zu verwalten, konnte doch unsern Herrgott nicht sonderlich beschweren, und darum zeigten die Örtler im Verkehre mit ihm jene aufdringliche, ungeziemende Vertraulichkeit, die den »lieben Gott«, den »guten Gott« auch für das Kleinste in Haus und Feld aufkommen läßt und verantwortlich macht, und welche ein Mensch, den eine weitere Welt umschließt und die Mannigfaltigkeit ihrer Erscheinung verwirrt, bald nach den Kinderjahren nimmer versteht.

Hier hatte jeder Tag für Tag, von Kind auf, den gleichen Anblick vor Augen, die beiden nahen Felswände und die fernen Berggipfel, das Wildwasser, die Felder und Wiesen, das Dorf mit den kleinen Hütten und der geraden Gasse, so schmal, daß wenn ein Nachbar dem Gegenüberwohnenden in Freundschaft oder Feindschaft zu Leibe wollte, jeder bloß drei Schritte zu tun brauchte, dann konnten sie sich Handschlag oder Handschläge bieten, im Guten genügt einer, im Bösen muß es die Menge machen. Dort, wo zwei Rauchfänge über einem Dache hersahen, befand sich das letzte Häuschen, die Schule, der Lehrer war zugleich Mesner und versah das Gebet- und Wetterläuten; freilich, die Schule mußten sie im

Orte haben, dem bißchen Lesen, Schreiben und Rechnen zulieb konnten sie doch die Kinder nicht ferne über alle Berge schicken. Wenige Schritte davon stand die Kirche, die war die Hauptsache, denn wer es für hier und dort gut haben wollte, der mußte fleißig dahin gehen, all die Zeit zwischen jenen beiden Malen, wo man den Menschen hineinträgt, zuerst als Täufling, zuletzt als Toten.

PETER ROSEGGER

Ums Vaterwort

Ich habe im Grunde keine schlechte Erziehung genossen, sondern gar keine. War ich ein braves, frommes, sorgsames, anstelliges Kind, so lobten mich meine Eltern; war ich das Gegenteil, so zankten sie mich derb aus. Das Lob tat mir fast allezeit wohl, und ich hatte dabei das Gefühl, als ob ich in die Länge ginge, weil manche Kinder wie Pflanzen sind, die nur bei Sonnenschein schlank wachsen.
Nun war mein Vater aber der Ansicht, daß ich nicht allein in die Länge, sondern auch in die Breite wachsen müsse, und dafür sei der Ernst und die Strenge gut.
Meine Mutter hatte nichts als Liebe. Liebe braucht keine Rechtfertigung, aber die Mutter sagte: wohlgeartete Kinder würden durch Strenge leicht verdorben, die Strenge bestärke den in der Jugend stets vorhandenen Trotz, weil sie ihm fort und fort neue Nahrung gebe. Er schlummere zwar lange, so daß es den Anschein habe, die Strenge wirke günstig, aber sei das Kind nur erst erwachsen, dann tyrannisiere es jene, von denen es in seiner Hilflosigkeit selbst tyrannisiert worden sei. Hingegen lege die liebevolle Behandlung den Widerspruchsgeist schon beizeiten lahm; Kindesherzen seien wie

Wachs, ein Stück Wachs lasse sich nur um die Finger wickeln, wenn es erwärmt sei.

Mein Vater war von einer abgrundtiefen Güte, wenn er aber Bosheit witterte oder auch nur Dummheit, da konnte er scharf werden. Es dauerte aber nie lange. Er verstand es nur nicht immer, das rechte Wort zu sagen. Bei all seiner Milde hatte der mit Arbeit und Sorgen beladene Mann ein stilles, ernstes Wesen; seinen reichen Humor ließ er vor mir erst später spielen, als er vermuten konnte, daß ich genug Mensch geworden sei, um denselben aufzunehmen. In den Jahren, da ich das erste Dutzend Hosen zerriß, gab er sich nicht just viel mit mir ab, außer wenn ich etwas Unbraves angestellt hatte. In diesem Falle ließ er seine Strenge walten. Seine Strenge und meine Strafe bestand gewöhnlich darin, daß er vor mich hintrat und mir mit zornigen Worten meine Fehler vorhielt und die Strafe andeutete, die ich verdient hätte.

Ich hatte mich beim Ausbruche der Erregung allemal vor den Vater hingestellt, war mit niederhängenden Armen wie versteinert vor ihm stehengeblieben und hatte ihm während des heftigen Verweises unverwandt in sein zorniges Angesicht geschaut. Ich bereute in meinem Innern den Fehler stets, ich hatte das deutliche Gefühl der Schuld, aber ich erinnere mich auch an eine andere Empfindung, die mich bei solchen Strafpredigten überkam: es war ein eigenartiges Zittern in mir, ein Reiz- und Lustgefühl, wenn das Donnerwetter so recht auf mich niederging. Es kamen mir die Tränen in die Augen, sie rieselten mir über die Wangen, aber ich stand wie ein Bäumlein, schaute den Vater an und hatte ein unerklärliches Wohlgefühl, das in dem Maße wuchs, je länger und je ausdrucksvoller mein Vater vor mir wetterte.

Wenn hierauf Wochen vorbeigingen, ohne daß ich etwas heraufbeschwor, und mein Vater immer an mir vorüberschritt, als wäre ich gar nicht vorhanden, und nichts und nichts zu mir sagte, da begann in mir allmählich wieder der Drang zu erwachen und zu reifen, etwas anzustellen, was den Vater in Zorn bringe. Das geschah nicht, um ihn zu ärgern, denn ich hatte ihn überaus lieb; es geschah gewiß nicht aus Bosheit, sondern aus einem anderen Grunde, dessen ich mir damals nicht bewußt gewesen bin.

Da war es einmal am heiligen Christabend. Der Vater hatte den Sommer zuvor in Mariazell ein schwarzes Kruzifixlein gekauft, an welchem ein aus Blei gegossener Christus und die aus demselben Stoffe gebildeten Marterwerkzeuge hingen. Dieses Heiligtum war in Verwahrung geblieben bis auf den Christabend, an welchem es mein Vater aus seinem Gewandkasten hervornahm und auf das Hausaltärchen stellte. Ich nahm die Stunde wahr, da meine Eltern und die übrigen Leute noch draußen in den Wirtschaftsgebäuden und in der Küche zu schaffen hatten, um das hohe Fest vorzubereiten; ich nahm das Kruzifixlein mit Gefahr meiner geraden Glieder von der Wand, hockte mich damit in den Ofenwinkel und begann es zu verderben. Es war mir eine ganz seltsame Lust, als ich mit meinem Taschenfeitel zuerst die Leiter, dann die Zange und den Hammer, hernach den Hahn des Petrus und zuletzt den lieben Christus vom Kreuze löste. Die Teile kamen mir nun getrennt viel interessanter vor als früher im Ganzen; doch jetzt, da ich fertig war, die Dinge wieder zusammensetzen wollte, aber nicht konnte, fühlte ich in der Brust eine Hitze aufsteigen, auch meinte ich, es würde mir der Hals zugebunden. – Wenn's nur beim Ausschelten bleibt diesmal...? – Zwar sagte ich mir: das schwarze Kreuz ist jetzt schöner als früher; in der Hohenwanger Kapelle steht auch ein schwarzes Kreuz, wo nichts dran ist, und gehen doch die Leute hin, zu beten. Und wer braucht zu Weihnachten einen gekreuzigten Herrgott? Da muß er in der Krippe liegen, sagt der Pfarrer. Und das will ich machen.

Ich bog dem bleiernen Christus die Beine krumm und die Arme über die Brust und legte ihn in das Nähkästchen der Mutter und stellte so mein Kripplein auf den Hausaltar, während ich das Kreuz in dem Stroh des Elternbettes verbarg,

nicht bedenkend, daß das Körbchen die Kreuzabnahme verraten müsse.
Das Geschick erfüllte sich bald. Die Mutter bemerkte es zuerst, wie närrisch doch heute der Nähkorb zu den Heiligenbildern hinaufkäme?
»Wem ist denn das Kruzifixlein da oben im Weg gewesen?« fragte gleichzeitig mein Vater.
Ich stand etwas abseits und mir war zumute, wie einem Durstigen, der jetzt starken Myrrhenwein zu trinken kriegen sollte. Indes mahnte mich eine sonderliche Beklemmung, jetzt womöglich noch weiter in den Hintergrund zu treten. Mein Vater ging auf mich zu und fragte fast bescheidentlich, ob ich nicht wisse, wo das Kreuz hingekommen sei? Da stellte ich mich schon kerzengerade vor ihn und schaute ihm ins Gesicht. Er wiederholte seine Frage; ich wies mit der Hand gegen das Bettstroh, es kamen die Tränen, aber ich glaube, daß ich keinen Mundwinkel verzogen habe.
Der Vater suchte das Verborgene hervor und war nicht zornig, nur überrascht, als er die Mißhandlung des Heiligtums sah. Mein Verlangen nach dem Myrrhenwein steigerte sich. Der Vater stellte das kahle Kruzifixlein auf den Tisch. »Nun sehe ich wohl«, sagte er mit aller Gelassenheit und langte seinen Hut vom Nagel. »Nun sehe ich wohl, er muß endlich rechtschaffen bestraft werden. Wenn einmal der Christi-Herrgott nicht sicher geht... Bleib mir in der Stuben, Bub!« fuhr er mich finster an und ging dann zur Tür hinaus.
»Spring ihm nach und schau zum Bitten!« rief mir die Mutter zu, »er geht Birkenruten schneiden.«
Ich war wie an den Boden geschmiedet. Gräßlich klar sah ich, was nun über mich kommen würde, aber ich war außerstande, auch nur einen Schritt zu meiner Abwehr zu machen. Kinder sind in solchen Fällen häufig einer Macht unterworfen, die ich nicht Eigensinn oder Trotz nennen möchte, eher Beharrungszwang; ein Seelenkrampf, der sich am ehesten selbst löst, sobald ihm nichts Anspannendes mehr entgegen-

gestellt wird. Die Mutter ging ihrer Arbeit nach, in der abendlich dunkelnden Stube stand ich allein und vor mir auf dem Tisch das verstümmelte Kruzifix. Heftig erschrak ich vor jedem Geräusch. Im alten Uhrkasten, der dort an der Wand bis zum Fußboden niederging, rasselte das Gewicht der Schwarzwälderuhr, welche die fünfte Stunde schlug. Endlich hörte ich draußen auch das Schneeabklopfen von den Schuhen, es waren des Vaters Tritte. Als er mit dem Birkenzweig in die Stube trat, war ich verschwunden.

Er ging in die Küche und fragte mit wild herausgestoßener Stimme, wo der Bub sei? Es begann im Hause ein Suchen, in der Stube wurden das Bett und die Winkel und das Gesiedel durchstöbert, in der Nebenkammer, im Oberboden hörte ich sie herumgehen; ich hörte die Befehle, man möge in den Ställen die Futterkrippen und in den Scheunen Heu und Stroh durchforschen, man möge auch in den Schachen hinausgehen und den Buben nur stracks vor den Vater bringen. Diesen Christtag solle er sich für sein Lebtag merken! – Aber sie kehrten unverrichteter Dinge zurück. Zwei Knechte wurden nun in die Nachbarschaft geschickt, aber meine Mutter rief, wenn der Bub etwa zu einem Nachbar über Feld und Heide gegangen sei, so müsse er ja erfrieren, es wäre sein Jöpplein und sein Hut in der Stube. Das sei doch ein rechtes Elend mit den Kindern!

Sie gingen davon, das Haus wurde fast leer, und in der finsteren Stube sah man nichts mehr als die grauen Vierecke der Fenster. Ich stak im Uhrkasten und konnte durch das herzförmige Loch hervorgucken. Durch das Türchen, welches für das Aufziehen des Uhrwerkes angebracht war, hatte ich mich hineingezwängt und innerhalb des Verschlages hinabgelassen, so daß ich nun im Uhrkasten ganz aufrecht stand. Was ich in diesem Verstecke für Angst ausgestanden habe! Daß es kein gutes Ende nehmen konnte, sah ich voraus, und daß die von Stunde zu Stunde wachsende Aufregung das Ende von Stunde zu Stunde gefährlicher machen mußte, war mir auch klar. Ich verwünschte den Nähkorb, der mich anfangs verraten hatte, ich verwünschte das Kruzifixlein – meine Dummheit zu verwünschen, das vergaß ich. Es gingen Stunden hin, ich blieb in meinem aufrechtstehenden Sarge, und schon saß mir der Eisenzapfen des Uhrgewichtes auf dem Scheitel und ich mußte mich womöglich niederducken, sollte das Stehenbleiben der Uhr nicht Anlaß zum Aufziehen derselben und somit zu meiner Entdeckung geben. Denn endlich waren meine Eltern in die Stube gekommen, hatten Licht gemacht und meinetwegen einen Streit begonnen.

»Ich weiß nirgends mehr zu suchen«, hatte mein Vater gesagt und war erschöpft auf einen Stuhl gesunken.

»Wenn er sich im Wald vergangen hat oder unter dem Schnee liegt!« rief meine Mutter und erhob ein lautes Klagen.

»Sei still davon!« sagte der Vater, »ich mag's nicht hören.«

»Du magst es nicht hören und hast ihn mit deiner Derbheit selber vertrieben.«

»Mit diesem Zweiglein hätte ich ihm kein Bein abgeschlagen«, sprach er und ließ die Birkenrute auf den Tisch niederpfeifen. »Aber jetzt, wenn ich ihn erwisch', schlag ich einen Zaunstecken an ihm entzwei.«

»Tue es, tue es – 'leicht tut's ihm nicht mehr weh«, sagte die Mutter und begann zu schluchzen. »Meinst, du hättest deine Kinder nur zum Zornauslassen? Da hat der lieb' Herrgott ganz recht, wenn er sie beizeiten wieder zu sich nimmt! Kinder muß man liebhaben, wenn etwas aus ihnen werden soll.«

Hierauf er: »Wer sagt denn, daß ich den Buben nicht liebhab'? Ins Herz hinein, Gott weiß es! Aber sagen mag ich ihm's nicht; ich mag's nicht und ich kann's nicht. Ihm selber tut's nicht so weh als mir, wenn ich ihn strafen muß, das weiß ich!«

»Ich geh noch einmal suchen!« sagte die Mutter.

»Ich will auch nicht dableiben!« sagte er.

»Du mußt mir einen warmen Löffel Suppe essen! 's ist Nachtmahlszeit«, sagte sie.

»Ich mag jetzt nicht essen! Ich weiß mir keinen anderen Rat«, sagte mein Vater, kniete zum Tisch hin und begann still zu beten.

Die Mutter ging in die Küche, um zur neuen Suche meine warmen Kleider zusammenzutragen, für den Fall, als man mich irgendwo halberfroren finde. In der Stube war es wieder still, und mir in meinem Uhrkasten war's, als müsse mir vor Leid und Pein das Herz platzen. Plötzlich begann mein Vater aus seinem Gebete krampfhaft aufzuschluchzen. Sein Haupt fiel nieder auf den Arm und die ganze Gestalt bebte.

Ich tat einen lauten Schrei. Nach wenigen Sekunden war ich von Vater und Mutter aus dem Gehäuse befreit, lag zu Füßen des Vaters und umklammerte wimmernd seine Knie.

»Mein Vater, mein Vater!« Das waren die einzigen Worte, die ich stammeln konnte. Er langte mit seinen beiden Armen nieder und hob mich auf zu seiner Brust, und mein Haar war feucht von seinen Zähren. Mir ist in jenem Augenblicke die Erkenntnis aufgegangen.

Ich sah, wie abscheulich es sei, diesen Vater zu reizen. Aber ich fand nun auch, *warum* ich es getan hatte. Aus Sehnsucht, das Vaterantlitz vor mir zu sehen, ihm ins Auge schauen zu können und seine zu mir sprechende Stimme zu hören. Sollte er schon nicht mit mir heiter sein, so wie andere Leute waren, so wollte ich wenigstens sein zorniges Auge sehen, sein herbes Wort hören; es durchrieselte mich mit süßer Gewalt, es zog mich zu ihm hin. Es war das Vaterauge, das Vaterwort.

Kein böser Ruf mehr ist in die heilige Christnacht geklungen, und von diesem Tage an ist vieles anders geworden. Mein Vater war seiner Liebe zu mir und meiner Anhänglichkeit an ihn inne geworden und hat mir in Spiel, Arbeit und Erholung wohl viele Stunden sein liebes Angesicht, sein treues Wort geschenkt, ohne daß ich noch einmal nötig gehabt hätte, es mit List erschleichen zu müssen.

FRANZ NABL

Vom Werden und Vergehen

In der Zeit vor dem großen Kriege besuchte ich gemeinsam mit einem jagdlustigen Verwandten gelegentlich einen einschichtigen Bauernhof im nordöstlichsten Winkel der Steiermark. Als ich nach längerem Fernbleiben wieder einmal hinauskam, da hieß es, der Altmichel liege im Sterben und seine Urgroßnichte, die Emmerenz, solle ein lediges Kind bekommen. Das eine machte den Leuten vom Högerberghof kein Leid, das andere keine Freude. Den Altmichel würde niemand vermissen, obwohl er länger auf dem Hof gelebt hatte, als irgend ein Mensch im Umkreis zu gedenken vermochte, und das ledige Kind konnte man nicht brauchen, wenigstens nicht, bevor es sieben oder acht Jahre alt geworden und imstande war, bei der Wirtschaft mitzuhelfen.
Der Altmichel gehörte zur Sippe der Bäuerin, und sie meinte, er sei ihr Großonkel. Genau wußte sie es freilich nicht, und der Altmichel wußte es noch viel weniger. Von den Menschen, die es aber vielleicht einmal gewußt hatten, lebte schon längst keiner mehr, denn der Altmichel war wirklich sehr, sehr alt. Als kleines Kind hatte er sich bös am Kreuz verletzt oder wohl auch einen harten Schlag über den Rücken empfangen, so daß sein Oberkörper an den Hüften sich im rechten Winkel niederbog und er nun durchs Leben schreiten mußte wie einer, der alles mit dem Schädel einrennen will. Das hinderte ihn nicht, tüchtige Arme und Hände zu bekommen, mit denen er bei der Arbeit anpacken durfte wie irgend ein gradauf Gehender.
Und wenn er mit seinem niedergebrochenen Rücken vielleicht auf manche Freude verzichten mußte, die sich ein anderer nahm, so sah er doch alle, die mit ihm geboren waren und mit ihm gelebt hatten, ins Gras beißen, und wurde volle

hundert Jahre alt. Und noch bis ganz zuletzt verrichtete er allerlei leichte Arbeiten, hielt vom Morgen zum Abend die Pfeife in Brand und trank tagein, tagaus seine drei oder vier Gläser gebrannten Schnaps. Vom Högerberghof war er sein Leben lang nicht fortgekommen und weggeschickt hatte man ihn auch nicht. Denn der Bauer, der selbst schon über die Fünfzig war, hatte als armer Teufel auf den Hof eingeheiratet und mußte zu manchem schweigen. Wie's drei Stunden weiter im Tal draußen aussah, davon ahnte der Altmichel nichts, und die Eisenbahn kannte er nur vom Hörensagen. Dafür wußte er zu erzählen, wie im Högerbergwald die letzten Wölfe und Bären gejagt worden waren, und er sprach auch manches von der Franzosenzeit, als habe er sie selbst noch erlebt. Das mit den Wölfen und Bären mochte ja seine Richtigkeit haben, aber mit der Franzosenzeit stimmte es wohl nicht ganz. Da war wohl das, was ihm vor langer, langer Zeit vielleicht sein Vater berichtet hatte, in seinen kargen Erinnerungen zu eigenem Leben erwacht, und er redete nun davon, als hätte er's mit leibhaftigen Augen gesehen.

Als er sich eines Tages nicht mehr an die Hobelbank setzte und die Pfeife erkaltet im Fensterwinkel stehen ließ, als er nicht mehr nach der Schnapsflasche griff, die sie ihm von Woche zu Woche nachfüllten, da meinte die Bäuerin gleichmütig, doch keineswegs roh, daß es der Altmichel nimmer lang machen werde.

Und sie behielt recht. Eine Weile schob sich der Alte, der nun schon so aussah, als drücke ihm die Last der Jahre und nicht das gebrochene Kreuz den Rücken nieder, noch in Haus und Hof herum, versuchte auch noch hie und da ein weniges zu schnitzeln oder ein paar Züge aus der Pfeife zu tun, aber dann fing er plötzlich an zu jammern, wie grimmig kalt es sei, auch wenn er in der Küche beim glühenden Herd saß, und zuletzt blieb er im Bett liegen und deckte sich mit zwei mächtigen Tuchenten (Federbetten) zu, um seinen absterbenden elenden Körper zu erwärmen. Noch wollte er aller-

hand Hausmittel aus der Urväterzeit erproben, trank Kampfer in Wasser aufgelöst und rohe Eier in Hühnerblut eingerührt – dann gab er sein ohnehin kaum merkliches Widerstreben auf. Er sprach nicht mehr, er trank und aß nicht mehr, und schließlich konnte man nicht mehr unterscheiden, ob er schlief oder wachte. Die Bäurin mußte ihm täglich ein paarmal die Hand auf die Brust und die Schenkel legen, um zu erkennen, ob er noch lebe oder schon gestorben sei.
Da der Altmichel seine armseligen leiblichen Reste einzupacken begann für seine erste und letzte Reise, ließen sich bei der Bauerntochter die Zeichen nicht mehr verkennen, daß ein neuer Mensch anrücken wolle, bevor der Platz, den der Alte auf der Lebensbank ein Jahrhundert lang warm gesessen hatte, noch ganz erkaltet war. Es traf sich gerade, daß mit der letzten Stunde des Altmichel auch die erste Stunde des neuen Ankömmlings immer näher rückte. Und weil im Haus kein Überfluß an Raum war und weil der Altmichel ohnehin nichts Rechtes mehr sah und hörte, wurde die Emmerenz, als ihre Stunde kam, in der gleichen Stube untergebracht, in der er seinen letzten Seufzer ausstoßen sollte.
Als nun das Kind zur Welt gekommen war, begann es sogleich kläglich zu wimmern. Und wie das Gewimmer allmählich zum ersten fadendünnen Schrei anschwoll, mochte die Bäurin, die ihrer Tochter beigestanden hatte, doch denken, der ungewohnte Lärm könne den Altmichel irgendwie beunruhigen, und ging von dem Bett der Wöchnerin hinüber nach der anderen Seite der Stube, wo das Bett des Sterbenden stand. Der Alte lag regungslos, nur das eingeschrumpfte Vogelköpflein mit den geschlossenen, tief eingesunkenen Augen lugte unter der mächtigen Tuchent hervor. Die Bäurin fuhr ihm mit der Hand an die Brust, um zu fühlen, ob sie noch atme und warm sei. Zugleich tönte vom anderen Bett her wieder ein schwacher, fadendünner Schrei, und da machte der Kopf des Michel einen kleinen Ruck.
Die Frau neigte sich tief über ihn. »Wüllst wos, Oltmichl?«

Und drauf sagte er mit einer Stimme, die ebenso schwach und fadendünn klang wie die des Neugeborenen: »Wos is denn?«
Sie neigte sich noch tiefer über ihn, damit er sie leichter verstehe.
»Oa kloans Kind hob ma kriagt.«
»A Kind?«
»Wol. Oa kloawunzigs!«
Eine Weile schwieg der Altmichel und stieß nur leise, kaum hörbare Atemzüge aus. Und dann meinte er, noch immer ohne sich zu regen, und mit geschlossenen Augen: »War eh bessa ausbliebn.« In diese Worte klang die einzige Erkenntnis eines hundertjährigen Lebens aus. Eine Viertelstunde später war er tot und die Stimme des Neugeborenen erhob sich schon ein wenig kräftiger.
Das Geflüster des Sterbenden klang mir noch in den Ohren nach, während ich – es war im Spätwinter – durch den verschneiten Graben talauswärts wanderte. Und ich mußte denken: wenn so einer hundert Jahre alt wird und wenn ihm das Essen und Trinken nicht mehr schmeckt und gar das Rauchen auch nicht –, da ist's wohl begreiflich, daß er sich nimmer in so einen Jungen hineindenken mag, in einen, der alles und noch vieles andere Schöne dazu vor sich hat.
Und ich sah, wie auf der sonnseitigen Leiten auf einem ausgeaperten Flecklein ein Busch Schneerosen schon in voller weißer Blüte prangte, und plötzlich hörte ich vom Bach her, der unter seiner Eisdecke neben dem Weg blasenwerfend dahingurgelte, einen feinen, zärtlichen Vogelschlag. Und sah auch schon die Wintersängerin in schlechtem grauen Kleide mit weißer Brust auf einem Stein sitzen, der am jenseitigen Ufer aus dem vereisten Wasser hervorstand.

HEINRICH HEINE

Es wird ein schöner Tag werden!
Reisebilder aus Tirol

Auf die Berge will ich steigen,
Wo die frommen Hütten stehen,
Wo die Brust sich frei erschließet,
Und die freien Lüfte wehen.

Auf die Berge will ich steigen,
wo die dunklen Tannen ragen,
Bäche rauschen, Vögel singen,
Und die stolzen Wolken jagen.

Lebet wohl, ihr glatten Säle!
Glatte Herren, glatte Frauen!
Auf die Berge will ich steigen,
Lachend auf euch niederschauen.

Endlich kam der Tag, wo alles ganz anders wurde. Die Sonne brach hervor aus dem Himmel und tränkte die Erde, das alte Kind, mit ihrer Strahlenmilch, die Berge schauerten vor Lust, und ihre Schneetränen flossen gewaltig, es krachten und brachen die Eisdecken der Seen, die Erde schlug die blauen Augen auf, aus ihrem Busen quollen hervor die liebenden Blumen und die klingenden Wälder, die grünen Paläste der Nachtigallen, die ganze Natur lächelte, und dieses Lächeln hieß Frühling. Da begann auch in mir ein neuer Frühling, neue Blumen sproßten aus dem Herzen, Freiheitsgefühle, wie Rosen, schossen hervor, auch heimisches Sehnen, wie junge Veilchen, dazwischen freilich manch unnütze Nessel. Über die Gräber meiner Wünsche zog die Hoffnung wieder ihr heiteres Grün, auch die Melodien der Poesie kamen wieder, wie Zugvögel, die den Winter im warmen Süden verbracht und das verlassene Nest im Norden wieder aufsuchen, und das verlassene nordische Herz klang und blühte wieder wie vormals – nur weiß ich nicht, wie das alles kam. Ist es eine braune oder blonde Sonne gewesen, die den Frühling in meinem Herzen aufs neue geweckt und all die schlafenden Blumen in diesem Herzen wieder aufgeküßt und die Nachtigallen wieder hineingelächelt? War es die wahlverwandte Natur selbst, die in meiner Brust ihr Echo suchte und sich gern darin bespiegelte mit ihrem neuen Frühlingsglanz? Ich weiß nicht, aber ich glaube, auf der Terrasse zu Bogenhausen, im Angesicht der Tiroler Alpen, geschah meinem Herzen solch neue Verzauberung. Wenn ich dort in Gedanken saß, war mirs oft, als sehe ich ein wunderschönes Jünglingsantlitz über jene Berge hervorlauschen, und ich wünschte mir Flügel, um hinzueilen nach seinem Residenzland Italien. Ich fühle mich auch oft angeweht von Zitronen- und Orangendüften, die von den Bergen herüberwogten, schmeichelnd und verheißend, um mich hinzulocken nach Italien. Einst sogar, in der goldenen Abenddämmerung, sah ich auf der Spitze einer Alpe ihn ganz und gar, lebensgroß, den jungen Frühlingsgott, Blumen und Lorbeeren umkränzten das freudige Haupt, und mit lachendem Auge und blühendem Munde rief er: »Ich liebe Dich, komm zu mir nach Italien!«

Wie unter einem Triumphbogen von kolossalen Wolkenmassen zog die Sonne herauf, siegreich, heiter, sicher, einen schönen Tag verheißend. Mir aber war zu Mute, wie dem armen Monde, der verbleichend noch am Himmel stand. Er hatte seine einsame Laufbahn durchwandelt, in öder Nachtzeit, wo das Glück schlief und nur Gespenster, Eulen und Sünder ihr Wesen trieben; und jetzt, wo der junge Tag hervorstieg mit jubelnden Strahlen und flatterndem Morgenrot, jetzt mußte er von dannen – noch ein wehmütiger Blick nach dem großen Weltlicht, und er verschwand wie duftiger Nebel. Es wird ein schöner Tag werden, rief ein Reisegefährte aus dem Wagen zu mir. Ja, es wird ein schöner Tag werden, wiederholte leise mein bebendes Herz, und zitterte vor Wehmut und Freude.

Zu Innsbruck im goldenen Adler, wo Andreas Hofer logiert hatte und noch jede Ecke mit seinen Bildnissen und Erinnerungen an ihn beklebt ist, fragte ich den Wirt, Herrn Niederkirchner, ob er mir noch viel von dem Sandwirt erzählen könne? Da war der alte Mann überfließend von Redseligkeit und vertraute mir mit klugen Augenwinken, daß jetzt die Geschichte auch ganz gedruckt heraus sei, aber auch ganz geheim verboten; und als er mich nach einem dunkeln Stübchen geführt, wo er seine Reliquien aus dem Tiroler Krieg aufbewahrt, wickelte er ein schmutzig blaues Papier von einem schon zerlesenen grünen Büchlein, das ich zu meiner Verwunderung als Immermanns »Trauerspiel in Tirol« erkannte. Ich sagte ihm, nicht ohne errötenden Stolz, der Mann, der es geschrieben, sei mein Freund. Herr Niederkirchner wollte nun soviel als möglich von dem Manne wissen, und ich sagte ihm, es sei ein gedienter Mann, von fester Statur, sehr ehrlich und sehr geschickt in Schreibsachen, so daß er nur wenige seinesgleichen finde. Daß er aber ein Preuße sei, wollte Herr Niederkirchner durchaus nicht glauben und rief mit mitleidigem Lächeln: »Warum nicht gar!« Er ließ sich nicht ausreden, daß der Immermann ein Tiroler sei und den Tiroler Krieg mitgemacht habe, – »wie könnte er sonst alles wissen?«

Seltsame Grille des Volkes! Es verlangt seine Geschichte aus der Hand des Dichters und nicht aus der Hand des Historikers. Es verlangt nicht den treuen Bericht nackter Tatsachen, sondern jene Tatsachen wieder aufgelöst in die ursprüngliche Poesie, woraus sie hervorgegangen. Das wissen die Dichter, und nicht ohne geheime Schadenlust modeln sie willkürlich die Völkererinnerungen, vielleicht zur Verhöhnung stolztrockner Historiographen und pergamentener Staatsarchivare...

In der Hofkirche stehen die oft besprochenen Standbilder der Fürsten und Fürstinnen aus dem Hause Östreich und ihrer Ahnen, worunter mancher gerechnet worden, der gewiß bis auf den heutigen Tag nicht begreift, wie er zu dieser Ehre gekommen. Sie stehen in gewaltiger Lebensgröße um das Grabmal des Maximilian. Da aber die Kirche klein und das Dach niedrig ist, so kommts einem vor, als sähe man schwarze Wachsfiguren in einer Marktbude. Am Fußgestell der meisten liest man auch den Namen derjenigen hohen Personen, die sie vorstellen. Als ich jene Statuen betrachtete, traten Engländer in die Kirche; ein hagerer Mann mit aufgesperrtem Gesichte, die Daumen eingehakt in die Armöffnungen der weißen Weste und im Maul einen ledernen Guide des voyageurs; hinter ihm seine lange Lebensgefährtin, eine nicht mehr ganz junge, schon etwas abgeliebte, aber noch immer hinlänglich schöne Dame; hinter dieser ein rotes Portergesicht mit puderweißen Aufschlägen, steif einhertretend in einem dito Rock, und die hölzernen Hände vollauf befrachtet mit Myladys Handschuhen, Alpenblumen und Mops.

Das Kleeblatt stieg schnurgerade nach dem obern Ende der Kirche, wo der Sohn Albions seiner Gemahlin die Statuen erklärte, und zwar nach seinem Guide des voyageurs, in welchem ausführlich zu lesen war: »Die erste Statue ist der König Chlodewig von Frankreich, die andere ist der König Arthur von England, die dritte ist Rudolf von Habsburg usw. Da aber der arme Engländer die Reihe von oben anfing, statt von unten, wie es der Guide des voyageurs voraussetzte, so geriet er in die ergötzlichsten Verwechslungen, die noch komischer wurden, wenn er an eine Frauenstatue kam, die er für einen Mann hielt, und umgekehrt, so daß er nicht begriff, warum man Rudolf von Habsburg in Weibskleidern

dargestellt, dagegen die Königin Maria mit eisernen Hosen und einem allzulangen Barte. Ich, der ich gerne mit meinem Wissen nachhelfe, bemerkte beiläufig: dergleichen habe wahrscheinlich das damalige Kostüm erfordert, auch könne es besonderer Wille der hohen Personen gewesen sein, so, und beileibe nicht anders, gegossen zu werden. So könne es ja dem jetzigen Kaiser einfallen, sich in einem Reifrock oder gar in Windeln gießen zu lasen; – wer würde was dagegen einwenden?
Der Mops bellte kritisch, der Lakai glotzte, sein Herr putzte sich die Nase, und Mylady sagte: »A fine exhibition, very fine indeed!« –

Brixen war die zweite größere Stadt Tirols, wo ich einkehrte. Sie liegt in einem Tal, und als ich ankam, war sie mit Dampf und Abendschatten übergossen. Dämmernde Stille, melancholisches Glockengebimmel, die Schafe trippelten nach ihren Ställen, die Menschen nach den Kirchen...
»Die Jesuiten sind in Brixen«, hatte ich kurz vorher im »Hesperus« gelesen. Ich sah mich auf allen Straßen nach ihnen um; aber ich habe niemanden gesehen, der einem Jesuiten glich, es sei denn jener dicke Mann mit geistlich dreieckigem Hut und pfäffisch geschnittenem, schwarzen Rock, der alt und abgetragen war und mit den glänzend neuen schwarzen Hosen gar auffallend kontrastierte.
Das kann auch kein Jesuit sein, sprach ich endlich zu mir selber; denn ich habe mir immer die Jesuiten etwas mager gedacht... Ich kann nicht umhin, nachträglich zu erzählen, daß ich Gelegenheit fand, den dicken Mann mit den glänzend neuen Hosen genauer zu beobachten und mich zu überzeugen, daß er kein Jesuit war, sondern ein ganz gewöhnliches Roß Gottes. Ich traf ihn nämlich in der Gaststube meines Wirtshauses, wo er zu Nacht speiste, in Gesellschaft eines langen, magern, Exzellenz genannten Mannes, der jenem alten hagestolzlichen Landjunker, den uns Shakespeare ge-

schildert, so ähnlich war, daß es schien, als habe die Natur ein Plagiat begangen. Beide würzten ihr Mahl, indem sie die Aufwärterin mit Karessen bedrängten, die das liebe, bildschöne Mädchen nicht wenig anzuekeln schienen, so daß sie sich mit Gewalt losriß, wenn der eine sie hinten klätschelte oder der andere sie gar zu embrassieren suchte. Dabei rissen sie ihre rohesten Zoten, die das Mädchen, wie sie wußten, nicht umhin konnte anzuhören, da sie zur Aufwartung der Gäste und auch um mir den Tisch zu decken im Zimmer bleiben mußte. Als jedoch die Ungebühr ganz unleidlich wurde, ließ die junge Person plötzlich alles stehen und liegen, eilte zur Tür hinaus und kam erst nach einigen Minuten ins Zimmer zurück, mit einem kleinen Kinde auf dem Arm, das sie die ganze Zeit auf dem Arm behielt, während sie im Gastzimmer ihre Geschäfte besorgte, obgleich ihr diese dadurch um so beschwerlicher wurden. Die beiden Kumpane aber, der geistliche und der adlige Herr, wagten keine einzige Belästigung mehr gegen das Mädchen, das jetzt ohne Unfreundlichkeit, jedoch mit seltsamem Ernst sie bediente; – das Gespräch nahm eine andere Wendung, beide schwatzten jetzt das gewöhnliche Geschwätz von der großen Verschwörung gegen Thron und Altar, sie verständigten sich über die Notwendigkeit strenger Maßregeln und reichten sich mehrmals die heiligen Allianzhände.

Als ich vorigen Sommer in den glänzenden Konzertsälen der Londoner fashionablen Welt diese Tiroler Sänger das Schaugerüst betreten sah und von da herab jene Lieder hörte, die in den Tiroler Alpen so naiv und fromm gejodelt werden und uns auch ins norddeutsche Herz so lieblich hinabklingen – da verzerrte sich alles in meiner Seele zu bitterem Unmut, das gefällige Lächeln vornehmer Lippen stach mich wie Schlangen, es war mir, als sähe ich die Keuschheit des deutschen Wortes aufs roheste beleidigt, und die süßesten Mysterien des deutschen Gemütslebens vor fremden Pöbel profaniert. Ich habe nicht mitklatschen können bei dieser schamlosen Verschacherung des Verschämtesten, und ein Schweizer, der gleich fühlend mit mir den Saal verließ, bemerkte ganz richtig: »Wir Schwyzer geben auch viel fürs Geld, unsere besten Käse und unser bestes Blut, aber das Alphorn können wir in der Fremde kaum blasen hören, viel weniger es selbst blasen für Geld.«

Tirol ist sehr schön, aber die schönsten Landschaften können uns nicht entzücken bei trüber Witterung und ähnlicher Gemütsstimmung. Diese ist bei mir immer die Folge von jener, und da es draußen regnete, so war auch in mir schlechtes Wetter. Nur dann und wann durfte ich den Kopf zum Wagen hinausstrecken, und dann schaute ich himmelhohe Berge, die mich ernsthaft ansahen und mir mit den ungeheuern Häuptern und langen Wolkenbärten eine glückliche Reise zunickten. Hie und da bemerkte ich auch ein fernblaues Berglein, das sich auf die Fußzehen zu stellen schien und den anderen Bergen recht neugierig über die Schultern blickte, wahrscheinlich um mich zu sehen. Dabei kreischten überall die Waldbäche, die sich wie toll von den Höhen herabstürzten und in den dunkeln Talstrudeln versammelten. Die Menschen steckten in ihren niedlichen, netten Häuschen, die über der Halde, an den schroffsten Abhängen und bis auf die Bergspitzen zerstreut liegen; niedliche, nette Häuschen, gewöhnlich mit einer langen, balkonartigen Galerie, und diese wieder mit Wäsche, Heiligenbildchen, Blumentöpfen und Mädchengesichtern ausgeschmückt. Auch hübsch bemalt sind diese Häuschen, meistens weiß und grün, als trügen sie ebenfalls die Tiroler Landestracht, grüne Hosenträger über dem weißen Hemde. Wenn ich solch Häuschen im einsamen Regen liegen sah, wollte mein Herz oft aussteigen und zu den Menschen gehen, die gewiß trocken und vergnügt da drinnen saßen.

Oft hob sich auch mein Herz, und trotz dem schlechten Wetter klomm es zu den Leuten, die ganz oben auf den Bergen wohnten, und vielleicht kaum einmal im Leben herabkommen, und wenig erfahren von dem, was hier unten geschieht. Sie sind deshalb um nichts minder fromm und glücklich. Von der Politik wissen sie nichts, als daß sie einen Kaiser haben, der einen weißen Rock und rote Hosen trägt. Als nun die Patrioten zu ihnen hinaufkletterten und ihnen beredtsam vorstellten, daß sie jetzt einen Fürsten bekommen, der einen blauen Rock und weiße Hosen trage, da griffen sie zu ihren Büchsen, und küßten Weib und Kind, und stieben von den Bergen hinab, und ließen sich totschlagen für den weißen Rock und die lieben alten roten Hosen.
Im Grunde ist es dasselbe für was man stirbt, wenn nur für etwas Liebes gestorben wird, und so ein warmer, treuer Tod ist besser als ein kaltes, treuloses Leben.

Während die Sonne immer schöner und herrlicher aus dem Himmel hervorblühte und Berg und Burgen mit Goldschleiern umkleidete, wurde es auch in meinem Herzen immer heißer und leuchtender, ich hatte wieder die ganze Brust voll Blumen, und diese sproßten hervor und wuchsen mir gewaltig über den Kopf. Befangen in solchen Träumen, selbst ein Traum, kam ich nach Italien, und da ich während der Reise schon ziemlich vergessen hatte, daß ich dorthin reiste, so erschrak ich fast, als mich all die großen italienischen Augen plötzlich ansahen, und das buntverwirrte italienische Leben mir leibhaftig, heiß und summend, entgegenströmte.

HUGO VON MONTFORT

Karner

Ich gieng eins morgens fruo am tag
in ein hüsel, darinn lag
vil gebeine von den toten.
die zarten münd, die roten,
die warent gar verblichen;
die stoltzen lib gestrichen
die warent gar zergangen;
die röselochten wangen
die warent gar dahin.

LAURENTIUS VON SCHNIFFIS

Himmelskönigin

Sonnen-schön prächtige /
Überauß mächtige
Himmlische Frau /
Welcher auff ewig ich /
Knechtlich verbindend mich /
Billich mein Leben /
Alles beyneben /
Kindtlich vertrau':
Für diese Treu-gethane Pflicht
Nur zeige mir dein Angesicht.

HEINRICH NOE

Junger Wein macht junges Leben

Der Wirt ist heute nicht gesprächig. Gähnend schaut er bald zum Fenster hinaus, bald auf die Wanduhr. Er geht schleppend, die Pfeife im Mund, durch die Stube und gleicht in der Langsamkeit seiner Bewegung den Fliegen, an denen schon die gefährliche Wirkung nächtlicher Kühle sich bemerkbar macht.
»Ja, ja«, sagt er endlich, seine Pfeife ausklopfend, »es ist jetzt eine schlechte Zeit für die Wirte. Alles geht Törkelen.«
Das ist ein Wink für den Fremden und Einsamen. Warum sollte er es nicht machen, wie die anderen? Dies um so mehr, als er wahrnimmt, daß das Pfeifen-Ausklopfen des Wirtes die Einleitung zu einem Törkele-Gang war.
Nun werden einige Gassen durchschritten. Die nimmer müden Glocken begleiten den Gang. Man begegnet einem geistlichen Herrn in hohen Kanonenstiefeln und hört um das Eck herum den Widerhall einiger anderer. Die Schritte werden zum »Weißen Thurm« gelenkt, wo diejenigen Einkäufe zu besorgen sind, ohne welche es kein Törkelen gibt. Zunächst warme Kastanien, in der Landessprache »Köschten« genannt. Vielfach auch frische Nüsse, ein Stück Käse, etwas geräuchertes Fleisch oder dergleichen.
Wohin? ist die Losung.
Das ist nicht ohne Weiteres beantwortet. Um die Mauern herum, zwischen denen gezecht wird, muß der Saft gewonnen worden sein. Man muß auf dem gleichen Grunde sitzen, wie der Rebstock. Wo das anders ist, da kann man's nur ein gewöhnliches Wirtshaus heißen...
Die Pilger sind nicht auf dem Laufenden, darum erkundigt sich der Wirt bei einem Bekannten, der gelangweilt vor seinem Laden steht, nach dem dermaligen Stand der Dinge. Er

ist an die rechte Quelle geraten. Hier verlautet, wo der Törkele-Wein bereits ausgegangen, wo er mit Landwein vermischt, wo er noch in vaterländischer Reinheit sprudelt. Die Bürger wissen das...

Auf holperigen Wegen geht es bergan. Heiligenbilder an allen Ecken – als Statuen auf der Brücke und an Kreuzwegen, an Weinbergmauern, als Fresken an den Erkern, über den Türen der Häuser. Von Feldkreuzen hängen frische Maiskolben herab, mit Astern ist das Bildnis Unserer Lieben Frau geziert, welches über dem Brunnen steht.

Allmählich erweitert sich der Abblick über das schöne Tal und den Fluß. Weiße Punkte, Ansitze, Häuser werden immer zahlreicher.

Wir sind nun vor einem etwas verwetterten Hause angelangt, über dessen Tür ein Rebendach hervorragt, dessen Trauben jetzt schon zu Törkele-Wein geworden sind. Die Stiege ist morsch und wackelig. Jetzt kommen wir in eine getäfelte Stube. Wir sind nicht die einzigen Gäste. Auf allen Tischen fließt der junge Wein, krachen die spröden, rußigen Schalen der Kastanien.

Der neue Wein ist ein heimtückischer Geselle. Es steckt Hinterlist darin, »Tradimento«, wie unsere Nachbarn sagen. Noch glauben wir uns in nüchterner Gewöhnung befangen und schon steigt unsere Einbildungskraft mit den Luftperlen in die Höhe und über das Gemäuer und seine Gewölbe hinaus...

Draußen nässelt es herunter und fallen gelbe Blätter. Unsere Gedanken aber sind weit von Herbst und Hinsterben entfernt. Wer weiß, ob das, was bei solchen Gelegenheiten zwischen Freunden gesprochen wird, nicht mehr der Mühe des Niederschreibens lohnte, als die schattenhafte Erinnerung. Noch einen Krug.

Im Wein werden, nach dem Gesetz von der Erhaltung der Kraft, die Sonnenstrahlen genossen, welche der Sommer jenes Südens den Halden spendet, die seine Glut widerstrahlen.

Darum sagen die Leute im Etschland: »Junger Wein macht junges Leben.«
Dem Törkele-Wein gebührt aber auch noch anderer Ruhm. Die Hand des Menschen hat sich noch nicht erfrecht, die Gabe der Natur in Gift zu verwandeln. In Brixen wird einem reiner Wein eingeschenkt. Ich habe niemals von Blei, Spiegelharz oder Schwefelschnitten irgendetwas gehört oder verspürt. Solchen Fortschritt kennt man auf diesen Höhen nicht. Aber die Lampe brennt düsterer. Die Fröhlichkeit ist im gleichen Maße lebendiger, und im Gespräch ist über Höhen und Tiefen dahingegangen worden. Die Grenze des Zutrauens zum »Neuen« ist erreicht.
Jetzt werden die mitgebrachten Laternen angezündet und die Abreise angetreten. Noch ein Blick auf die wundersame Gesellschaft zwischen dem Zirbengetäfel und wir stehen in der Flur mit den morschen Mauern. Der Herr des Hauses und einige seiner Genossen begleiten uns bis zum Tor und überhäufen uns mit freundlichen Worten. Noch ein paar Schritte wird uns in den finstern Hohlweg hinaus nachgeleuchtet. Dann schließt das Tor, und wir haben unsere Aufgabe, über das abschüssige und rollende Gestein hinabzukommen, mit Anstand zu lösen.
Vor uns wanken einige Lichtfunken. Auch auf anderen Hängen erblicken wir wandelnde Punkte, und jedes Licht bedeutet die Erinnerung an eine Stunde geselliger Freude...

Südtirol

Nach dem langen Winter fand ich mich wieder auf einer Blumenterrasse im Etschland, in einem schönen Garten bei Bozen... Ringsherum wiegen sich im Morgenwinde mannigfaltige Rosen, Georginen und Azaleen, während seltsame Cactusgesträuche, Aloen und andere exotische Gewächse in unbewegter Ruhe prangen. Gegen die Höhe steigen, das liebliche Plateau umfassend, cyklopische Mauern auf, welche Weinlauben, Ölbäume, nebst manchem Belvedere tragen und sich in den grünen Buschwald verlieren, der die ungeheure Porphyrwand weich wie Sammet überkleidet. Aus den Ritzen dieser Steinlager wachsen wilde Opuntien empor, welche, so ärmlich sie herumkriechen, doch an die blauen Berge erinnern, die ihren Scheitel im ionischen Meere spiegeln. In der Niederung liegen Weingüter, samt und sonders in zierlichen Bogengängen, und aus den Weingütern steht die Stadt auf, im dünnen Morgenflore, mit dem braunen feinen gotischen Pfarrturm, der sein fleissiges Geläute erbauend herüber hallen lässt. Über der Stadt hinaus führt das Tal an der schlängelnden Etsch hin nach Italien, eine schmale Ebene, die sich im engen Einfange senkrechter Felsenmauern hinunterstreckt bis an die Klause von Verona. Man sieht in viel blaues Berggeschiebe, das sich geheimnisvoll in einander drängt. Zur rechten Seite in ziemlicher Nähe schiesst die rote Wand der Mendel auf, und ihr zu Füssen dehnen sich lockend die milden Höhen von Kaltern, voll Dörfer, Höfe, Landsitze und Burgen. Dort drüben, an den Pforten der Weinkammer von Tirol, ragt die stolze Ruine von Sigmundskron, und vom steilen Berghang herab glänzt Hohen-Eppan, die glorreiche Feste, jetzt zwar gebrochen, aber noch immer bedeutsamen Ansehens, fast wie ein galiläisches Bergstädtchen in Merians Bilderbibel. Neben ihr liegen noch andere Burgen, diesseits der Etsch Haselburg und Weinegg, weiter oben Carneid, da wieder eine Feste, dort noch ein paar und wieder ein paar.

Die Stadt ist ohne viel Zierlichkeiten, aber gut gebaut, voll hoher fester Häuser, mehr altertümlich als neumodisch. Die Hauptstrasse, schon in der ersten Anlage auf die Hitze des Sommers berechnet, ist etwas eng und finster ausgefallen, hat aber geräumige Bogengänge, Lauben genannt, unter denen auch in der wärmsten Jahreszeit eine kellerliche Kühle duftet. Fast an allen Häusern sind Erker angebracht, zur lustigen Aussicht Strass' auf und ab. Im Innern dieser Gebäude überraschen die grossen Räume: die weite Hausflur, die mächtigen Stuben und insbesondere die eigentümliche Lichthaube, ein mitten im Hause stehender Hof, oben mit schwebendem Dach überlegt, unten durch sprudelnde Brunnen belebt, eine notwendige Vorratskammer, von wo aus Kühlung und frischer Luftzug in alle Gänge und Gemächer sich ergiesst. Die italienischen Landleute, die auf dem Markt sitzen oder unter den Lauben rasten, die italienischen Aufschriften über deutschen Warengewölben, das offene Leben vor den Kaffeehäusern, die zerlumpten Jungen, die sich dienstfertig um den ankommenden Fremden drängen, und manches andere erinnert, dass man an den Toren von Welschland steht.

Auch die Fauna erhebt sich mit geilem Schwunge bis zur Erzeugung des Skorpions. Ferner gibt es etwa tötliche Vipern, die man hier zu Lande schlecht und recht Beisswürmer nennt. Im Pflanzenreiche kommt fast alles fort, was in Hesperien wächst. Wer die Süssigkeiten des hiesigen Herbstes gekostet, die wonnevollen Trauben, die feinen Pfirsiche und alles was mit ihnen aus den Gärten kommt, der wird immer mit Sehnsucht daran denken, wie die reisenden Matrosen von Ithaka an die Lotosfrucht. Sehenswert sind auch die Bozner Gärten. Wenn zu den warmen Lüften noch die Kunst des Blumenwärters und der Reichtum gartenfreundlicher Familien kommt, so muss Flora allerdings ihre ganze Pracht entfalten.

Die günstige Lage hat die Stadt schon in frühen Zeiten zu grosser Wohlhabenheit geführt. Gerade hier, in die Landzunge zwischen Etsch und Eisack mündet der befahrenste Strassenzug aus Italien nach Deutschland, um sich in zwei Arme zu teilen, von denen der eine über den Brenner nach Bayern, der andere über Finstermünz und den Arlberg nach Schwaben geht. Beide Pässe, die niedersten, die über die Alpen führen, waren von jeher für Römerfahrten, für Heereszüge, für Pilgerschaft und Handelsverkehr stark benützt. Die uralten romanischen Kirchlein in der Stadt und der Umgebung, mit ihren massiven weissen Turmhauben erinnern noch an die lombardischen Zeiten, wo die Stadt auch schon ihre Bedeutung hatte. Uralt sind auch die vier Bozner Messen, die jetzt freilich sehr herabgekommen.

So grossartig schön der Talkessel von Bozen auf allen Seiten ist, so fehlt doch jene angenehme Bequemlichkeit, seine Reize lustwandelnd einzuschlürfen, und jener leichte Zugang, der die Gegend von Meran doppelt anziehend macht. Ausserhalb der Stadt, jenseits der Talferbrücke ist ein kurzes Lustwäldchen, wo an Sonntagen die Jägermusik aufspielt, zu gleicher Zeit ein Sammelplatz der schönen Welt; sonst ist in der Ebene wenig zu finden. Die Weingärten sind nach italienischer Sitte mit hohen Mauern umgeben, die den Ausblick hindern, und zwischen diesen Wänden gehen die Wege durch in langweiligster Begleitung. Andrerseits steigen die Porphyrwände allenthalben steil hinan, so dass sie bei der Hitze der guten Jahreszeit nur in früher Morgenstunde und am späten Abend mit erträglichem Schweiss und Herzklopfen zu erklettern sind. Der mildeste solcher Steige etwa zieht zum Kalvarienberge hinauf, wo das Kirchlein zum heiligen Grabe auf mässiger Höhe über dem Eisack liegt; beschwerlicher schon ist das Aufklimmen nach dem alten Schlosse Haselburg oder Küepach, das jetzt allmählich zerbröckelt. Von beiden geht eine herrliche Aussicht über die Stadt hin, auf die Weinhügel von Kaltern und die rote Mendel welche darüber aufsteigt, ins Meranertal aufwärts und gegen die blauen Anfänge von Italien abwärts. Auf dieser Seite des Eisacks führt auch ein schmaler Pfad, zwischen Wasser und Berg eng sich hinwindend, nach dem Dörfchen Campill, eine halbe Stunde weit entlegen, wo in der alten Kirche alte Wandmalereien italienischer Schule zu sehen sind, die derselben Zeit angehören wie jene, welche die stille Kirche St. Johann am obern Ende der Stadt ausschmücken.

Noch einen Spaziergang haben wir zu erwähnen, den lieben, einsamen Gang über die Wassermauer, an der Talfer von der grossen Brücke hinauf bis zum Schlosse Klobenstein, jetzt St. Antoni genannt. Die Wassermauern sind in Tirol ein Ding, das viel Sorge und viel Geld kostet, feste dicke Wehren gegen die tückischen Wildbäche, die zu einer Zeit so unschuldig vorbeimurmeln, in andern Tagen wieder mit vollem Rasen daherstürmen, menschenfeindlich, zerstörungslustig, fast unbezähmbar. Wie die Meraner ewig mit der Passer kämpfen, so die Stadt Bozen seit sie auf Erden ist, mit der Talfer. Das Bett des Baches liegt um einige Fuss höher als die Grundfläche der Stadt, und wenn jener einmal so viel Wasser aufbrächte um die Dämme zu überfluten, so würde sich ein See durch die Gassen ausbreiten bis hinüber zum Eisack. Man behauptet, dieses Flächenverhältnis habe sich erst mit der Zeit gebildet, indem die Talfer alle Jahre neuen Schutt aus dem Gebirge herauswälze und so ihr Bett fortwährend erhöhe; gleichwohl ist schon einmal vor sechshundert Jahren Graf Meinhard von Tirol auf den Gedanken verfallen, zum Schaden des Bischofs von Trient, der die Stadt inne hatte, die Wassermauer zu durchbrechen und die Talfer in die Strassen von Bozen zu senden; wonach man annehmen möchte, dass es wenigstens damals schon so gewesen wie jetzt. Wie dem auch sei, die Erhaltung der Talferdämme liegt seit alten Zeiten verschiedenen Genossenschaften anwohnender Besitzer ob, welche sich nach dem romanischen Wort liga, lega Legen nennen. Auf der Wassermauer hinauf ist also ein stiller Spaziergang, fern vom Staub der Strassen, und die Aussicht ist offen nach allen Seiten. Herüben wieder Weingärten aus denen die Häuser der Stadt sich erheben, und das Schloss Maretsch, anziehend in altertümlicher Einfachheit, mit getürmter Ringmauer und einem Ziegeldache, gelb und schwarz geschacht; über dem Bache der schlanke, runde Turm der »der gescheibte« heisst und dessen Erbauung in die Zeiten gesetzt wird, als Drusus und Tiberius die Rätier unterjochten. Weiter draussen zeigt sich Gries, die Bozner Vorstadt, mit dem ehemaligen Chorherrenstift welches in römischen Zeiten eine feste Burg gewesen sein soll, nunmehr aber den Benediktinern von Muri übergeben ist. Auch die alte gotische Kirche der Grieser ist zu beachten. Abwärts gegen Süden liegt die Eppaner Hochebene vor Augen mit ihren Burgen und Dörfern. Wer aber über St. Antoni, das eckig, zinnenreich und wehrhaft an dem Damme steht, weiter aufwärts geht, gelangt zum Schlosse Rendelstein und dann auf schattigem Wege, an roten Felsen hin die das frischeste Grün überlaubt, nach Runkelstein zum alten Schlosse, das in unsrer Zeit wieder berühmt worden ist wegen seiner aus dem vierzehnten Jahrhundert stammenden Malereien, über die wir übrigens, da sie schon von andern oft besprochen worden sind, nur bemerken wollen, dass sie die Geschichte von Tristan und Isolde und Darstellungen aus dem Sagenkreise König Artus bieten. Die Burg steht auf schroffem Felsen über der Talfer, in einer einsamen, von hohen Wänden überragten Heimlichkeit, die schauerlich wäre wenn nicht alles in der Runde, Gras und Baum und Stein so lebhafte Farben trüge, wenn nicht der Blick in das turm- und häuserreiche Stadtgebiet die Nähe der Menschen zeigte. Innerhalb findet man ein halbwohnliches Haus, das den Bauleuten zum Aufenthalte dient, und ferner sind noch etliche Kammern erhalten, dieselben nämlich in denen besagte Schildereien aufgemalt. Sonst klaffen die braunen Mauern in grässlichen Breschen und langen Rissen von oben bis unten, gleichwohl mehr malerisch als schreckhaft, da überall und allenthalben Gewächs und Laub, Schlingpflanzen und Efeu darüber hinwachsen und aus den hohlen Fenstern neugierige Nussbäume schauen.

Es ist bezaubernd auf der Burg hinaus in das warme Tal und aufwärts ins zerrissene Talferbett zu spähen, dort die Glückseligkeit des südlichen Himmels, hier der wilde Runst eines Bergbachs und die verfallenden Zeugen vergangener Jahrhunderte. Dieser Winkel samt seinen Zugängen ist so stark besetzt mit Festen, als wäre es um die Bewachung eines unermesslichen Horts zu tun gewesen. Maretsch, Klobenstein, Rendelstein, Runkelstein haben wir schon genannt; schauen wir nun gegen Sarntal zu, so steht unten am Gries der Talfer das graue Schlösschen Ried und weiter hinten an der Felswand die schöne Ruine von Langeck, über dem Bache aber in schwindelnder Höhe, scharf abstechend vom blauen Himmel, erscheinen die weissen Mauern von Ravenstein, mit überlegenem Stolze herunterblickend vom erhabenen Söller, obgleich sich an den Namen keine ritterliche Erinnerung knüpft, derowegen es der Mühe wert wäre, so vornehm darein zu schauen.

OTTONIE VON DEGENFELD
HUGO VON HOFMANNSTHAL

Briefe aus den Bergen

Kurhaus Tarasp
Engadin, 24. 6. 10.

Lieber Herr von Hofmannsthal,
Sie genießen Italien, ich das Engadin und den gleichen Inn wie zu Hause nur etwas näher an seinem Geburtsort. Gestern sind wir hier angekommen, wir, ist Julie und ich. Die Wagenfahrt von Landeck hier herauf war lang aber sehr sehr genußreich. Jetzt müssen wir wie die Uhr nach den Bestimmungen unseres Heilkünstlers leben, hoffentlich mit dauerndem Erfolg. Am 20. Juli wollen wir wieder daheim sein...
Die Natur ist so wunder-wunderschön hier, man muß immer hinaufschauen zu den steilen Bergen und bewundern und dabei kommt ein entsetzliches Gefühl der Sehnsucht nach all den schönen Tagen, die ich mit meinem Mann damals in der Schweiz verlebt habe und ich werde dann recht innerlich empört, wenn ich mir sage, daß all das Glück zu zweit für immer nun für mich vorbei ist. Man fühlt sich oft recht ausgestoßen, wenn man alle anderen vergnügt und vereint sieht. – Verzeihen Sie diesen Klageseufzer, er lag gar nicht in meiner Intention, aber nun ist er so auf das Papier gefahren – mag er stehen bleiben, man kann nicht immer gegen seine Natur. –
Leben Sie wohl. Schreiben Sie mir wieder mal, wenn Sie Gefühl dafür haben. Es ist ganz merkwürdig wie ich genau immer weiß wann von Ihnen ein Brief kommt, ich habe so etwas selten erlebt.
Also viele liebe Grüße
Ihre Ottonie Degenfeld

[Dolomitenhaus Canazei]
den 5ten 8. [1910]

Liebe Gräfin,
den Inn habe ich nun zwei Mal fließen gesehen und immer sehr lebhaft an Sie gedacht, einmal fuhren wir in Wasserburg über ihn hin, das zweite Mal floß er bei Finstermünz wild tief unter der Straße wo wir hinfuhren. Wenn man so hinfährt, neben dem chauffeur sitzend, ganz still, da kann man die Menschen sich herbeidenken, die man will und kann sie eine Weile halten. Dann verliert man sie wieder und man sieht nur in die Luft hinein: lustig ist wie vieles da in der Luft hängt, außer den schönen großen Wolken, die ziehen und glänzen und Schatten werfen. Einmal war an einem Telegraphendraht ein Rechen hängen geblieben von einem hohen Erntewagen. Und die vielen schönen alten Wahrzeichen von den Wirtshäusern, jedes hängt eine Secunde lang über einem: Künstliche vergoldete Adler, die eine blaue Traube im Schnabel halten, und weiße Lämmer, Kaiserkronen, goldene Kreuze mit Strahlen herum, schwarze Bären, wilde Männer. Gegen Italien hinunter sind es dann statt der alten Nußbäume die großen Wipfel der Edelkastanie mit tausenden spiegelnder Blätter, aber keine so lustigen Wirthausschilder mehr, aber schöne Marktbrunnen dafür, mit einem Dach auf zierlichen steinernen Säulen und die Frauen kommen mit den schönen kupfernen Kesseln und schöpfen. Wir waren westlich bis Konstanz, südlich bis Brescia, und zuweilen morgens oder abends ganz niedrig, in der Ebene, an Seenufern, und mittags schon wolkenhoch, auf dem Arlberg oder auf dem Stilfserjoch, wo die Schneefelder unter der Fahrstraße liegen. Was für wundervolle Landschaften hat die Erde!
Sehr lieb habe ich die Landschaft des südlichen Baierns, mit der Kette der Alpen am Rande, da sah ich gegen Kufstein und dachte an unsere schöne Wagenfahrt und das Gehen zusammen, wo Sie mir viel erzählt haben von den Schicksalen Ihrer Brüder und Verwandten.

Sie haben es einmal gesagt und ein früheres Mal auch, daß
Ihnen das Leben nur für zwei verbundene Menschen eine
Seligkeit scheint – das sind Klagen, die man nicht in sich
verschließen soll, man soll sich nicht scheuen, sie aus sich
hervorzulassen, und ich kann ja gut verstehen, welches Glück
Sie meinen und wie sehr es die Tränen wert ist...
Leben Sie wohl. Ein Brief trifft mich hier bis zum 9ten, dann
in Aussee, Steiermark (Obertressen 14). Ihr Hofmannsthal

HEINRICH NOË

Aus einem Kärntner Schlosse

In wenigen Ländern des Kaiserstaates stehen so viel Schlösser,
als in den breiten Thälern jener sanften Kuppengebirge, welche den größten Theil des Landes Kärnten nördlich der Drau
einnehmen. Fast an allen diesen haften Sagen, nicht solche,
welche zur Biedermannszeit von sinnigen Schöngeistern erfunden und in blumiger Prosa wie in Balladenform auf
Löschpapier gedruckt worden sind, sondern Sagen, mit welchen sich das leibhaftige Volk beschäftigt. Ich habe einmal
gesagt: »Von den alten Schlössern Kärntens strahlt der Glanz
einer reichen, anziehenden und inhaltvollen Geschichte. Mit
sehr geringen Ausnahmen hat das Nachbarland Tirol keine
Geschlechter gehabt, die so wirksam wie mit den Schicksalen
Oesterreichs verflochten sind, als die Auffensteine und Kraiger, die Ortenburger und Colnitzer, Khevenhüller, die Herren von Treffen und Dietrichstein. Was alle diese Namen
in den Staatsaktionen und in der langen Schlachtengeschichte
Oesterreichs bedeuten, das zeigt jedes Schulbuch. Was es aber
nicht zeigt, das ist die Sagenwelt, die sich um das Thun und
Treiben dieser Geschlechter rankt, gleich den wilden Rosensträuchern um altes Mauerwerk.«

Solche Burgen, wie, um Beispiele anzuführen, die Frauenburg oberhalb Unzmarkt, die Trümmer von Neudegg und Grafenberg, von Petersberg und Geiersberg oder dem Blutthurm in Friesach, Hoch-Osterwitz oder Landskron kennt Jeder, der einmal nach Kärnten gefahren ist, weil sie unmittelbar neben dem Schienenweg stehen. Etwas Anderes ist es mit solchen Kastellen, welche in größerer oder geringerer Entfernung seitwärts zwischen den Wäldern verborgen liegen. Das Schloß, von welchem ich sprechen will, ist schon deshalb versteckt, weil es ursprünglich nicht etwa eine jener Raubburgen war, von welchen aus an den Heerstraßen Wegelagerei getrieben, sondern seine Mauern usprünglich aufgerichtet wurden, um scheue Nonnen vor den Blicken der zudringlichen Männerwelt des zehnten und elften Jahrhunderts zu verbergen. Geht man von der Station Launsdorf, die nicht gar weit von Klagenfurt entfernt liegt, in nördlicher Richtung über einen waldigen Hügel, so gelangt man binnen eines Stündleins an das Gestade eines schön ins Grüne eingebetteten Sees, des Längsees.

Es ist eine ziemlich ansehnliche Wasserfläche, und Derjenige, der sich in solchen Maßen auskennt, kann eine Vorstellung davon gewinnen, wenn ihm schon hier mitgetheilt wird, daß seine Oberfläche 168 Joch und seine Tiefe 9 Klafter, seine Länge 1289, seine Breite 967 Meter beträgt. Vor 900 Jahren sah es da freilich anders aus. Für das Klösterlein mußte im Dickicht des Uferwaldes, der Bären und Wölfe beherbergte, mit der Axt Raum geschaffen werden. Allzu weit freilich war die Einsiedelei nicht von den Verkehrswegen der niedergetretenen Karantanen, Noriker und Taurisker entfernt. Nicht allzu entlegen waren die Trümmer von Virunum und auch um Neumarkt herum mochte noch manches Ueberbleibsel aus der Römerzeit unter dem darüber emporgediehenen Wald wahrzunehmen sein. Gleichwohl aber wird der Heilige Otwin in der Nähe der Völkerstraße nicht leicht eine verdecktere Wildniß haben auffinden können, um sein Werk zu gründen.

Dieser fromme Mann lebte zu einer Zeit, in welcher es zum guten Tone gehörte, sich eine Kutte anzuziehen, nachdem man ein Leben voll von Abenteuern hinter sich hatte und altersmüd sich irgendwo ausruhen wollte. Eine geschriebene Chronik des Längsees, die ich eingesehen habe, sagt von diesem andächtigen Stifter Folgendes: »Dieses Frauenkloster *Ordinis Sancti Benedicti* wurde vom Grafen Otwein zu Görz und Pfalzgrafen in Kärnten, mit seiner Gemahlin Wigburg gestiftet, und reichlich begabt Anno 1000. Liegen auch Beide dort begraben. Nachdem dieser Graf alles sein Besitzthum vertheilt, hat er eine Wallfahrt nach Palästina und nachmalen nach Rom gethan. Bei seiner Zurückkunft aber hat er sich unweit vom Kloster auf einen Berg, vor Zeiten Portenerberg, jetzt aber Otweiner Berg genannt, begeben, allda er wie ein Eremit heilig gelebt, selig gestorben und zu St. Joergen allhier begraben worden. Bei welchem Grab viel Miracula sollen geschehen sein, als Blinde sehend, Krumme gerad, auch drei todte Kinder wiederumb lebendig worden. Auch solle dessen vorhandener Hut die Kopfschmerzen und seine Kleider unterschiedliche Krankheiten stillen. So ist sein heiliger Stab oben mit einem silbernen Knopf beschlagen zu sehen. Dieser hat siebzehn Schnitt nacheinander und bedeutet, daß er siebzehn Jahre als Eremit lebte und alle Jahre einen Schnitt darein gemacht hat.«

Damals aber stiftete dieser kärtnerische Pfalzgraf eine kleine, düstere Klause oder Zelle am Waldsee. Versetzen wir uns nun in einen sonnigen Sommertag des 19. Jahrhunderts, so sehen wir über langen Reihen von blühenden Orangenbäumen einen hohen Springquell glitzern. Wer das anschaut, möchte wohl leichthin auf die Vermuthung kommen, daß er sich nicht im Norden, sondern im Süden jener weißen Kuppe, des Triglav, befinde, die am Gesichtskreise ihr eisiges Haupt erhebt. Es duften die Lindengänge, die in den nahen Wald führen, in den Sälen glänzen bunte Fresken, aus irgend einer Laube tönt Zitherklang.

PETER ROSEGGER

Herbstgedanken
eines Sommerfrischlers

Durch Täler, durch Wälder, über Berge – tagelang, doch ohne die Tage zu zählen – pfadlos, planlos, ziellos – gedankenlos – wie ein Samenstäubchen im Windhauch – nichts gewinnen wollen, nichts verlieren können: Das ist ein schönes Wandern. Jede lichte Alpenwarte, jeder finstere Waldwinkel wartet auf eines Menschen Auge, auf eines Menschen Seele, um das zu sein, was es ist. Und so auch der Mensch bedarf der Schönheit, Größe und Mannigfaltigkeit dieser Erde, um das zu werden, was er sein soll. So ergänzt sich's und in ewiger Umarmung mit uns liegt das Außeruns.
Darum gibt es für den, der sich einsam fühlt, nichts Süßeres, als das Sichversenken und Sichverlieren im Reiche dessen, was wir mit unserer Zunge Natur heißen.
»Rückkehr zur Natur«, hat mir jemand gesagt, »ist Rückkehr zur Einfalt und Beschränktheit.« Ein schönklingendes, hochmütiges, albernes Wort. Die »Rückkehr zur Natur« ist im Gegenteile das größte Raffinement des modernen Menschen; der strebt der Ursprünglichkeit zu, um mit dieser seine geistigen Errungenschaften zu paaren. Der rohe Naturmensch weiß nichts von Naturschöne, trotzdem er an dieser ein Teil ist. Selbst das Weltkind kommt erst durch Übersättigung im Weltgenusse oder durch Enttäuschung dazu, den stillen, dunkeln Wald und die lichten freien Höhen zu suchen. So tief vergraben liegt der Schatz.
Wenn der Gebildete mit Absicht einmal ein Wilder wird, so weiß er gut, warum er's tut. Aus Genußsucht bückt er sich zu den wilden Früchten des Waldes, die sonst nur Hirtenkinder pflücken. Aus Genußsucht trinkt er aus dem Holztroge des Wiesenbrunnens, an dem sonst nur die Rinder ihren

Durst zu stillen pflegen. Aus Genußsucht trägt er die Beschwerden des Wanderns, denen der arme Handwerksbursche zuweilen erliegt. Aus Genußsucht kehrt das Weltkind in die schiefwändige, rußige Alpenhütte ein und nimmt vorlieb mit dem harten Brot und dem rauhen Lager. Und aus Genußsucht endlich belügt es sich selbst, indem es sich vorschwärmt, wie die Naturmenschen doch gar so gut und schuldlos seien. Wohl wahr, fast alle Menschen sind gut, denen man das erstemal begegnet, und die meisten verlassen wir in unserm flüchtigen Verkehr wieder, bevor sie sich entpuppen. So kommt es, daß wir »Naturfreunde« die artige Illusion bewahren und zu unserm Vorteile auch bewahren wollen.

Es läßt sich ja nichts Prächtigeres denken, als in einem schönen Lande unter guten Menschen zu wandeln, besonders wenn uns diese Menschen zu Diensten stehen, sobald wir Weltleute geneigt sind, etwas minder Gutes anzustellen.

Die Neuberger-Almen sind weit, der Schwaighütten gibt es darauf so viele, daß es sich nicht leicht erraten läßt, welche ich meine, wenn ich auf eine bestimmte hindeute. In dieser bestimmten sind die räucherigen Holzwände mit Photographien bedeckt, mit Photographien von feinen, jungen Burschen und schönen, vollbärtigen Männern aus Land und Stadt ('s ist auch Wien nicht allzuweit entlegen). Das sind lauter »Andenken« an Besteiger der Alm, die in der Schwaighütte übernachtet haben.

Allerdings versinkt man bei derlei Andenken in Nachdenken, bis man erst die Schwaigerin sieht. Eine junge, dralle, lustige, kernfrische Maid! Sonder Umstände bekannt und vertraut mit dem Gaste, keck und geschmeidig, mit allem dienend, was ihr in der Milch- und Butterkammer zu Gebote steht. Ja, du lieber Tourist, da ist die Rückkehr zur Natur freilich eine Freude!

Doch ist mir der ein matter Egoist, der sich auf den Höhen mit den Sennhütten zufrieden gibt. Der zur Natur Heimkeh-

rende muß, um noch Schöneres zu erhaschen, ein Vagabund, über die Matten hüpfen, an den Wänden klettern, durch wilde Büsche sich winden, ohne daß Reh und Gemsen vor ihm sich flüchten. Er muß auf dem Moose liegen zwischen verwittertem Gestein und sein Auge auftun, daß der gestaltenreiche Kreis der Erde und die blaue Himmelsweite in seiner Seele wirken. Er muß den Mund auftun, daß der klare, würzige Luftstrom in seine Lunge fließt. Er muß das Ohr auftun, daß er den Gesang des Hirtenvolkes hört und den Kuhreigen und die Almglocken, oder daß, wenn er in den Öden vegetationsloser Höhen ruht, – er die majestätische Stille vernimmt. Er muß das Edelweiß und das Kohlröschen küssen, ohne es zu pflücken. Er muß – ach, wie albern, mit Druckerschwärze den Naturgenuß lehren zu wollen! – kurz, er muß das Herz auftun und einig mit der Schöpfung den ewigen Gottesgedanken träumen.
Wir haben ja das Land dazu. In Tirol, in der Schweiz etwa wirkt die Natur wie mit absichtlichem Effekt und schreckt und regt die Menschenseele auf. Die Schönheit unserer Berge hingegen ist so beschaffen, daß sie beruhigend und harmonisch in uns einzieht. – Freilich geraten wir so oft in eine Stimmung, in welcher das Schöne der Kunst wie der Natur nicht sowohl befriedigend als vielmehr sehnsuchterweckend auf uns wirkt; ein Gefühl des Ahnens und Erwartens wird wach und der schöne Gegenstand, den unsere Sinne fassen, erquickt uns wohl, macht uns aber nicht satt.
Und das ist das Moment, welches uns von den stillen Höhen und aus den einsamen Wäldern wieder zurück zu den Mitmenschen treibt. Und für die Länge kann den Menschen doch immer nur das interessieren, was zu seiner Lust, zu seinem Leiden, zu seinem Ringen und zu seiner Schuld in Beziehung steht.
Aber mit größerer Seele fassen wir das Wesen und die Aufgabe unseres eigenen Geschlechtes, haben wir erst wieder im Schoße der Ursprünglichkeit geruht und geträumt.

Ich habe einen guten Freund, der geht mit seinem Liebchen so gerne hinaus in den Wald, setzt sich mit demselben aufs kühle Moos. Hierauf gucken sie sich gegenseitig so lange in die Augen, bis eine Kreuzspinne ihren zarten Faden gesponnen und ein Lufthauch diesen Faden geweht hat von einem Haupt zum andern. Und sie sitzen so lange beisammen, bis sie durch die Spinne vollends verbunden und verflochten sind und eingewoben in einen himmlischen Schleier.

Es ist das heilige, liebevolle Umfangen der Natur und die Welt ist ein wunderbares Nest Gottes! – Freilich ein Nest, in welches der Teufel sein Ei gelegt hat. Der Selbstling ist gekrochen aus diesem Ei und der Selbstling fährt schlecht allerwärts – er ist ein Fremdling überall und jedwedes ist ihm entgegen. Doch die ganze Natur ist schließlich nichts anderes als eine Unsumme von Selbstlingen, diese in ihr aber gehen alle zugrunde und die Natur lebt doch. Wie ist das zu reimen? – »Das Einzelne fällt eben dem ewigen Ganzen zum Opfer.« – Danke für die Auskunft. Aber was hat doch das ewige ganze Gerümpel für einen Zweck, wenn jedes Einzelwesen in demselben leidet?

Seht ihr, so geht's und es ist kein Zusammenklingen um Himmel und auf Erden. Das Beste ist, im Walde ruhen und träumen und dann frischen Mutes den Honig saugen, so man ihn findet. Und Honig gibt es genug und überall und für alle, selbst für Zweifler und Verzweifler, und auch für solche, denen diese meine traumsüchtige Weltbetrachtung ein Greuel ist.

Indes will ich das vom Teufelsei gar nicht gesagt haben, sonst könnte einer schließlich auf den Gedanken kommen, ich wäre selbst daraus hervorgekrochen. Des Pudels Kern ist der, daß ich jedem Weltkinde und, wäre es nicht anmaßend, jedem Bücherphilosophen raten möchte, ein Vagabund zu werden und in den Wäldern und Einöden zu lungern. Auch muß man in Waldkapellen beten, in Dorfschenken zechen, muß in Wildklausen einkehren und über Dorfkirchhöfe wandeln,

will man ein Recht gewinnen, diese Welt recht zu lieben und
– recht zu verachten.
Im ganzen wäre mein Rezept folgendes: Das, was das Naturkind besitzt, und was das Weltkind sich erwirbt, muß zusammengetan werden, dann erst ist der Mensch fertig. Und der Mensch muß wieder mit der äußern Welt zusammengetan werden, dann erst ist das Ganze fertig. Was das Ganze soll und will und mag und werden wird – das weiß ich selber nicht.

Schweiz

PETER BICHSEL

Des Schweizers Schweiz

Ich bin Schweizer.
Wenn ich meiner Mutter sage: »Ich gehe nach Deutschland« oder »Ich gehe nach Frankreich« oder »Ich gehe nach Schweden«, dann sagt sie: »Du gehst also ins Ausland.«
Für die Schweizer gibt es zwei Welten: das Inland und das Ausland. Wenn ich ins Ausland gehe, sagt meine Mutter: »Paß auf, daß dir nichts gestohlen wird, gib deinen Koffer nicht aus der Hand.« Schweizer tragen im Ausland ihr Geld in Beuteln unter dem Hemd oder eingenäht in die Unterwäsche. Für uns hat das Wort Ausland immer noch den Klang von Elend.
Wenn ich dort sage: »Ich bin Schweizer«, erwarte ich etwas, einen Ausruf des Erstaunens, Überraschung, Hochachtung oder wenigstens Freundlichkeit.
Während meines Berlinaufenthaltes passierte ich oft den Grenzübergang zwischen West- und Ostberlin. Man hat dort das Gefühl, das man sich an andern Grenzen immer wieder abringen möchte: das Gefühl, in eine andere Welt zu kommen, man empfindet Angst, man geht ins Unbekannte.
Mir fiel auf, daß ich an diesem Übergang immer viele Schweizer sah. Ich sprach nicht mit ihnen, und sie sprachen nicht, und ich wußte doch, daß es Schweizer sind. Woran ich sie erkannte, wurde mir vorerst nicht bewußt. Es schien mir ganz einfach selbstverständlich. Andere Nationalitäten ließen sich jedenfalls weniger deutlich unterscheiden. Ein nächstes Mal achtete ich genau darauf, woran ich sie erkenne, und ich konnte die Richtigkeit meiner Beobachtung an mir selbst nachprüfen.
Andere Nationalitäten nehmen ihren Paß erst vor dem Beamten aus der Tasche oder tragen ihn irgendwie und unauffällig

in der Hand; die Schweizer aber tragen ihren Paß gut sichtbar, ihren roten Paß mit dem weißen Kreuz. Er soll sie schützen, und die Tatsache, daß sie Schweizer sind, soll die Gefahr abwenden, soll ihnen Vorteile bringen; sogar hier bei ostdeutschen Volkspolizisten, die sie nicht zu ihren Freunden zählen. Ich bin Schweizer. Das hat also mehr zu bedeuten als einfach die Antwort auf die Frage: »Woher kommen Sie?«
Darin soll der andere bereits persönliche Qualifikationen erkennen, wie in der Antwort: »Ich bin Leichtathlet« oder »Ich bin Boxer« oder »Ich bin Physiker«.
Der Erfolg bleibt selten aus. Der andere reagiert wenigstens damit, daß er sagt: »Die Schweiz ist wunderschön.«
»Die Schweiz ist wunderschön.«
Wir fassen das nicht nur als Kompliment auf, wir sind selbst davon überzeugt. Wenn wir den Satz hören, denken wir nicht nur an Landschaftliches, sondern an ein Ganzes, und wenn schon an Landschaftliches, so erscheint uns auch diese Landschaft als Leistung.
Ein Lehrer hielt einen enthusiastischen Lichtbildervortrag über die Schweiz. In der Einleitung erzählte er, daß er einmal bei einem Freund aus Südfrankreich gesagt habe: »Südfrankreich ist schön«, und daß dieser geantwortet habe: »Nein, die Schweiz ist schön.« Seit jenem erschütternden Erlebnis verbringt der Lehrer seine Ferien nur noch in der Schweiz. So wenig braucht es, um einem Schweizer das zu bestätigen, was er bereits weiß.
»Die Schweiz ist schmutzig«, das ist nachweisbar falsch. Nachweisbar falsch sind für uns auch die Sätze: »Die Schweiz ist unfrei«, »Die Schweiz ist rückständig«, »Die Schweiz ist reaktionär«, weil wir davon überzeugt sind, daß der Begriff ›Schweiz‹ die Begriffe ›Freiheit‹ und ›Fortschritt‹ zum vornherein beinhalte.
Daß das Ansehen der Schweiz im Ausland gelitten habe, gilt bei uns als Phänomen. Wir ziehen daraus den Schluß, daß man den andern den Sonderfall Schweiz besser erklären

müsse. *Das Phänomen ist also sprachlicher Art, das heißt, die andern kennen die Wörter nicht mehr, mit denen man den Begriff Schweiz zu verbinden hat.*
Jedenfalls steht oder fällt die Schweiz mit dem Ansehen, das sie genießt. Das wird für andere Länder nicht anders sein, überraschend ist nur, daß wir trotzdem von unserer geistigen Unabhängigkeit, von unserem Sonderfall, von unserem trotzigen Eigensinn überzeugt sind.

Zum Bild der heutigen Schweiz gehört der Zweite Weltkrieg. Wer ihn nicht als Erwachsener erlebt hat, hat Mühe, eine politische Meinung zu vertreten. Wenn man in einer politischen Diskussion nach dem Jahrgang gefragt wird, dann aus diesem Grund.
Der Krieg hat unser Selbstbewußtsein gestärkt. Daß wir verschont wurden, beweist sozusagen alles, was wir bewiesen haben wollen: Die Kraft unserer Armee, unsere Redlichkeit, die Stärke des Staates, die Demokratie und die Gottgefälligkeit unseres Landes.
Wir Schweizer sind Antikommunisten. Deshalb bestärkt uns das Erlebnis des Krieges in unserem Antikommunismus. Daß der Krieg gegen die Faschisten geführt wurde, ist bedeutungslos geworden.
Wir sind überzeugt, daß es unser Verdienst ist, verschont worden zu sein: das Verdienst General Guisans und unser aller Verdienst, denn wir müssen mit unserem Verhalten, mit unserer Armee und mit der Schönheit unseres Landes Gott beeindruckt haben.
Die Schweiz war während des Krieges ein Paradies. Sie war die Zauberformel für die Verfolgten, das gelobte Land. Auch unsere Landschaft bekam in den Augen der Leidenden den Anstrich des Paradiesischen. Der Staat Schweiz und die Landschaft Schweiz bildeten für sie die Einheit, von der wir selbst überzeugt sind.
Weil die Einheit ›Schöne Schweiz – gute Schweiz – fortschritt-

liche Schweiz – humane Schweiz‹ selbstverständlich ist, fassen wir Kritik am Einzelnen immer als Kritik am Ganzen auf. Eine Kritik beginnt bei uns deshalb mit einem umständlichen Bekenntnis zum Ganzen.
Der Generalstreik und der Sozialismus am Anfang des Jahrhunderts werden nach wie vor von den Leuten nicht als Kritik am Einzelnen, sondern als staatsfeindlich interpretiert. Auch nachdem die Sozialistische Partei groß und brav geworden ist, wird niemand an einen Sozialisten denken, wenn er an einen Schweizer denkt. Dieses nicht ganz Stubenreinsein ist denn auch alles, was die Sozialisten an Opposition zu bieten haben.
Wir sind ein bürgerliches Land.
Man kann das auch positiv sagen: Ein Land von Bürgern.

Der Schweizer glaubt, politisch interessiert zu sein. Er ist sogar ehrlich davon überzeugt, daß er sich selbst eine politische Meinung bildet, daß er unbeeinflußbar ist.
Doch die politische Auseinandersetzung neigt bei uns zu Sentimentalisierungen. Die Fragen heißen nicht: Was ist falsch, was ist richtig? oder: Was dient der Sache, was dient ihr nicht? Die Fragen heißen: Was ist anständig, was ist unanständig? Was ist moralisch, was ist unmoralisch? Und mit dieser Fragestellung wird dann auch der politische Gegner bekämpft. Die Opposition wird nicht einer Irrlehre oder eines Irrtums bezichtigt, sondern der Unanständigkeit.
Mit dem Satz: »Das gehört sich nicht« richtet man gegen sie mehr aus als mit Argumenten.
Wir sind das Land der Freiheit und mit Schiller und den Ausländern davon überzeugt, daß wir uns die Freiheit mit Revolutionen erkämpft hätten.
Das ist nicht wahr. Wir sind ganz und gar nicht das Land der Revolutionen und waren es nie.
Aber wir glauben daran, daß unsere Schweiz eine typische Schweiz sei, und fügen unserem Bild der Schweiz kritiklos

alles Positive bei, was Ausländer von der Schweiz halten. Wir haben uns angewöhnt, die Schweiz mit den Augen unserer Touristen zu sehn. Ein Durchschnittsschweizer hält von der Schweiz genau dasselbe, was ein Durchschnittsengländer von der Schweiz hält.
Unsere Vorstellung von unserem Land ist ein ausländisches Produkt. Wir leben in der Legende, die man um uns gemacht hat.

Wir sind reaktionär.
Unsere geschichtliche Entwicklung ist eine ständige Reaktion auf das Ausland.
Rudolf von Habsburg war ein moderner Staatsmann. Die Waldstätter wollten es aber weiterhin so haben, wie es immer war. Der Aufstand der Waldstätter war nicht ein Aufstand gegen jahrelange Unterdrückung, sondern ein Aufstand gegen Neuerungen. Nicht Revolutionen, sondern Reaktionen prägten unser Land.
Wir sind mit unserer Zurückhaltung nicht schlecht gefahren; aber wir haben deswegen wohl ein schlechtes Gewissen. Aus diesem Grunde versuchen wir in unserer Geschichte die Vorgänge immer wieder als revolutionär, als heldisch, als idealistisch darzustellen.
Wir glauben, daß die Urschweizer den Gedanken der Freiheit in die Welt gesetzt hätte. Daß das nicht so sein kann, läßt sich daran beweisen, daß sie bedenkenlos Untertanen beherrschten.
Sie haben sich gegen die Fremden gewehrt, das ist alles; und es beeindruckt mich, daß sie mit wenig Idealismus, vierschrötig und schwerfällig im Stande waren, so etwas wie einen Staat zu bilden. Das scheint mir auch vorbildlich zu sein. Wir aber meinen, daß unsere idealisierte, pathetische, heldische Geschichte ein leuchtendes Vorbild für die Welt sei. Und die Welt nimmt uns das ab und glaubt an Blutzeugen der Freiheit.

Ich kann mir einfach nicht vorstellen, daß die alten Eidgenossen idealere Gestalten waren als mein Nachbar und ich.

Unser Land ist 120, vielleicht 150 Jahre alt. Alles andere ist Vorgeschichte und hat viel mit unseren Landesgrenzen und wenig mit unserem Land zu tun.
Das Wichtigste dieser Vorgeschichte ist das Erringen der Unabhängigkeit. Unabhängigkeit ist nicht Freiheit, es gibt unabhängige unfreie Länder.
Auf dieser Unabhängigkeit konnte aber der Staat gegründet werden; daß es ein freier Staat wurde, hat mit Tell sehr wenig, mit Winkelried fast nichts, aber sehr viel mit den Liberalen des frühen 19. Jahrhunderts zu tun. Ihnen habe ich meine persönlichen Freiheiten zu verdanken. Sie haben sie gegen Widerstände und Mehrheiten durchgesetzt. Sie wollten einen Staatsgedanken durchsetzen, nicht nur wirtschaftliche Interessen. Demokratie hieß für sie, gemeinsam einen Staat bilden, nicht gemeinsam persönliche Vorteile aus dem Staat herausholen.
Ihre Nachkommen würden die Leute von 1848 zu den Unanständigen zählen, denn die Liberalen waren die Opposition, die Neuerer, die ›Linke‹. Die Bundesverfassung ist ihr Werk. Aber sie haben keine Nachkommen. Niemand beruft sich auf 1848. Man beruft sich nach wie vor auf den Geist von 1291. Wir halten uns nach wie vor an Tell. Er verpflichtet uns fast zu nichts, nur zur Unabhängigkeit.
1848 würde uns zum Staat und zur Aufgeschlossenheit verpflichten.
Waffengerassel und Kraftprotzentum unserer Vorgeschichte macht uns mehr Eindruck als die politische Leistung der Liberalen.
Vielleicht ist es so, daß immer noch viele Schweizer über 1848 nicht froh sind. Das überrascht nicht, denn 1848 waren viele sehr unglücklich darüber.

So ist denn der Schweizer auch überzeugt, daß nicht der Staat, sondern die Armee die Freiheit verteidige und garantiere. Das ist traurig; denn die Armee kann nur die Unabhängigkeit verteidigen. Freiheit ist eine politische Leistung; Unabhängigkeit ist zwar ihre Voraussetzung, aber kein bißchen mehr. In der Geschichte, die ein Schüler vorgesetzt bekommt, ist fast nur von militärischen Leistungen die Rede; bestimmt der Einfachheit halber, denn das Militär vereinfacht alles; Politik ist zu kompliziert, also lassen wir sie.
Wir bleiben bei Tell und Winkelried und sorgen dafür, daß niemand zuviel von Munzinger und Stapfer hört.

Wir halten uns für nüchtern. Eine nüchterne Schweiz wäre mir lieb. Wenn unsere Armee eine nüchterne Angelegenheit wäre, könnte ich mich eher mit ihr anfreunden. Der Schweizer lernt aber seine Waffe nicht für den Notfall handhaben, sondern an und für sich. Wir halten unsere Armee nicht vor allem für notwendig, schon gar nicht für ein notwendiges Übel, sondern wir lieben sie. Sie ist unser Volksgut, unsere Folklore.
Nüchtern ist sie nicht, sie ist trunken von Begeisterung. Wir sind überzeugt, daß sie eine erzieherisch wertvolle Organisation ist und daß sie in Friedenszeiten viel mehr Zwecke erfüllt als nur die Vorbereitung auf einen Notfall.
Durch die Rekrutenschule wird ein Schweizer zum Erwachsenen. Sie tue jedem gut, sagt man. Man merke es einem ein Leben lang an, wenn er keine gemacht habe. Die Rekrutenschule wird so zu einem siebzehnwöchigen Männlichkeits- und Reiferitual.

In vaterländischen Dingen belügen wir uns vielleicht auch deshalb so oft, weil wir gewohnt sind, Vaterländisches in der Sprache Schillers – Schriftdeutsch nennen wir sie – zu formulieren und nicht in unserer Mundart. Eine Übersetzung der großen Worte unserer Helden in unsere Mundart macht die Lüge offensichtlich.

Als sich der Solothurner Schultheiß Wengi vor die Kanone stellte, um den Bürgerkrieg zu verhindern, soll er gesagt haben: »Wenn Bürgerblut fließen soll, fließe das meinige zuerst.«
Das heißt in unserer Sprache: »Höret uf!«
Das tönt denn auch wahrscheinlicher, einfacher und überzeugender. Der heutige Stadtammann von Solothurn würde nichts anderes sagen.

Zur Zeit des Mirageskandals erschien in den Zeitungen ein Bild der Kommission, die später ihren mutigen Bericht abgab. Da standen einige Männer auf einem Flugplatz und schauten in die Höhe. An einen unter ihnen erinnere ich mich genau. Er trug einen schwarzen breitrandigen Hut und lutschte an einem Stumpen. Sie sahen nicht auffällig gescheit aus. Es waren Nationalräte, und ich glaubte damals zu wissen, daß diese Kommission sich ohne Zweifel hinter die Militärs und den Bundesrat stellen werde. Ich ärgerte mich zum voraus. Ihr Bericht aber überraschte mich, und nachträglich machte mir jenes Bild Eindruck. Das Bild zeigt eine Schweiz, auf die ich ein wenig stolz bin: eine nicht sehr repräsentative Schweiz, aber eine, die funktioniert.

Ich lebe in diesem Land.
Es läßt sich in diesem Land leben.
Ich bin hier geboren. Ich bin hier aufgewachsen. Ich verstehe die Sprache dieser Gegend. Ich weiß, was ein Männerchor ist, was eine Dorfmusik ist, ein Familienabend einer Partei. Ich bilde mir ein, hier leidenschaftliche Briefmarkensammler auf der Straße an ihrem Gehaben erkennen zu können. Nur hier kann ich mit Sicherheit Schüchterne von Weltgewandten unterscheiden.
Ich fühle mich hier zu Hause. Auch mir fällt es schwer, mir vorzustellen, daß sich jemand so zu Hause fühlen kann, wie ein Schweizer in der Schweiz.

Ich leide unter Heimweh; aber es ist bestimmt nicht Heimweh nach der Schweiz, nur Heimweh nach dem Bekannten. Die Schweiz ist mir bekannt. Das macht sie mir angenehm. Hier kenne ich die Organisation. Hier kann ich etwas durchschauen. Ich weiß, wieviel hier die Dinge ungefähr kosten, und ich brauche das Geld, mit dem ich bezahle, nicht umzurechnen.
Ich fühle mich hier sicher, weil ich einordnen kann, was hier geschieht. Hier kann ich unterscheiden zwischen der Regel und dem Außer-ordentlichen. Sehr wahrscheinlich bedeutet das Heimat. Daß ich sie liebe, überrascht mich nicht.

Ich liebe diese Gegend, und es ist mir wichtig, Bürger dieses Landes zu sein, weil mir mein Bürgerrecht garantiert, daß ich unter allen Umständen hier bleiben darf.
Es ist vorstellbar, daß ich als schwedischer Bürger in der Schweiz aufgewachsen wäre und alle Gefühle für diese Gegend hätte. Dann könnte man mich ausweisen.
Ich habe das Recht, hier zu bleiben. Das ist mir viel wert. Es macht mir auch Spaß, und ich werde bleiben, dem Satze zum Trotz: »Du kannst ja gehen, wenn es dir hier nicht paßt!« Doch möchte ich hier leben dürfen, ohne ständig begeistert sein zu müssen. Ich bin nicht als Tourist hier. Ich gestatte mir, unsere Sehenswürdigkeiten nicht zu bestaunen. Ich gestatte mir, an einem Föhntag das Alpenpanorama zu ignorieren. Ich gestatte mir, die holländische Landschaft schön zu finden. Ich weiß nicht genau, was ein Holländer meint, wenn er sagt: »Die Schweiz ist schön.«
Wir haben in dieser Gegend sehr viel Nebel, und ich leide unter dem Föhn. Der Jura und die Alpen machen mir vor allem ein schlechtes Gewissen, weil ich immer das Gefühl habe, ich müßte sie besteigen und es doch immer wieder sein lasse. Ich habe mit nichts so viel Ärger wie mit der Schweiz und mit Schweizern.
Was mich freut und was mich ärgert, was mir Mühe und

was mir Spaß macht, was mich beschäftigt, hat fast ausschließlich mit der Schweiz und mit Schweizern zu tun. Das meine ich, wenn ich sage: »Ich bin Schweizer.«

Es fällt mir schwer, etwas typisch schweizerisch zu finden. Dazu zwei Beispiele:
Henry Miller schreibt in seinem schwärmerischen Frankreichbuch ›Land der Erinnerung‹, daß man Schriftsteller in Amerika eher abschätzig behandle, und er erzählt über die Hochachtung und Freundlichkeit eines französischen Zollbeamten, als dieser in Millers Paß die Eintragung ›Schriftsteller‹ sah. Für Henry Miller ist das ein Beweis dafür, daß Frankreich ein Land von Kultur ist. Günter Grass las in Zürich. Bei seiner Ankunft in Kloten schaute der Beamte in den Paß, dann schaute er strahlend Grass an und sagte: »Sie sind also Grass.« Das erste Beispiel halten wir für typisch, das zweite für untypisch. Warum?
Weil wir immer noch nicht so weit sind, eine persönliche Äußerung von jemandem als persönliche Äußerung zu nehmen. Wir sehen immer wieder Nationalcharakter dahinter. Von netten Deutschen sagen wir: »Sie sind nicht typisch deutsch.« Von unangenehmen Franzosen sagen wir: »Sie sind nicht typisch französisch.«
So glauben wir auch, ein genaues Bild vom Schweizer zu haben, und ordnen all seine Handlungen positiv und negativ in typisch und untypisch sein.
Halbstarke sind aus diesem Grund keine Schweizer. (»Denen tut eine Rekrutenschule gut.«) Nonkonformisten sind keine Schweizer. (»Die sollen in den Ostblock, wenn es ihnen hier nicht gefällt.«) Dienstverweigerer sind keine Schweizer. Wer ungern arbeitet, ist kein Schweizer. Wer nicht dauernd mit Stolz verkündet: »Ich bin ein Schweizer«, der ist kein Schweizer. Und der ›echte‹ Schweizer ärgert sich darüber, daß all diese Unschweizer ein Bürgerrecht haben und so den Fortbestand der typischen Schweiz nicht garantieren.

Hätten die Leute von 1830 und 1848 den Fortbestand der typischen Schweiz garantiert, gäbe es das nicht, was wir als Schweiz bezeichnen.
Weil wir uns für typisch halten und auch glauben, für typisch gehalten zu werden, fällt es uns schwer, etwas zu verändern. Wir haben Angst, untypisch zu werden.
Der Europagedanke zum Beispiel, der in politischen Reden auch bei uns in Schwung gekommen ist, ist uns nach wie vor fremd. Daß wir begeistert davon sprechen (und sprechen dürfen), ist eigentlich der Beweis dafür, daß keiner daran glaubt, daß er zu verwirklichen sei.
Auch Henry Miller, den man sonst zu den Weltbürgern zählt, weil er Kritik an Amerika übt, wird zu einem gefährlichen Nationalisten, wenn er über Frankreich schreibt.
Jedes Land hat so seine ausländischen Nationalisten. Bitter wird es erst, wenn wir ihre Argumente zu unsern eigenen machen.

Unter den Schweizern gibt es Urner, Walliser, Berner, Zürcher, Basler, Romanen, Tessiner, Welsche, Bauern, Bergbauern, Arbeiter, Großindustrielle, Gesunde, Kranke, Kriminelle usw. Vieles wird jeden einzelnen mehr prägen als die gemeinsame Politik.
Europäer haben im ganzen bestimmt so viel Gemeinsames wie die Schweizer im ganzen.
Wenn ich Schweiz meine, denke ich vorerst an den deutschsprachigen Jurasüdfuß, Kanton Solothurn. Teile des Kantons Bern, Teile des Kantons Aargau liegen in der Nähe und sind mir nicht fremd.
Wenn ich nach Basel, Zürich, Luzern komme, verstehe ich die Leute noch gut und stelle viel Gemeinsames auch außerhalb der Sprache fest, bezahle noch mit demselben Geld, bin noch nicht im Ausland, aber doch schon auswärts.
Im Welschen und im Tessin bin ich bereits weiter weg; Italienisch kann ich nicht, Französisch macht mir Mühe; aber im-

mer noch dasselbe Geld, ähnliche Preise, ähnliche Vorschriften, dieselbe Uniform der Soldaten.
Ich freue mich darüber, daß sie mit dabei sind, die Tessiner, die Welschen, die Romanen. Wir könnten uns gegenseitig daran hindern, typisch zu werden.
Daß außer Sprache und Landschaft, außer persönlichen Umständen auch der Staat den Menschen beeinflußt, ist selbstverständlich. Es muß daher Gemeinsames geben. Ich weiß nicht, was es ist. Ich will es nicht wissen. Das Gemeinsame beeindruckt mich nicht, Gemeinsamkeiten schläfern ein, führen zur Selbstgerechtigkeit.
Diese Selbstgerechtigkeit macht die Schweiz unveränderbar, und ich erschrecke beim Gedanken, in zwanzig Jahren in einer Schweiz leben zu müssen, die aussieht wie diese. Wir haben uns sehr daran gewöhnt, Museum zu sein. Es macht uns Spaß, von Ausländern bewundert zu werden, und wer von einem ›Sonderfall Schweiz‹ spricht, meint damit das ›Museum Schweiz‹, eine Demokratie zu Demonstrationszwecken. Es gibt auch in dieser Demokratie Privilegierte, Blutadel wurde durch Geldadel ersetzt, an Stelle der Aristokraten sind die Emporkömmlinge getreten; sie verteidigen ihre Privilegien damit, daß sie jede Veränderung bekämpfen; jeder Ausbau der Demokratie könnte ihre Rechte beeinträchtigen, jede Veränderung ist eine Gefahr. Davon konnten sie ihre Mitbürger überzeugen, denn die gemäßigte Sozialisierung hat dazu geführt, daß der Durchschnittsschweizer ein Besitzender geworden ist; er ist bereit, den Bodenspekulanten zu schützen, weil er damit auch sein Blumengärtchen schützt; man nennt das Toleranz.
Wir sind ein wohlhabendes Land. Armut ist hier eine Schande; man gibt sie zum mindesten nicht zu und macht es damit den Reichen leicht. Aber auch Reichtum wird bei uns in der Regel diskret verdeckt. Geld ist hier etwas Intimes, von seinem Geld spricht man nicht.
Jede neue Sozialmaßnahme wird bei uns vorerst einmal damit

bekämpft, daß man sagt, sie lähme die Privatinitiative. Mit Privatinitiative bezeichnet man die Möglichkeit jedes Bürgers, ein Reicher zu werden; die Privatinitiative ist das Recht der Wölfe.

Trotzdem spricht man bei uns viel von Bürgersinn. Ein Wort, das kaum zu definieren ist. Es mag einmal den Sinn für die Gemeinschaft, für die Staatsordnung gemeint haben; Bürgersinn ist aber heute viel mehr die vorschnelle Versöhnung, die Angst vor Neuem, die Toleranz Unzulänglichkeiten gegenüber und der Verzicht auf grundsätzliche Diskussionen.

Dieser pervertierte Bürgersinn führt zum Desinteresse am Staat; was man zum vornherein und vorbehaltlos gut findet, kontrolliert man nicht mehr. Innenpolitik ist für unsere Presse fast ein Tabu. Man beschränkt sich weitgehend darauf, den offiziellen Standpunkt zu veröffentlichen, und beeilt sich, sein Einverständnis zu erklären. Unsere Presse ist kein Forum mehr.

Eine Demokratie ohne Diskussion wäre museal. Der innere Feind der Schweiz heißt pervertierter Bürgersinn. Die Igelstellung – eingerollt und die Stacheln nach außen – ist zum Sinnbild unserer Unabhängigkeit geworden. Aber auch ein Igel muß sich zur Nahrungsaufnahme entrollen.

FRIEDRICH HÖLDERLIN

Heimkunft

Drin in den Alpen ist's noch helle Nacht und die Wolke,
Freudiges dichtend, sie deckt drinnen das gähnende Tal.
Dahin, dorthin toset und stürzt die scherzende Bergluft,
Schroff durch Tannen herab glänzet und schwindet ein Strahl.
Langsam eilt und kämpft das freudig-schauernde Chaos,
Jung an Gestalt, doch stark, feiert es liebenden Streit
Unter den Felsen, es gärt und wankt in den ewigen Schranken,
Denn bachantischer zieht drinnen der Morgen herauf.
Denn es wächst unendlicher dort das Jahr und die heiligen
Stunden, die Tage, sie sind kühner geordnet, gemischt.
Dennoch merket die Zeit der Gewittervogel, und zwischen
Bergen hoch in der Luft weilt er und rufet den Tag.
Jetzt auch wachet und schaut in der Tiefe drinnen das Dörflein,
Furchtlos, Hohem vertraut, denn schon, wie Blitze, fallen die alten
Wasserquellen, der Grund unter den Stürzenden dampft,
Echo tönet umher, und die unermeßliche Werkstatt
Reget bei Tag und Nacht, Gaben versenkend, den Arm.

Ruhig glänzen indes die silbernen Höhen darüber,
Voll mit Rosen ist schon droben der leuchtende Schnee.
Und noch höher hinauf wohnt über dem Licht der reine
Selige Gott, vom Spiel heiliger Strahlen erfreut.
Stille wohnt er allein, und hell erscheinet sein Antlitz,
Der Ätherische scheint das Leben zu geben geneigt,
Freude zu schaffen, mit uns, wie oft, wenn, kundig des Maßes,
Kundig der Atmenden auch, zögernd und schonend der Gott
Wohlgediegenes Glück den Städten und Häusern, und milde
Regen, zu öffnen das Land, brütende Wolken und euch,
Trauteste Lüfte, dann euch, sanfte Frühlinge, sendet,
Und mit langsamer Hand Traurige wieder erfreut,

Wenn er die Zeiten erneut, der Schöpferische, die stillen
Herzen der alternden Menschen erfrischt und ergreift,
Und hinab in die Tiefe wirkt, und öffnet und aufhellt,
Wie er's liebet, und jetzt wieder ein Leben beginnt,
Anmut blühet wie einst, und gegenwärtiger Geist kömmt,
Und ein freudiger Mut wieder die Fittiche schwellt.

JOHANN WOLFGANG VON GOETHE

Schweiz

Durch den Rücken einer hohen und breiten Gebirgkette hat die Birsch, ein mäßiger Fluß, sich einen Weg von Uralters gesucht. Das Bedürfnis mag nachher durch ihre Schluchten ängstlich nachgeklettert sein. Die Römer erweiterten schon den Weg, und nun ist er sehr bequem durchgeführt. Das über Felsstücke rauschende Wasser und der Weg gehen neben einander hin und machen an den meisten Orten die ganze Breite des Passes, der auf beiden Seiten von Felsen beschlossen ist, die ein gemächlich aufgehobenes Auge fassen kann. Hinterwärts heben Gebirge sanft ihre Rücken, deren Gipfel uns vom Nebel bedeckt waren. Bald steigen an einander hängende Wände senkrecht auf, bald streichen gewaltige Lagen schief nach dem Fluß und dem Weg ein, breite Massen sind auf einander gelegt, und gleich daneben stehen scharfe Klippen abgesetzt. Große Klüfte spalten sich aufwärts, und Platten von Mauerstärke haben sich von dem übrigen Gesteine losgetrennt. Einzelne Felsstücke sind heruntergestürzt, andere hängen noch über und lassen nach ihrer Lage fürchten, daß sie dereinst gleichfalls herein kommen werden.
Bald rund, bald spitz, bald bewachsen, bald nackt, sind die Firsten der Felsen, wie oft noch drüber ein einzelner Kopf

kahl und kühn herüber sieht, und an den Wänden und in der Tiefe schmiegen sich ausgewitterte Klüfte hinein.
Mir machte der Zug durch diese Enge eine große ruhige Empfindung. Das Erhabene gibt der Seele die schöne Ruhe, sie wird ganz dadurch ausgefüllt, fühlt sich so groß als sie sein kann. Wie herrlich ist ein solches reines Gefühl, wenn es bis gegen den Rand steigt ohne überzulaufen. Mein Auge und meine Seele konnten die Gegenstände fassen, und da ich rein war, diese Empfindung nirgends falsch widerstieß, so wirkten sie was sie sollten. Vergleicht man solch ein Gefühl mit jenem, wenn wir uns mühselig im Kleinen umtreiben, alles aufbieten, diesem so viel als möglich zu borgen und aufzuflicken, und unserm Geist durch seine eigne Creatur Freude und Futter zu bereiten; so sieht man erst, wie ein armseliger Behelf es ist.
Ein junger Mann, den wir von Basel mitnahmen, sagte: es sei ihm lange nicht wie das erstemal, und gab der Neuheit die Ehre. Ich möchte aber sagen: wenn wir einen solchen Gegenstand zum erstenmal erblicken, wo weitet sich die ungewohnte Seele erst aus, und es macht dies ein schmerzlich Vergnügen, eine Überfülle, die die Seele bewegt und uns wollüstige Tränen ablockt. Durch diese Operation wird die Seele in sich größer, ohne es zu wissen, und ist jener ersten Empfindung nicht mehr fähig. Der Mensch glaubt verloren zu haben, er hat aber gewonnen. Was er an Wollust verliert, gewinnt er an ihrem Wachstum. Hätte mich nur das Schicksal in irgend einer großen Gegend heissen wohnen, ich wollte mit jedem Morgen Nahrung der Großheit aus ihr saugen, wie aus einem lieblichen Tal Geduld und Stille.
Am Ende der Schlucht stieg ich ab und kehrte einen Teil allein zurück. Ich entwickelte mir noch ein tiefes Gefühl, durch welches das Vergnügen auf einen hohen Grad für den aufmerksamen Geist vermehrt wird. Man ahnet im Dunkeln die Entstehung und das Leben dieser seltsamen Gestalten. Es mag geschehen sein wie und wann es wolle, so haben

sich diese Massen, nach der Schwere und Ähnlichkeit ihrer Teile, groß und einfach zusammen gesetzt. Was für Revolutionen sie nachher bewegt, getrennt, gespalten haben, so sind auch diese nur noch einzelne Erschütterungen gewesen, und selbst der Gedanke einer so ungeheuren Bewegung gibt ein hohes Gefühl von ewiger Festigkeit. Die Zeit hat auch, gebunden an die ewigen Gesetze, bald mehr bald weniger auf sie gewirkt.

Sie scheinen innerlich von gelblicher Farbe zu sein; allein das Wetter und die Luft verändern die Oberfläche in Graublau, daß nur hier und da in Streifen und in frischen Spalten die erste Farbe sichtbar ist. Langsam verwittert der Stein selbst und rundet sich an den Ecken ab, weichere Flecken werden weggezehrt, und so gibt's gar zierlich ausgeschweifte Höhlen und Löcher, die, wann sie mit scharfen Kanten und Spitzen zusammen treffen, sich seltsam zeichnen. Die Vegetation behauptet ihr Recht; auf jedem Vorsprung, Fläche und Spalt fassen Fichten Wurzel, Moos und Kräuter säumen die Felsen. Man fühlt tief, hier ist nichts Willkürliches, hier wirkt ein alles langsam bewegendes ewiges Gesetz, und nur von Menschenhand ist der bequeme Weg, über den man durch diese seltsamen Gegenden durchschleicht.

Die große Bergkette, die von Basel bis Genf Schweiz und Frankreich scheidet, wird, wie Ihnen bekannt ist, der Jura genannt. Die größten Höhen davon ziehen sich über Lausanne bis ungefähr über Rolle und Nyon. Auf diesem höchsten Rücken ist ein merkwürdiges Tal von der Natur eingegraben – ich möchte sagen eingeschwemmt, da auf allen diesen Kalkhöhen die Wirkungen der uralten Gewässer sichtbar sind – das la Vallée de Joux genannt wird, welcher Name, da Joux in der Landsprache einen Berg bedeutet, deutsch das Bergtal hieße. Eh ich zur Beschreibung unsrer Reise fortgehe, will ich mit wenigem die Lage desselben geographisch angeben. Seine Länge streicht, wie das Gebirg selbst, ziemlich von Mittag gegen Mitternacht, und wird an jener Seite von den Septmoncels, an dieser von der Dent de Vaulion, welche nach der Dole der höchste Gipfel des Jura ist, begrenzt und hat, nach der Sage des Landes, neun kleine, nach unsrer ungefähren Reiserechnung aber sechs starke Stunden. Der Berg, der es die Länge hin an der Morgenseite begrenzt und auch von dem flachen Land herauf sichtbar ist, heißt Le noir Mont. Gegen Abend streicht der Risou hin und verliert sich allmählich gegen die Franche-Comté. Frankreich und Bern teilen sich ziemlich gleich in dieses Tal, so daß jenes die obere schlechte Hälfte und dieses die untere bessere besitzt, welche letztere eigentlich La Vallée du Lac de Joux genannt wird. Ganz oben in dem Tal, gegen den Fuß des Septmoncels, liegt der Lac des Rousses, der keinen sichtlichen einzelnen Ursprung hat, sondern sich aus quelligem Boden und den überall auslaufenden Brunnen sammelt. Aus demselben fließt die Orbe, durchstreift das ganze französische und einen großen Teil des Berner Gebiets, bis sie wieder unten gegen die Dent de Vaulion sich zum Lac de Joux bildet, der seitwärts in einen kleinen See abfällt, woraus das Wasser endlich sich unter der Erde verlieret. Die Breite des Tals ist verschieden, oben beim Lac des Rousses etwa eine halbe Stunde, alsdann verengert sich's und läuft wieder unten auseinander, wo etwa die größte Breite anderthalb Stunden wird.

Den sechsundzwanzigsten ward beim Frühstück überlegt, welchen Weg man zurück nehmen wolle. Da wir hörten, daß die Dole, der höchste Gipfel des Jura, nicht weit von dem obern Ende des Tals liege, da das Wetter sich auf das herrlichste anließ und wir hoffen konnten, was uns gestern noch gefehlt, heute vom Glück alles zu erlangen; so wurde dahin zu gehen beschlossen. Wir packten einem Boten Käse, Butter, Brot und Wein auf, und ritten gegen achte ab. Unser Weg ging nun durch den obern Teil des Tals in dem Schatten des noir Mont hin. Es war sehr kalt, hatte gereift und gefroren; wir hatten noch eine Stunde im Bernischen zu reiten, wo sich die Chaussee, die man eben zu Ende bringt, abschneiden wird. Durch einen kleinen Fichtenwald rückten wir ins französische Gebiet ein. Hier verändert sich der Schauplatz sehr. Was wir zuerst bemerkten, waren die schlechten Wege. Der Boden ist sehr steinicht, überall liegen sehr große Haufen zusammen gelesen; wieder ist er eines Teils sehr morastig und quellig; die Waldungen umher sind sehr ruiniert; den Häusern und Einwohnern sieht man ich will nicht sagen Mangel, aber doch bald ein sehr enges Bedürfnis an. Sie gehören fast als Leibeigne an die Canonici von St. Claude, sie sind an die Erde gebunden, viele Abgaben liegen auf ihnen. Doch ist auch dieser Teil des Tals sehr angebaut. Sie nähren sich mühsam und lieben doch ihr Vaterland sehr, stehlen gelegentlich den Bernern Holz und verkaufen's wieder ins Land. Der erste Sprengel heißt le Bois d'Amont, durch den wir in das Kirchspiel les Rousses kamen, wo wir den kleinen Lac des Rousses und les Septmoncels, sieben kleine, verschieden gestaltete und verbundene Hügel, die mittägige Grenze des Tals, vor uns sahen. Wir kamen bald auf die neue Straße, die aus dem Pays de Vaud nach Paris führt; wir folgten ihr eine Weile abwärts, und waren nunmehr von unserem Tale geschieden; der kahle Gipfel der Dole lag vor uns, wir stiegen ab, unsre Pferde zogen auf der Straße voraus nach St. Sergues, und wir stiegen die Dole hinan. Es war gegen Mittag, die Sonne schien heiß, aber es wechselte ein kühler Mittagswind. Wenn wir, auszuruhen, uns umsahen, hatten wir les Septmoncels hinter uns, wir sahen noch einen Teil des Lac des Rousses und um ihn die zerstreuten Häuser des Kirchspiels, der noir Mont deckte uns das übrige ganze Tal, höher sahen wir wieder ungefähr die gestrige Aussicht in die Franche-Compté und näher bei uns, gegen Mittag, die letzten Berge und Täler des Jura. Sorgfältig hüteten wir uns, nicht durch einen Bug der Hügel uns nach der Gegend umzusehen, um derentwillen wir eigentlich herauf stiegen. Ich war in einiger Sorge wegen des Nebels, doch zog ich aus der Gestalt des obern Himmels einige gute Vorbedeutungen. Wir betraten endlich den obern Gipfel und sahen mit größtem Vergnügen uns heute gegönnt, was uns gestern versagt war. Das ganze Pays de Vaud und de Gex lag wie eine Flurkarte unter uns, alle Besitzungen mit grünen Zäunen abgeschnitten, wie die Beete eines Parterres. Wir waren so hoch, daß die Höhen und Vertiefungen des vordern Landes gar nicht erschienen. Dörfer, Städtchen, Landhäuser, Weinberge, und höher herauf, wo Wald und Alpen angehen, Sennhütten, meistens weiß und hell angestrichen, leuchteten gegen die Sonne. Vom Lemaner-See hatte sich der Nebel schon zurück gezogen, wir sahen den nächsten Teil an der diesseitigen Küste deutlich; den sogenannten kleinen See, wo sich der große verenget und gegen Genf zugeht, dem wir gegenüber waren, überblickten wir ganz, und gegenwärtig klärte sich das Land auf, das ihn einschließt. Vor allem aber behauptete der Anblick über die Eis- und Schneeberge seine Rechte. Wir setzten uns vor der kühlen Luft in Schutz hinter Felsen, ließen uns von der Sonne bescheinen, das Essen und Trinken schmeckte trefflich. Wir sahen dem Nebel zu, der sich nach und nach verzog, jeder entdeckte etwas, oder glaubte etwas zu entdecken. Wir sahen nach und nach Lausanne mit allen Gartenhäusern umher, Vevey und das Schloss von Chillon ganz deutlich, das Gebirg das uns den Eingang vom Wallis verdeckte, bis in den See, von da, an der Savoyer Küste, Evian, Ripaille, Tonon, Dörfchen und Häuschen zwischen inne; Genf kam endlich rechts aus dem Nebel, aber weiter gegen Mittag, gegen den Montcrédo und Mont-vauche, wo das Fort l'Ecluse inne liegt, zog er sich gar nicht weg. Wendeten wir uns wieder links, so lag das ganze Land von Lausanne bis Solothurn in leichtem Duft. Die nähern Berge und Höhen, auch alles, was weiße Häuser hatte, konnten wir erkennen; man zeigte uns das Schloss Chanvan blinken, das vom Neuburgersee links liegt, woraus wir seine Lage mutmaßen, ihn aber in dem blauen Duft nicht erkennen konnten. Es sind keine Worte für die

Größe und Schöne dieses Anblicks, man ist sich im Augenblick selbst kaum bewußt, daß man sieht, man ruft sich nur gern die Namen und alten Gestalten der bekannten Städte und Orte zurück, und freut sich in einer taumelnden Erkenntnis, daß das eben die weißen Punkte sind, die man vor sich hat.

Und immer wieder zog die Reihe der glänzenden Eisgebirge das Aug' und die Seele an sich. Die Sonne wendete sich mehr gegen Abend und erleuchtete ihre größern Flächen gegen uns zu.

WILHELM HEINSE

Der Rigi

Für himmlischer Freude bin ich fast vergangen; so etwas schönes von Natur hab ich noch nie gesehen. Der spiegelreine leicht und zartgekräuselte grünlichte See, die Rebengeländer an den Ufern hinein mit Pfählen im Wasser aufgestützt, die vielen hohen Nuß- und Fruchtbäume auf den grünrasichten reinen Anhöhen, die lieblichen Formen den Berg hinan mit Buchen und Fichten und Tannen besetzt, schroff und schräg hinein hier und da, und hier und da wandweise, hier buschicht wie Bergsamt, dort hochwaldicht mit mannigfaltigen Schattierungen süßen Lichts, und in der Tiefe hinten der hohe Riegenberg graulicht und dunkel vor der Sonne liegend. Alle Massen rein und groß und ungekünstelt hingeworfen. Und weiter hin rechter Hand die hohen Schneegebürge, die über den Streifwolken ihre Häupter gen Himmel empor strecken. Und wie sich das alles tief in den See unten hinein spiegelt sanfter und milder. Man ist so recht seelenvoll in stiller lebendiger Natur, so recht im Heiligtum empfindungsvoller Herzen. Ich kann's nicht aussprechen; Gottes Schönheit dringt in all mein Wesen, ruhig und warm und rein; ich bin von allen Banden gelöst, und walle Himmel über mir und Himmel unter mir im Element der Geister wie ein Fisch im Quelle, Seligkeit einatmend und ausatmend. Alles ist still und schwebt im Genuß; nichts regt sich als die plätschernden Floßfedern von meinem Nachen, der unmerkliche Taktschlag zu dem wollüstigen geistigen Konzerte. Immer stärker läuft mir das Entzücken wie ein Felsenquell durch alle Gewebe meines Rückgrats.

Nah am Riesenberge stehen die schlanken hochstämmigen Buchen immer erfreulicher die schroffen Ufer herunter zwischen Felsenmassen; und in der Tiefe hinten liegt das kleine Arth wie ein Lustörtchen, ein Ruheplätzchen der Liebe, ein sichrer Port vom Gebürg beschirmt vor Stürmen. Die ganze linke Seite stehen im Grünen einzelne Schweizerhäuschen, mit ihren drei bis vier Wetterdächern meistens in Weinlaub steckend; und oben weidet das schöne Vieh.

Hier sitz ich oben in den glänzenden Strahlen der neuen Sonne, die über die Glarner Gebürge jugendlich hervorspringt, und Jubel und Wonne mir in die Seele leuchtet: erschrecklich tief unter mir, die schroffen und senkelrechten Felsen herab, liegt die braune Nacht auf den stillen Seen, wo keine Welle ans Ufer schlägt. Weit und breit über die Erde her ziehen Heere von Nebelwolken weißgraulicht chaotisch und unförmlich, wie die tausendköpfige Mutter Nacht in Person, schwanger von unendlichem unreifen Leben. Darüber blitzen hervor die Schneegipfel von Schwyz und Unterwalden wie ungeheure Brillantenblöcke. Und fernerhin schimmern und leuchten und funkeln rosenrote Streifwölkchen im himmelreinen Äther. Jetzt vermischt sich gegen Westen Himmel und Erde, und die Welt ist lauter Nebel. Gegen Osten bekämpfen ihn die Strahlen der Sonne; und er sinkt und fällt. Die Hügel stehn in Tau, und in den

Alpen herum weiden die Kühe. Die Erde zeigt ihr holdselig Antlitz, und eine Menge freundlicher Seen lächeln um mich herum, und Flüsse gehen stolz und strahlend ihren Schlangengang, die Wesen zu erquicken. –
Der Riegen ist der erste hohe Berg, den ich bestiegen habe. Um zwei Uhr nachmittags den 25. ging ich von Arth allein ohne Wegweiser aus, und stieg die waldichte Anhöhe hinan. Verfehlte ich aber gleich den Pfad, und kam so ins Steile, daß ich weder zurück noch vor mir konnte; und wurde gewahr, daß ich mit keinem Grafenberg zu tun hatte. Ich ließ meinen Büchsenranzen zuerst hinab ins Gesträuch rollen, und spähte dann am Felsen hangend meinen Rückzug aus. Und das Glück war mir so günstig, daß ich noch mit einigen gefährlichen Sprüngen wieder auf den alten und rechten Weg kam. Nun stieg ich um den Berg herum zwei Stunden lang, mit einem Bettler, der hinauf zu den Kapuzinern wollte, und welchen ich auf dem Weg eingeholt hatte (es ist oben ein Kapuziner-Klösterli nur mit vier Mönchen besetzt und einem Bruder, und darum herum drei Wirtshäuser für die Fremden, die im Sommer aus der ganzen Schweiz hierher kommen); und befand mich endlich auf der ersten Anhöhe.
Was ich den ganzen Weg und insonderheit hier sah und hörte, hab ich noch nie erfahren, und es läßt sich keinem davon eine Vorstellung machen. Rund um und überall rauscht der ganze Berg, der in einer Menge von Riesengipfeln gen Himmel emporragt, von herabschießenden Bächen; und Quellen rieseln aus dunkeln Schatten unter Felsen hervor, und Katarakten hallen und brausen dazwischen. Das freundliche Leben, denn anders kann ich oft lechzender Wandrer mir das Wasser nicht denken, scheint zu zürnen, daß es nur tote Felsen findet, die es zu keinem neuen Wachstum beseelen kann. Auf dieser ersten Höhe steht schon ein Wirtshaus, und hier stärkt ich mich und meinen Bettler, mit einer Flasche roten welschen Wein und einem guten Stück Schweizerkäse. Die zweite Höhe kömmt man an einem Einschnitt linker Hand

zwischen zwei hohen Gebürgen durch, und hat über den Abgrund, wodurch ein Bach stürzt, gegen über eine halbe Stunde lang eine gähe oft senkelrecht herabsteigende Felsenwand, voller kleiner hoch herab in die Tiefe stürzende Katarakten, mit Fichten überall bewachsen, wo nur ein Strauch wachsen, wo nur ein Strauch hat Wurzel fassen können; weswegen sie auch vom Wind hier und dort wie Halmen niedergeschlagen oder entwurzelt liegen, und hangen und verfaulen, weil niemand hinzukann. Voran steigt ein Felsenjoch in die Höhe in einer ungeheuren Reihe gotischer Kolonnaden. Der Bach, der in unzähligen Fällen hinabrauscht, ist hier und da unten und oben mit Erlen eingefaßt und Buchen und Fichten. Der Berg überhaupt ist sehr fruchtbar, hat unten und oben sehr fette Alpen, unten starke Buchen und oben viel Fichtenholz. Das herrlichste Vieh weidet überall herum. Die Wege oder der Pfad hinan ist äußerst beschwerlich, oft so enge und klein an Abgründen, daß man kaum darüber weg kann. Die Kapuziner und die Melker haben ihn mit unsäglicher Mühe noch so herausgebracht, sonst wär er gar nicht zu besteigen. An vielen Orten liegen dabei große Felsenstücke mit Moos überzogen und mancherlei Kräutern, woraus meistens ziemlich hohe Buchen in der Tiefe und oben Fichten und Gesträuch wachsen. – So hab ich überhaupt noch wenig Täler zwischen den hohen Bergen angetroffen, wo nicht solche große Felsenstücke liegen, die fast alle mit Bäumen bewachsen sind, welches der Gegend erst so recht das Schweizerische gibt.

Noch denselben Abend stieg ich hinauf auf den höchsten Gipfel, und sah die Sonne gar schön untergehen, indes die Seen unten schon ganz dunkel waren und die Nacht, nicht nur Dämmerung, wirklich drauf lag; welches einen entzükkenden Kontrast macht. Ich orientierte mich hier in der ganzen Gegend. Man sieht zuerst unten den ganzen Zuger See, dann den größten Teil von dem vielwinkelichten vier Waldstädter See, den Lowerzer See, den Sursee, und weit in der

Ferne den Zürchersee, und noch einige andre, und eine große Strecke den Lauf der Reuss, und eine Menge Ortschaften, als Luzern, Küßnacht, Zug, Arth, Schwyz pp. Auf den untern Alpen sehen die meisten schwarzen Kühe aus wie große Maulwürfe, die sich aus der Erde hervorgemacht haben. Darum her liegt der herrliche Kranz von Schneegebürgen, die der Natur und unserm Herrn Gott über den Kopf gewachsen zu sein scheinen.

HENRI BENEDICTE VON SAUSSURE

Kurzer Bericht von einer Reise auf den Gipfel des Montblanc

Verschiedene periodische Schriften haben bekannt gemacht, daß zwey Einwohner von Chamouni, Hr. Paccard, Doktor der Heilkunde, und der Wegweiser Jakob Balmat, im August vorigen Jahres (1786) bis auf den Gipfel des Montblanc gekommen sind, den man bis dahin für unzugänglich gehalten hatte.

Ich wußte es gleich den andern Tag und machte mich von der Stelle auf, um zu versuchen, ob ich ihre Spur verfolgen könnte. Es fielen aber Regen und Schnee, die mich zwangen, es für das Jahr aufzugeben. Ich ließ Jakob Balmat den Auftrag, mit dem Anfange des Junius das Gebirge zu besuchen und mir den Augenblick zu melden, wann der Winterschnee sich senke und den Ort zugänglich machte. In der Zwischenzeit gieng ich in die Provence, um am Ufer der See einige Erfahrungen zu machen, die bey denen, welche ich auf dem Montblanc vorhatte, zur Gränze der Vergleichung dienen sollten.

Jakob Balmat machte im Monat Junius zwey vergebliche

Versuche; indeß schrieb er mir, daß er nicht zweifelte, man würde in den ersten Tagen des Julius zum Zwek kommen können. Ich gieng also nach Chamouni ab und traf den herzhaften Balmat, der nach Genf gehen wollte, mir seinen neuen guten Erfolg zu melden, zu Salanche an. Er hatte den 5ten Julius mit zwey andern Wegweisern, Joh. Michel Cachat und Alexis Tournier, den Gipfel des Berges erstiegen. Als ich in Chamouni ankam, regnete es, und das schlechte Wetter dauerte fast vier Wochen. Allein ich hatte beschlossen, lieber das Ende des Sommers abzuwarten, als den günstigen Augenblik zu verfehlen.

Er kam endlich, dieser so lang gewünschte Augenblik, und ich begab mich den ersten August, in Begleitung eines Bedienten und 18 Führer, die meine physikalischen Werkzeuge und alles nöthige Geräthe trugen, auf den Weg. Mein ältester Sohn äußerte das größte Verlangen mich zu begleiten; allein ich befürchte daß er zu Reisen von der Art noch nicht stark und gewandt genug wäre. Er mußte davon abstehen und blieb in der Priorey, wo er mit vieler Sorgfalt Beobachtungen anstellte, die denen, welche ich auf dem Gipfel machen würde, zur Vergleichung dienen sollten.

Ob es gleich von der Priorey zu Chamouni bis auf den Gipfel des Montblanc in gerader Linie nur zwey und ein viertel Stunden ist, so haben wir doch immer wenigstens 18 Stunden unterwegs zugebracht, weil es übel zu gehen ist, viele Umwege zu machen sind und man ungefähr 1920 Klafter zu steigen hat.

Um in der Wahl der Örter, wo ich die Nacht zubringen könnte, völlig frey zu seyn, ließ ich ein Zelt mitnehmen und schlief darunter die erste Nacht oben auf dem Berge La Cote, welcher der Priorey gegen Mittag und 779 Klafter über dem Dorfe liegt. Der Weg dahin ist ohne Mühe und Gefahr; man steigt immer auf Rasen oder auf Gestein und macht ihn leicht 5 oder 6 Stunden. Aber von da bis auf den Gipfel geht man bloß über Eis und Schnee.

Die zweyte Tagereise ist nicht die leichteste. Man muß erst über den Gletscher von La Cote, um den Fuß einer kleinen Kette von Felsen zu gewinnen, die in dem Schnee des Montblanc eingeschlossen sind. Dieser Gletscher ist mühsam und gefährlich: er ist von breiten, tiefen und unregelmäßigen Schründen durchschnitten, und oft kann man nicht anders als auf Brükken von Schnee hinüber, die manchmal sehr dünne sind und über Abgründe schweben. Einer von meinen Führern wäre bald darinnen umgekommen. Er war den Tag vorher mit zwey andern hingegangen, den Übergang zu untersuchen: glücklicherweise hatten sie die Vorsicht gehabt, sich mit Strikken an einander zu binden; mitten in einem breiten und tiefen Schrunde brach der Schnee unter ihm, und er blieb zwischen seinen beyden Gefährten hängen. Wir gingen dicht bey dem Loche vorbey, das er gemacht hatte, und mich schauderte, als ich die Gefahr sah, in der er gewesen war. Der Weg über diesen Gletscher ist so beschwerlich und uneben, daß wir drey Stunden zubringen mußten, um oben von La Cote an die ersten Felsen der freyliegenden Kette zu kommen, ob es gleich in gerader Linie nicht mehr als eine Viertelstunde ist.

Wenn man diese Felsen erreicht hat, so entfernt man sich sogleich von ihnen und steigt in einem geschlängelten, mit Schnee angefüllten Thale, das von Mitternacht nach Mittag geht, bis an den Fuß des höchsten Gipfels. Der Schnee wird von Zeit zu Zeit von ungeheuern und prächtigen Schründen durchschnitten. Ihre scharfe und glatte Wand zeigt den Schnee in wagrechten Lagen, und jede von diesen Lagen ist von einem Jahr. Wenn die Schründe auch noch so breit waren, so konnten wir doch nirgends ihren Grund absehen. Mein Führer wollte, daß wir die Nacht bey einem von den Felsen zubringen sollten, die man auf diesem Wege antrifft; da aber die höchsten davon 6 bis 700 Klafter niedriger sind als der Gipfel, so wollte ich noch höher. Deßwegen war es nöthig, mitten im Schnee Nachtlager zu halten; und dazu kostete es Mühe, meine Reisegefährten zu bewegen. Sie bildeten sich ein, es herrsche bey Nacht in dem tiefen Schnee eine gar nicht auszustehende Kälte, und sie fürchteten im Ernste umzukommen. Ich sagte ihnen endlich, daß ich entschlossen wäre, mit denjenigen von ihnen, auf die ich mich verlassen könnte, dahin zu gehen; daß wir tief in den Schnee graben und das Loch mit dem Tuche des Zeltes bedekken würden, daß wir uns so miteinander einschließen wollten und alsdann nichts von der Kälte auszustehen hätten, so heftig sie auch seyn möchte. Diese Anordnung beruhigte sie, und wir giengen vorwärts.

Um 4 Uhr nachmittags erreichten wir das zweyte von den drey großen Schneethälern, über die wir gehen mußten. Daselbst hielten wir Nachtlager, 1455 Klafter hoch über der Priorey, 1955 Klafter über dem Meer und 90 Klafter höher als der Gipfel des Berges auf Teneriffa. Wir giengen nicht bis zum lezten Schneethal, weil man daselbst den Lawinen ausgesetzt ist. Das erste Schneethal, durch das wir gekommen waren, ist ebenfalls nicht frey davon. Wir waren über zwey von den Lawinen gegangen, die seit der lezten Reise des Balmat gefallen waren und deren Trümmer das Thal in seiner ganzen Breite bedekten.

Meine Führer machten sich sogleich daran, den Platz auszuhölen, wo wir die Nacht zubringen wollten, sie fühlten aber bald die Wirkung der dünnen Luft (das Barometer stand nur auf 17 Zoll $10^{29}/_{12}$ Linien). Diese starken Leute, denen ein Gang von 7 oder 8 Stunden, die wir gemacht hatten, völlig wie nichts war, hatten kaum 5 oder 6 Schaufeln mit Schnee ausgeworfen, als sie es unmöglich fanden fortzufahren; sie mußten sich alle Augenblikke ablösen. Einer von ihnen, der zurük gegangen war, ein Fäßgen voll von dem Wasser zu holen, das wir in einem Schrunde angetroffen hatten, befand sich im Hingehen übel, kam ohne Wasser zurück und brachte den Abend in der schmerzlichsten Beängstigung zu. Ich selbst, der ich der Bergluft so gewohnt bin und mich in ihr besser als der der Luft im Thale befinde, war von Müdigkeit erschöpft, als ich meine meteorologischen Werkzeuge beobachtete. Die Unpäßlichkeit davon verursachte uns einen brennenden Durst, und wir konnten uns nicht anders als durch Schneeschmelzen Wasser verschaffen: denn das Wasser, das wir im Heraufsteigen gesehen hatten, war, als man wieder hingieng, gefroren, und die kleine Kohlenpfanne, die ich hatte mitnehmen lassen, that nur einen sehr langsamen Dienst für 20 durstige Leute.

Aus der Mitte dieses Schneethals, das von dem äußersten Gipfel des Montblanc gegen Mittag, von desselben hohen Absäzzen gegen Morgen und vom Dome du Goute gegen Abend eingeschlossen ist, sieht man fast nichts als Schnee; er ist rein, von einer blendenden Weiße und sticht auf den obern Gipfel von dem in diesen hohen Gegenden fast schwarzen Himmel gar sonderlich ab. Man sieht hier kein lebendes Wesen, keine Spur von Gewächsen, hier ist die Wohnung des Erstarrens und der Stille. Als ich mir den Doktor Paccard und Jakob Balmat vorstellte, wie sie zuerst gegen Ende des Tages in diese Wüste kommen, kein Dach, keine Hilfe, nicht einmal Gewißheit haben, ob an den Örtern, wo sie hindenken, Menschen leben können, und doch unerschrokken auf ihrer Bahn fortwandern – da bewunderte ich die Stärke ihres Geistes und ihren Muth.

Meine Führer, noch immer von Furcht vor der Kälte eingenommen, verstopften alle Fugen des Gezeltes so genau, daß ich von der Hitze und der von unserm Athem verdorbenen Luft sehr viel litt. Ich war in der Nacht genöthigt hinauszugehen und frische Luft zu schöpfen. Der Mond schien an einem Himmel, der schwarz wie Ebenholz war, im größten Glanze; Jupiter stieg ebenfalls im strahlenden Lichte über den höchsten Gipfel von Morgen des Montblanc herauf, und das Licht, das von dem ganzen Schneebekken zurückgeworfen wurde, war so blendend, daß man nur die Sterne der ersten und zweyten Größe unterscheiden konnte. Wir fiengen endlich an einzuschlafen, als wir von dem Getöse einer großen Lawine aufgeweckt wurden, welche einen Theil des Abhanges bedekte, den wir am folgenden Tage zu ersteigen hatten. Bey Anbruch des Tages war das Thermometer drey Grade unter dem Gefrierpunkte.

Wir gingen erst spät ab, weil wir noch Schnee zum Frühstück und auf die Reise schmelzen mußten; er war immer, so wie geschmolzen, auch getrunken: und eben die Leute, die den Wein, den ich hatte herauftragen lassen, so heilig bewahrten, stohlen mir beständig das Wasser weg, das ich für mich behalten wollte.

Wir fingen an zum dritten und lezten Schneethale hinauf zu steigen und schlugen uns hernach zur Linken, um auf den höchsten Fels an der Morgenseite des Gipfels zu kommen. Er ist außerordentlich steil, an einigen Stellen von 39 Grad; allenthalben stößt er an Abgründe, und die Oberfläche des Schnees war so hart, daß die Vorangehenden keinen sichern Tritt hatten, ohne erst mit der Axt einzuhauen. Wir brauchten zwey Stunden, eine Höhe von ungefähr 250 Klaftern hinan zu klimmen. Als wir auf dem lezten Felsen waren, schlugen wir uns wieder rechts nach Westen, um den letzten Abhang zu erklettern, dessen senkrechte Höhe beynahe 150 Klafter ist. Dieser Abhang hat nur eine Neigung von 28 bis 29 Graden und ist gar nicht gefährlich; aber die Luft daselbst ist so dünne, daß die Kräfte den Augenblik erschöpft sind: am Gipfel konnte ich kaum 15 oder 16 Schritte thun, ohne nach Luft zu schnappen; ich fühlte sogar von Zeit zu Zeit eine angehende Ohnmacht, die mich zwang, mich zu sezzen. So wie ich indeß wieder zum Athem kam, stellten sich die Kräfte wieder ein; und wenn ich mich auf die Beine machte, glaubte ich in einem fort bis oben auf den Berg gehen zu können. Alle meine Begleiter befanden sich, nach Verhältniß ihrer Kräfte, in eben dem Zustande. Wir brauchten zwey Stunden von dem lezten Felsen bis zum Gipfel zu gelangen, und es war 11 Uhr, als wir hinauf kamen.

Mein erster Blick war nach Chamouni, wo ich wußte, daß meine Frau und ihre beyden Schwestern, die Augen unverwandt durchs Fernrohr gerichtet, alle meine Schritte mit einer vielleicht zu großen, aber darum nicht minder heftigen Unruhe verfolgten: ich fühlte eine sanfte und trostvolle Bewegung, als ich die Fahne wehen sah, welche sie mir in dem Augenblikke aufzustekken versprochen hatten, wenn sie mich auf dem Gipfel sähen, und ihre Besorgnisse wenigstens unterbrochen wären.

Ich konnte also ohne Kummer das große Schauspiel genießen, das ich vor Augen hatte. Ein leichter Dunst, der in den niedern Gegenden der Luft schwebte, raubte mir zwar den Anblik der niedrigsten und entferntesten Gegenstände, als die Ebenen von Frankreich und der Lombardie; ich bedauerte aber diesen Verlust nicht sehr; was ich gesehen hatte und mit der größten Klarheit sah, war das Ganze aller dieser hohen Gipfel, wovon ich den Bau schon so lange zu kennen wünschte. Ich glaubte meinen Augen nicht, hielt es für einen Traum, als ich die majestätischen Gipfel, die fürchterlichen Hörner, den Midi, die Argentiere, den Geant, zu deren Fuß der Zugang mir ehemals so mühsam und gefährlich gewesen war, izt unter meinen Füßen sah. Ihre Lagen gegen einander, ihre Verbindungen, ihr Bau, waren mir izt deutlich, und ein einziger Blik hebte Zweifel, welche Jahre von Arbeiten nicht hatten aufklären können.

Indeß schlugen meine Führer mein Zelt auf und stellten den kleinen Tisch zurecht, auf welchem ich den Versuch mit dem aufsiedenden Wasser machen wollte. Aber wenn ich mich daran machen sollte, meine Werkzeuge anzuordnen und zu beobachten, ward ich jeden Augenblik gezwungen, meine Arbeit zu unterbrechen und daran zu denken, wie ich zu Athem kommen wollte. Wenn man überlegt, daß das Barometer nur auf 16 Zoll 1 Linie stand und daß also die Luft nur die Hälfte ihrer gewöhnlichen Dichtigkeit hatte, so wird man leicht begreifen, daß man dem Mangel ihrer Dichtigkeit durch ein desto öfteres Einziehen abhelfen mußte. Diese aber beschleunigte den Umlauf des Geblütes um desto mehr, da die Pulsadern keinen so starken äußern Gegendruk als gewöhnlich hatten. Auch hatten wir alle das Fieber.

Wenn ich mich gänzlich ruhig hielt, so fühlte ich nichts als eine kleine Unpäßlichkeit, eine leichte Neigung zum Erbrechen. Wenn ich mir aber bey etwas Mühe gab oder meine Aufmerksamkeit einige Augenblikke hinter einander anstrengte und besonders wenn ich im Bükken die Brust zusammendrükte, so mußte ich mich sezzen und zwey bis drey Minuten nach Luft schnappen. Meine Führer hatten ähnliche Empfindungen. Die Lust zum Essen war ihnen vergangen; zwar dienten auch unsre Lebensmittel, die alle unterwegs gefroren waren, eben nicht dazu, sie zu erwekken; allein sie bekümmerten sich auch nicht einmal um Wein und gebrannte Wasser. Sie hatten wirklich gefunden, daß die starken Getränke die Unpäßlichkeit vermehrten, wahrscheinlich, weil sie den schnellen Umlauf des Geblütes noch beschleunigen. Bloß frisches Wasser that gut und war uns angenehm; aber es kostete Zeit und Mühe, Feuer anzumachen, und sonst war keines zu haben.

Ich blieb indeß bis 3 ½ Uhr auf dem Gipfel, und ob ich gleich keinen Augenblick verlor, so konnte ich doch in den 4 ½ Stunden nicht alle die Versuche machen, die ich oft am Ufer der See in weniger als 3 Stunden vollendet habe. Ich machte indeß die wesentlichsten mit aller Sorgfalt.

Hinunter gieng es viel leichter, als ich gehofft hatte. Da die Bewegung, die man im Herabsteigen macht, das Zwergfell nicht zusammen drükt, so hindert sie das Athemholen nicht, und man ist nicht genöthigt, frische Luft zu schöpfen. Das Absteigen vom Felsen zum ersten Schneethal war indeß wegen der großen Abschüssigkeit sehr mühsam, und die Sonne schien so hell in die Abgründe, die wir zu unsern Füßen hatten, daß man einen sehr starken Kopf haben mußte, um nicht zu erschrekken. Ich schlief wieder, wie die vorige

Nacht, im Schnee, aber 200 Klafter niedriger. Hier wurde ich vollkommen überzeugt, daß es die Dünnigkeit der Luft war, die uns auf dem Gipfel zur Last fiel; denn wäre es die Abmattung gewesen, so würden wir uns, nach dem langen und mühsamen Heruntersteigen, weit kränker befunden haben: wir hatten dagegen des Abends recht gute Lust zum Essen, und ich machte meine Beobachtungen ohne die geringste Empfindung einer Unpäßlichkeit. Ich glaube sogar, daß jeder Mensch eine ihm ganz angemessene Höhe hat, wo sich das Übelbefinden bey ihm anfängt. Ich befinde mich 1900 Klafter hoch über dem Meere ganz gut; wenn ich aber höher komme, fängt mir an nicht wohl zu werden.

Am folgenden Tage fanden wir den Gletscher von La Cote durch die Hizze dieser heyden Tage verändert. Wir waren genöthigt, an einem Abschusse von Schnee herunter zu steigen, dessen Neigung ungefähr 50 Grad war, der sich während unserer Reise geöffnet hatte. Endlich langen wir um 9½ Uhr an dem Berge La Cote an, sehr vergnügt, uns wieder auf festem Boden zu finden, wo wir nicht mehr befürchten durften, daß unsre Füße einsänken.

Ich fand den Herrn Bourrit daselbst, der einige von unsern Führern bereden wollte, von der Stelle mit ihm umzukehren; sie waren aber zu sehr ermüdet und wollten erst zu Chamouni ausruhen. Wir stiegen also vergnügt mit einander zur Priorey hinunter, wo wir zum Mittagsmahl ankamen. Es war mir eine große Beruhigung, alle gesund und wohl, mit ihren Augen und Gesicht in dem besten Zustande, zurükgeführt zu haben. Die schwarzen Flöre, mit denen ich mich versehen hatte und in denen unsre Gesichter ganz eingehüllt waren, hatten uns vollkommen erhalten; statt daß unsre Vorgänger fast blind und mit einem verbrannten und von der Zurükprellung des Schnees bis aufs Blut aufgesprungenen Gesichte zurük gekommen waren.

Das Meer habe ich von der Höhe des Montblanc nicht gesehen; da mich aber viele Leute gefragt haben, ob ich es gesehen hätte, so wurde ich neugierig darauf zu untersuchen, ob es möglich ist. Da der Montblanc die Höhe von 2450 Klafter hat, so muß sein Gipfel, ohne sich auf die Stralenbrechung einzulassen, in einer Ferne von 126600 Klaftern oder von 63 kleinen französischen Meilen sichtbar seyn. Die Stralenbrechung vergrößert diese Entfernung auf ungefähr 5 Meilen und bringt sie also auf 68 Meilen. Das Ufer des Genuesischen Meerbusens aber ist da, wo sich das Meer dem Montblanc am meisten nähert, nur 112000 Klafter von ihm entfernt. Man müßte also nicht allein das Ufer des Meeres sehen können, sondern noch bis auf zwölf Meilen weiter, wenn zwischen dem Montblanc und dem Meere nichts als Ebene wäre und wenn, welches gar nicht wahrscheinlich ist, das Auge noch auf einer Weite von 56 Meilen Wasser und Land von einander unterscheiden könnte. Da aber der Meerbusen ringsum mit Gebirgen besetzt ist, so glaub' ich, behaupten zu können, daß es unmöglich ist, von daher das Meer zu entdekken. Die Berge aber, die daran stoßen, kann man gewiß sehen: denn ich habe auf der Höhe des Berges Caume, der zwey Meilen nördlich von Toulon liegt, den Montblanc zu erkennen geglaubt. Es ist aber dieser Berg, nach meiner Beobachtung mit dem Barometer, wenigstens 400 Klafter über der Meeresfläche erhoben.

GOTTFRIED KELLER

Via mala!

Wie einst die Tochter Pharaos
Im grünen Schilf des Niles ging,
Des Auge hell, verwundrungsgroß
An ihren dunkeln Augen hing;
Wie sie ihr Haupt, das goldumreifte,
Sehnsüchtig leicht flutüber bog,
Um ihren Fuß das Wasser schweifte
Und silberne Ringe zog:

So seh' ich dich, du träumrisch Kind,
Am abendlichen Rheine stehn,
Wo seine schönsten Borde sind
Und seine grünsten Wellen gehn.
Schwarz sind dein Aug' und deine Haare
Und deine Magd, die Sonne, flicht
Darüber eine wunderbare
Krone von Abendlicht.

Ich aber wandle im Gestein
Und wolkenhoch auf schmalem Steg,
Im Abgrund schäumt der weiße Rhein
Und via mala heißt mein Weg!
Dir gilt das Tosen in den Klüften,
Nach dir schreit dieses Tannenwehn,
Bis hoch aus kalten Eiseslüften
Die Wasser jenseits niedergehn!

FRIEDRICH NIETZSCHE

Sils Maria

Ich sah hinunter, über Hügelwellen, gegen einen milchgrünen See hin, durch Tannen und altersernste Fichten hindurch: Felsbrocken aller Art um mich, der Boden bunt von Blumen und Gräsern. Eine Herde bewegte, streckte und dehnte sich vor mir; einzelne Kühe und Gruppen ferner, im schärfsten Abendlichte, neben dem Nadelgehölz; andere näher, dunkler; alles in Ruhe und Abendsättigung. Die Uhr zeigte gegen halb sechs. Der Stier der Herde war in den weißen, schäumenden Bach getreten und ging, langsam widerstrebend und nachgebend, seinem stürzenden Laufe nach: so hatte er wohl seine Art von grimmigem Behagen. Zwei dunkelbraune Geschöpfe, Bergamasker Herkunft, waren die Hirten, das Mädchen fast als Knabe gekleidet. Links Felsenhänge und Schneefelder über breiten Waldgürteln, rechts zwei ungeheure, beeiste Zacken, hoch über mir, im Schleier des Sonnenduftes schwimmend – alles groß, still und hell. Die gesamte Schönheit wirkte zum Schaudern und zur stummen Anbetung des Augenblicks ihrer Offenbarung; unwillkürlich, als ob es nichts Natürlicheres gäbe, stellte man sich in diese reine, scharfe Lichtwelt – die gar nichts Sehnendes, Unzufriedenes, Erwartendes, Vor- und Zurückblickendes hatte – griechische Heroen hinein; man mußte wie Poussin empfinden: heroisch zugleich und idyllisch.

VIKTOR VON SCHEFFEL

Samaden

Wer im Engadin recht heimisch werden will, dem raten wir, sein Hauptquartier in der Krone zu Samaden aufzuschlagen. Stattlich ragt dies alte, ehemals Salis'sche Herrenhaus mit seinen sauber geweißten Steinmauern und tiefen, eisenverkremsten Fenstern am Eingang des großen Dorfes hervor, und im wohlerhaltenen altertümlichen Gastzimmer weht noch ein spezifisch engadinischer Geist den Fremden an. Seit den Tagen des Herrn von Salis, der vor just zweihundert Jahren sich allhier einrichtete, ist nichts verändert. Die schweren eisernen Beschläge an der Tür; das unförmliche, aber in vielfachen Verschränkungen kunstreich vom lombardischen Meister gefügte Türschloß; die von schwarzbraunem Nußbaumholz getäfelten Wände; die mit kunstreichem Schnitzwerk verzierte Decke des Gemachs, an der unter doppelter Helmzier die Salis'sche Weide und ein gekreuzter Pfeil als Wappen des Hausherrn und seines Ehegemahls noch wohl erhalten sind; der schwere säulen- und arabeskenreiche Wandschrank, in welchem die alten Bibelfolianten und engadinischen Psalmen und Gebetbücher als herkömmliche Hausbibliothek nicht fehlen dürfen – alles gemahnt hier, daß in die stillen Alpentäler wechselnder Drang leichtfertiger Mode nicht eingedrungen ist, und daß, was die Vorväter solid geschaffen, auch Enkeln noch genügt; und über dem gebräunten wappengezierten Ehebett flüstert's wie von alter engadinischer Liebe aus den Tagen, da der ›Großvater die Großmutter nahm‹. In diesem ehrwürdigen Gelaß sollte sich einmal ein sinniges Gemüt einnisten, sich mit Gemsbraten und Murmeltier redlich ernähren, aus altem Pokal den Valtelliner schlürfen und aus den vergilbten Codices Herrn Gulers und Wynegg, des würdigen Graubündner Feldhauptmannes und

Chronikschreibers, und Herrn Ulrich Campells, des gelehrten Pastors von Süs, die verklungenen Geschichten rhätischer Alpen seit König Noah, der ja, nachdem die Sündflutgewässer verlaufen waren, im Engadin noch etliche Zeit residiert haben soll, herausklittern.

MAX FRISCH

Davos

Ein köstlicher Tag, alles voll Sonne, klar und gewiß, und wir stehen kaum hundert Schritte unter dem weißen Gipfelkreuz, das die schwarzen Dohlen umkreisen – plötzlich ein Krach in der blauen Luft oder unter dem glitzernden Schnee, ein kurzer und trockener Ton, fast zart, fast wie der Sprung in einer Vase; einen Augenblick weiß man nicht, ob es aus der Ferne oder aus der nächsten Nähe gekommen ist. Als wir uns umblicken, bemerken wir, wie sich der ganze Hang, er ist steil, bereits in ein wogendes Gleiten verwandelt hat. Alles geht sehr rasch, und zugleich ist es so, als wären Jahrzehnte vergangen seit den Ferien, die wir eben begonnen haben und die keine Erinnerung mehr erreicht; der Gipfel, dessen weißes Kreuz in den wolkenlosen Himmel ragt, scheint ferner als noch vor einem Atemzug. Ringsum ein Bersten, lautlos zuerst, und der Schnee geht uns bereits an die Knie. Allenthalben überschlagen sich die Schollen, und endlich begreife ich, daß auch wir in die Tiefe gleiten, unaufhaltsam und immer rascher, mitten in einem grollenden Rollen. Dabei ist man vollkommen wach. Zum Glück hatten wir unsere Bretter auf den Schultern; ich rufe Constanze, die ich für Augenblicke wiedersehe, rufe ihr, was sie machen soll. Hinter uns kommt immer mehr. Schnee, Wind, Gefühl des Erstickens. Das eigene Entsetzen ist groß und gelassen zugleich, irgendwie vertraut, als wäre es nicht die erste Lawine.

JOHANN WOLFGANG VON GOETHE

Auf dem See

Und frische Nahrung, neues Blut
Saug ich aus freier Welt;
Wie ist Natur so hold und gut,
Die mich am Busen hält!
Die Welle wieget unsern Kahn
Im Rudertakt hinauf,
Und Berge, wolkig, himmelan,
Begegnen unserm Lauf.

Aug, mein Aug, was sinkst du nieder?
Goldne Träume, kommt ihr wieder?
Weg, du Traum! so gold du bist:
Hier auch Lieb und Leben ist.

Auf der Welle blinken
Tausend schwebende Sterne,
Weiche Nebel trinken
Rings die türmende Ferne;
Morgenwind umflügelt
Die beschattete Bucht,
Und im See bespiegelt
Sich die reifende Frucht.

GOTTFRIED KELLER

Der Zürichsee

Zu den schönsten vor allen in der Schweiz gehören diejenigen Städte, welche an einem See und an einem Flusse zugleich liegen, so daß sie wie ein weites Tor am Ende des Sees unmittelbar den Fluß aufnehmen, welcher mitten durch sie hin in das Land hinauszieht... Man kann sich nichts Angenehmeres denken als die Fahrt auf einem dieser Seen, zum Beispiel auf demjenigen von Zürich. Man besteige das Schiff zu Rapperswil, bei dem alten Städtchen unter der Vorhalle des Urgebirges, wo sich Kloster und Burg im Wasser spiegeln, fahre an Huttens Grabinsel vorüber, zwischen den Ufern des länglichen Sees, wo die Enden der reichschimmernden Dörfer in einem zusammenhängenden Kranze sich verschlingen, gegen Zürich hin, bis, nachdem die Landhäuser der Züricher Kaufleute immer zahlreicher wurden, zuletzt die Stadt selbst wie ein Traum aus den blauen Wassern steigt und man sich unvermerkt mit erhöhter Bewegung auf der grünen Limmat unter den Brücken hinwegfahren sieht... voll und schnell fließt der Strom, und indem man unversehens noch einmal zurückschaut, erblickt man im Süden die weite schneereine Alpenkette wie einen Lilienkranz auf einem grünen Teppich liegen. So landet man endlich zu Baden, in einer ganz veränderten Gegend. Wieder liegt ein altes Städtchen mit mannigfachen Türmen und einer mächtigen Burgruine da, doch zwischen grünen Hügeln und Gestein, wie man sie auf den Bildern der altdeutschen Maler sieht.

Denke man sich eine persönliche Schutzgöttin des Landes, so kann die durchmessene Wasserbahn allegorischerweise als ihr kristallener Gürtel gelten, dessen Schlußhacken die beiden alten Städtchen sind und dessen Mittelzier Zürich ist, als größere edle Rosette.

JEREMIAS GOTTHELF

Die Wassernot im Emmental

Es blieb heiß und den vierten August war ein stark Gewitter. Da schien auf einmal der Sommer zu schwinden, der Herbst einzukehren; und auf wunderbare Weise teilten sie den Tag unter sich. Der Morgen war herbstlich, man glaubte der Kühe Läuten, der Hunde Jagdgebell hören zu müssen, dann ward der Abend wieder sömmerlich, und von des Donners Stimme hallten alle Berge wider. Ganze Nebelheere hatten der Schweiz sich zugezogen, waren über die Berge gestiegen, hatten in die Täler sich gestürzt und lagerten sich grau und wüst über den Talgründen und an den Talwänden. Von allen Seiten waren sie hergekommen, als ob alle Mächte der ehemaligen sogenannten heiligen Allianz, die rings uns umgürten, vereint in ihren Ländern alle Dünste und alles die Luft Trübende zusammengeblasen und fortgeblasen hätten über ihre Grenzen weg über unsere Berge herein, daß es sich da ablagere und niederschlage zu Graus und Schrecken der armen arglosen Schweizer. Wirklich berichten Astronomen, daß in Deutschland, und besonders im Norden desselben, wo die pfiffigen Preußen wohnen, die witzigen Berliner, die unsern Herrgott morgens und abends mitleidig bedauern, weil er nicht Witze zu machen verstehe wie sie, die Atmosphäre nie so lauter und durchsichtig gewesen sei als in jenen Tagen des Augusts, wo am Morgen Nebelmassen, am Abend Wolkenmassen schwarz und schwer den Schweizern, mit denen jeder unverschämte Belli sein Bubenwerk treiben zu können meint, über die Köpfe hingen, den Gesichtskreis trübend, das Atmen erschwerend. Diese Massen waren nicht arglose Wölkchen, die auf sanfter Winde leichten Fittichen reisen von Land zu Land und rosenrot in der Abendröte Schein lächeln übers Land herein; diese Massen bargen Verderben in ihrem Schoße und entluden sich unter Blitz und Donner gewaltig und zerstörend... Bäume brachen, Häuser krachten, Türme wankten, bleich verstummte das Menschenkind und barg seinen Schrecken in des Hauses sichersten Winkel. Und als die zornigen Wolken den Herrlein und den Fräulein gezeigt hatten, wer Meister sei im Lande, wälzten sie sich, jeden Tag von neuen Dünsten schwerer, durch neue Nebelmassen gewaltiger, noch weiter das Land hinauf. Aber zu reich gesättigt, vermochten sie sich nicht zu schwingen über der hohen Berge hohe Firnen, dem trocknen Italien und dem weiten Meere zu. Schon an den Voralpen blieben sie hängen, tobend und wild, und sprühten mit gewaltigen Wassergüssen um sich. Die Truber, die Schangauer, Marbacher, Escholzmatter wurden tüchtig eingeweicht, die Röthenbacher glaubten argen Schreck erlebt zu haben. Menschenleben gingen verloren, Land wurde verwüstet. Die zwei wilden Schwestern, von ungleichen Müttern geboren, die zornmütige Emme und die freche Ilfis stürzten in rasender Umarmung brüllend und aufbegehrend das Land hinab, entsetzten die Zollhausbrücke, und überall ward ihnen zu enge im weiten Bette. Bebend stand der Mensch am allgewaltigen Strome. Er fühlte die Grenzen seiner Macht, fühlte, daß nicht er es sei, der die Wassermassen brausen lasse über die Erde, und sie wieder zügle mit kühner mächtiger Hand. So wild und aufgebracht hatte man die Emme lange nie gesehen. Unzählbare Tannen und viel ander Holz schwamm auf ihrem grauen Rücken und erschütterte die Brücken; aber diesmal ward ihrer Gewalt ein baldig Ziel gesetzt, und der grauende Morgen fand sie bereits ohnmächtig geworden.

Am Morgen des 13. August erhob sich die Sonne bleich über ihrem lieben Ländchen. Der Mensch glaubte, der Schreck von gestern, als sie so schnell von dem wilden Heere überzogen ward, weile noch auf ihren blassen Wangen. Der arme Mensch dachte nicht, daß das Grauen vor dem auf der lieben Sonne Antlitz war, dessen Zeugin sie sein sollte an selbigem

Tage. Es war der Tag des Herrn, und von Tal zu Tal klangen feierlich die Glocken, sie klangen über alle Eggen, in alle Gräben hinein und stiegen dann in immer weicheren Klängen zum Himmel auf. Und von allen Eggen und aus allen Gräben strömte die andächtige Menge dem Hause des Herrn zu. Dort stimmte in feierlichen Klängen die Orgel feierlich der Menschen Seelen, es redete tief aus dem Herzen herauf der Pfarrer tief in die Herzen hinein; und aus manchem Herzen stiegen gen Himmel Wölkchen christlichen Weihrauchs – das Sehnen, daß der Herr einziehen möge in sein himmlisches Jerusalem – in des frommen Beters geheiligtes Herz. Vom hohen Himmel herab hörte das wüste Wolkenheer das feierliche Klingen, das sehnsüchtige Beten. Es ward ihm weh im frommen Lande. Es wollte dem Lande wieder zu, wo wohl die Glocken feierlich läuten, wo wohl viel die Menschen beten, wo aber in den Herzen wenig Sehnen nach dem Himmel ist, sondern das Sehnen nach Liebesgenuß und des Leibes Behagen. Und auf des Windes Flügeln durch Windessausen wurde allen Nebelscharen und allen Wolkenheeren entboten, sich zu erheben aus den Tälern, sich loszureißen von allen Höhen der Hohnegg zu, um dort zu grauenvoller Masse geballt durchzubrechen in das Thuner Tal und von diesem lüsternen Städtchen weg einen leichten Weg zu finden aus dem frömmern Land ins sinnlichere Land. Sie gehorchten dem Ruf. Schar um Schar, Heer um Heer wälzte dem Sammelplatz sich zu. Von Minute zu Minute wurde dichter und grauenvoller der ungeheure dunkle Wolkenknäuel, der an die Wände der Hohnegg sich legte und deren Gipfel zu beugen suchte zu leichterem Durchgang für die schwer beladene Wolkenmasse. Aber der alte Bernerberg wankte nicht, beugte sich nicht, wie ungeheuer der Andrang auch war, wie klug ein kleines Beugen auch scheinen mochte. Als die Wolkenheere, in tausend Stimmen heulend, tausendmal fürchterlicher als tausend Hunnenheere heranstürmten, lag schweigend der Berg da in trotziger Majestät und sperrte kühn den Weg nach alter Schweizerweise, die den Feind hineinließ ins Land, aber nicht wieder hinaus. Da hob höher und höher der Knäuel sich, aber durch die eigene Schwere immer wieder niedergedrückt, ergrimmte er zu fürchterlicher Wut und schleuderte aus seinem feurigen Schoße zwanzig züngelnde Blitzesstrahlen auf des Berges Gipfel nieder, und mit des gewaltigsten Donners Getöse versuchte er zu erschüttern des Berges Grund und Seiten.

Aber der alte Bernerberg wankte nicht, umtoset von den grimmigsten Wettern, beugte sein kühnes Haupt nicht vor den zornerglühten Blitzesstrahlen. Unten im Tale stund lautlos die bleiche Menge rings um die Häuser, im Hause hatte niemand Ruhe mehr; vor dem Hause stund neben dem blassen Mann das bebende Weib, und schauten hinauf in den gräßlichen Wolkenkampf an des Berges Firne. Schwarz und immer schwärzer wie ein ungeheures Leichentuch, mit feurigen Blitzen durchwirkt, senkte sich das Wolkenheer über die dunkel werdende Erde, und auch durch das Tal hinab fing es an zu blitzen und zu donnern. Ein langer Wolkenschweif, die Nachhut des großen Heeres, dehnte sich das lange Tal hinab, und am trotzigen Berge zurückgeprallte Wolkenmassen eilten blitzend und donnernd, geschlagenen Heeressäulen gleich, über die Häupter der Zitternden. Schwer seufzte der Mann aus tiefer Brust; ein »das walt Gott« nach dem andern betete in dem bebenden Herzen das bebende Weib. Da zerriß im wütenden Kampfe der ungeheure Wolkenschoß, losgelassen wurden die Wassermassen in ihren luftigen Kammern, Wassermeere stürzten über die trotzigen Berge her; was dem Feuer nicht gelang, sollte nun im grimmen Verein mit den Wassern versucht werden. Es brüllte in hundertfachem Widerhall der Donner, tausend Lawinen donnerten aus den zerrissenen Seiten der Berge nieder ins Tal; aber wie kleiner Kinder Gewimmer verhallt in der mächtigen Stimme des Mannes, so kam plötzlich aus den Klüften der Hohnegg und der Schyneggschwand über der Donner und der Lawinen Schall eine andere Stimme wie Trompetergeschmetter über Flötengelispel. Waren es Seufzer versinkender Berge? War es das Ächzen zusammengedrückter Täler? Oder war es des Herrn selbsteigene Stimme, die dem Donner und den Lawinen gebot? Lautlos, bleich, versteinert stund die Menge, sie kannte den Mund nicht, der so donnernd wie tausend Donner sprach durchs Tal hinab.

Aber in einsamer Bergeshütte sank auf die Knie ein uralter weißbärtiger Greis und hob die sonst so kräftigen Hände zitternd und betend zum Himmel auf: »Herrgott, erbarme dich unser!« betete er. »Die Emmenschlange ist losgebrochen, gebrochen durch die steinernen Wände, wohin du sie gebannt tief in der Berge Schoß seit Anno 64. Sie stürzt riesenhaft durch den Röthenbach ihrer alten Emme zu, vom grünen Zwerglein geleitet. Ach, Herrgott, erbarme dich unser!« Er allein da oben hatte die Sage von der Emmenschlange noch nicht vergessen, wie nämlich der zu besonderer Größe anschwellenden Emme eine ungeheure Schlange voran sich winde, auf ihrer Stirne ein grün Zwerglein tragend, welches mit mächtigem Tannenbaum ihren Lauf regiere; wie Schlange und Zwerglein nur von Unschuldigen gesehen würden, von dem sündigen erwachsenen Geschlecht aber nichts als Fluß und Tannenbaum. Diese Schlange soll von Gott gefangen gehalten werden in mächtiger Berge tiefem Bauche, bis in ungeheuren Ungewittern gespaltene Bergwände ihren Kerker öffnen; dann bricht sie los, jauchzend wie eine ganze Hölle, und bahnt den Wassern den Weg durch die Täler nieder. Es war die Emmenschlange, deren Stimme den Donner überwand und der Lawinen Tosen. Grau und grausig aufgeschwollen durch hundert abgeleckte Bergwände stürzte sie aus den Bergesklüften unter dem schwarzen Leichtuche hervor, und in grimmigem Spiele tanzten auf ihrer Stirne hundertjährige Tannenbäume und hundertzentnerige Felsenstücke, moosicht und ergraut. In den freundlichen Boden, wo die Oberei liegt, stürzte sie sich grausenvoll, Wälder mit sich tragend, Matten verschlingend, und suchte sich da ihre ersten Opfer. Bei der dortigen Sägemühle spielte auf hohem Trämelhaufen ein liebliches Mädchen, als die Wasser einbrachen hinter dem Schallenberg hervor. Um Hülfe rief es den Vater; auf der Säge sich zu sichern rief ihm derselbe zu vom gegenüberstehenden Hause. Es gehorchte dem Vater, da wurde rasch die Säge entwurzelt und fortgespült wie ein klein Drucklein. Das arme Mädchen hob zum Vater die Hände auf, aber der arme Vater konnte nicht helfen, konnte es nur versinken sehen ins wilde Flutengrab. Aber als ob die Sägeträmel dem Kinde hätten treu bleiben wollen, faßten sie es in ihre Mitte, wölbten ihm ein Totenkämmerlein und türmten sich unterhalb Röthenbach zu einem gewaltigen Grabmale über ihm auf. Sie wollten nicht, daß die Schlange es entführe dem heimischen Boden, sie hüteten es in ihren treuen Armen, bis nach Wochen die Eltern es fanden und es bringen konnten an den Ort der Ruhe, wo sein arm zerschellt Leibchen ein kühles Plätzchen fand, gesichert vor den bösen Fliegen, die es im Tode nicht ruhig ließen, aber auch sein Kämmerlein den Suchenden verrieten.

Einen armen Köhler jagten die Wasser in seine Hütte, zertrümmerten ihm diese Hütte und wollten ihn weiß waschen, den schwarzen armen Mann, bis er weiß zum Tode geworden wäre; aber auf einen Trämel, der ihm durch die Hütte fuhr, setzte er sich und ritt nun ein halsbrechend Rennen mit tausend Tannen, bis er Boden unter seinen Füssen fühlte und an dem Berge hinauf sich retten konnte. Der arme Mann weiß nichts mehr zu sagen von seiner Todesangst und Todesnot, aber daß der Bach ihm seine Effekten weggenommen, aufs wenigste einundachtzig Batzen wert und darunter zwei Paar Schuhe, von denen die einen ganz neue Absätze gehabt, das vergißt er nicht zu erzählen und wird es auch im Tode nicht vergessen... Mitten zwischen Röthenbach und Eggiwyl stunden zwei Häuser mitten im Tale, nicht weit von des Baches flacher gewordenen Ufern, »im Tennli« nannte man die beiden Häuschen, von denen das eine ein Schulhaus war, das andere ein Krämer bewohnte mit Weib und Kindern, von denen zwei die Gabe der Sprache entbehrten. Die Wasser hatten des Krämers Haus umringt, ehe er fliehen konnte mit seinen Kindern, seiner Kuh; durch die Fenster der untern Stube schlugen gewaltige Tannenbäume, er flüchtete sich mit den Seinen in die Kammern hinauf. Aber nun erst sahen sie recht die Größe ihrer Not, die Wut der Flut, die unaussprechliche Gewalt, mit welcher die größten Bäume wie Wurfgeschütze hoch aufgeschleudert wurden und ihrem Häuschen zu, wie sie an den Fenstern vorbeifuhren und sogar das Dach über den obern Fenstern beschädigten. Sie sahen das oberhalb leerstehende Schulhaus aufrecht daher schwimmen und an der westlichen Ecke des Daches sich feststellen; es schien ein Schirm, von Gott gesandt, Holz stauchte davor sich auf, ein immer sicherer werdendes Bollwerk. Da betäubte die Hoffenden ein fürchterliches Krachen, eine Woge hatte das Schulhaus fortgerissen, mit ihm das schützende Holz. Aufs neue donnerten die Tannen, Sturmböcken gleich, an das schutzlose Häuschen; aufs neue gruben die Wellen dem Häuschen das Grab; es senkte sich mehr und mehr, und mit lebendigen Augen mußten die Armen immer näher schauen ins grause Grab hinab, das ihnen die wütenden Fluten tiefer und immer tiefer gruben. Sie ertrugen den Anblick nicht, er war fürchterlicher, als ein sterbliches Herz ertragen mochte. In der obern Ecke der Kammer knieten sie nieder, die Eltern die Kinder umschlingend, die Eltern von den Kindern umschlungen; dort weinten sie und beteten und bebten, und kalter Schweiß bedeckte die Betenden. Und die Kinder jammerten den Eltern um Hülfe, und die Stummen liebkosten und drängten sich an die elterlichen Herzen, als ob sie in denselben sich bergen möchten, und die Eltern hatten keinen Trost den armen Kindern als Beten und Weinen, und daß sie alle miteinander untergehen, in der gleichen Welle begraben werden möchten. Über drei fürchterliche Stunden harrten sie aus, betend und weinend, litten jede Minute die Todespein, litten hundertachtzig Male die Schrecken des Todes, und die Herzen schmolzen nicht, ihre Augen brachen nicht in dieser gräßlichen Not! Der Herr hörte das Beten. Das entsetzte, untergrabene und halbeingefallene Häuschen blieb stehen, und die armen Kinder mußten nicht trinken aus den trüben Wassern. Der Mann mit seinen Kindern wird sein Lebtag an seinen Herrn im Himmel denken, den mächtigen Retter in so großer Not, sonst verdiente er, daß der Herr auch seiner nicht mehr gedächte in einer andern Not.

JOHANNES VON MÜLLER

Die Befreiung der Waldstette

In der ersten Stunde des Jahres dreizehnhundert und acht wurde ein Jüngling zu Unterwalden, aus der Zahl deren, welche die Befreiung der Waldstette verschworen, von einer Magd auf der Burg Roßberg an einem Seil in ihre Kammer hinauf gezogen: sein warteten im Graben der Burg zwanzig Freunde des Landes, die er mit eben diesem Seil die Mauer hinauf zog. Die Jünglinge nahmen den Burgamtmann, sein Gesinde und vier Knechte gefangen, bemeisterten sich des Tors und waren still. Früh am Tag, als zu Sarnen Vogt Landenberg von der Burg herab in die Messe ging, begegneten ihm zwanzig Männer von Unterwalden mit Kälbern, Ziegen, Lämmern, Hühnern und Hasen, zum Neujahrsgeschenk, nach uralter Sitte im Gebirg und in den benachbarten Ländern. Der Vogt, ihrer Gabe vergnügt, ließ die Männer in die Burg bringen. Als die zwanzig in dem Tor waren, stieß einer derselben in das Horn; auf dieses Zeichen langte jeder aus dem Busen ein Eisen und steckte es an seinen gespitzten

Stock, und aus dem Erlenholz rannten dreißig ihrer Gesellen durch das Wasser auf die Burg und nahmen mit ihnen die Einwohner gefangen. Da gaben sie das Wahrzeichen, worauf das ganze Land Unterwalden ob und unter dem Kernwald in allgemeiner Bewegung für die Erhaltung der Freiheit aus allen Dorfschaften zusammenkam, von Alpe zu Alpe ergingen die verabredeten Zeichen. Da wurde von den Männern zu Uri der Twinghof eingenommen; der Stauffacher zog mit allem Volk von Schwyz an den Lowerzersee; daselbst brachten sie die Burg Schwanau alsbald in ihre Gewalt; auf dem Waldstettensee begegneten sich die eilenden Boten mit froher Nachricht. An diesem Tag, da in Melchthal der blinde Vater sich des Lebens wieder freute und in Alzellen das Weib des heimkommenden Mannes froh ward, als Walther Fürst seinen Tochtermann öffentlich ehrte und in Steinen Stauffachers Frau allen, welche mit ihm in dem Rütli und bei Lowerz waren, gastfrei das Haus öffnete, im ersten Augenblick des Gefühls der wiedererlangten Freiheit, als die Burgen gebrochen wurden, wurde kein Tropfen Blut vergossen und keinem Herrn ein Recht genommen. Als Landenberg, da er aus der Kirche durch die Wiesen von Sarnen gegen Alpnach floh, ereilt wurde, mußte er, wie andere von den Burgen, Urfehde schwören, daß er nicht wieder in die schweizerischen Waldstette kommen wolle. Er zog zu dem König; die Schweizer an dem folgenden Sonntag (den siebenten Jänner) kamen zusammen und schwuren den uralten ewigen Bund.
Alle andere Schweizer übertraf der Herr von Attinghausen durch die Würde eines wohlerhaltenen Adels, des Alters, der Erfahrung in Geschäften, großen wohlhergebrachten Gutes und ungefälschter Liebe zu dem Land. Bei einem solchen Volk werden viele Geschlechter durch die alten Sitten lang und in der Verwaltung des gemeinen Wesens fortgepflanzt; so die Nachkommen Rudolf Redings von Biberek welcher damals lebte, die bis auf diesen Tag zu Schwyz den väterlichen Ruhm erhalten; die Beroldingen auf ihrem uralten Stammsitz,

damals voll schweizerischen Freiheitssinns und noch der Voreltern würdig; die Zay; die Iberg; die Winkelried, im Geist jenes Ritters, ihres Ahnen, der den Lindwurm erschlug, der Freiheit Opfer, alten Biedersinns Muster. Zu Schwyz war Werner Stauffacher angesehen, weil Rudolf sein Vater ein ehrwürdiger Vorsteher des Volks und er selbst ein wohlbegüterter und wohlgesinnter Landmann war. Solchen Männern glaubten die Landleute; sie kannten dieselben, sie hatten ihre Väter gekannt und ihre ungefärbte alte Treu. Das Volk lebt in vielen Dorfschaften, deren Häuser meist, wie bei den alten Teutschen, auf Wiesen, schönen Hügeln und an Quellen einzeln liegen. Es hat gewisse althergebrachte, eingepflanzte Grundsätze; wenn Fremde dawider Einwürfe machen, so werden sie selbst verdächtig und befestigen die Lehren der Väter. Alles Neue ist verhaßt, weil in dem einförmigen Leben der Hirten jeder Tag demselben Tag des vorigen und folgenden Jahres gleich ist. Man spricht nicht viel und bemerkt für immer; sie haben in den einsamen Hütten zum Nachdenken ruhige Muße; die Gedanken teilen sie einander mit, wenn an Festtagen das ganze Volk vom Gebirg bei der Kirche zusammenfliesst. Wer den Landmann betrachtet, findet bis auf diesen Tag ein freiheitstolzes Volk zu Schwyz, ein frommes, altgesittetes im Lande Unterwalden, auch zu Uri ein gar biederes eidgenössisch gesinntes Volk.

Als die Reichsvögte um jeden Fehler in finstern Türmen und außer Landes teure lange Verhaft gaben und alles auf das allerstrengste bestraften, und als die Zölle auf die Einfuhr im benachbarten Erbland erhöht und oft die Ausfuhr verboten wurde, sandten die Landleute an den König, zu eben der Zeit, als auf der Steyermark ein solcher Vogt umgebracht worden. Der König führte damals auch wider seinen Schwager Wenceslaf Krieg um das Kuttenberger Silber und die Erbschaft von Halicz; von denen, die mit Herrmann von Landenberg seine Diener waren, bekamen die Schweizer keinen Trost. Die Geistlichkeit in den Waldstetten, aus Zorn, weil sie steuern mußte, war dem König zugetan. Als der Junker von Wolfenschiess in Unterwalden von der Gesinnung seiner nächsten Verwandten so abwich, daß er auf Roßberg des Königs Burgvogt wurde, fürchteten ehrbare Männer vom Leichtsinn ehrgeiziger Jugend noch mehr Untreu am Land. Alle Schweizer, in ordentlichen Zeiten eines gerechten stillen Gemütes, gewohnt ohne Furcht noch Verdruß oder viele Mühe bei dem Vieh in ruhiger Fröhlichkeit ihre Tage durchzuleben, gewohnt aus alten Zeiten bei den Kaisern Gnade und Ehre zu finden, wurden betrübt.

Bei den Strafen war doch ein Schein strengen Rechts; bei den Zöllen, daß Not oder Geiz den König treibe, selbst in der Ungnade, daß er die Schweizer doch schätze und gern haben möchte: Allein (wie bei verdienstlosen Leuten im Besitz ungewohnten Ansehens gegen die, welche nicht weit unter ihnen sind, der Stolz am gröbsten ist), es war in den Worten und Gebärden der Vögte täglicher Trotz auf ihre Gewalt und eine hochmütige Verachtung des ganzen Volks. Die alten langverehrten Geschlechter nannten sie Bauernadel. Als Gessler durch den Ort Steinen bei Stauffachers Hause, wo die Kapelle nun steht, vorbeiritt und sah, wie es, wo nicht steinern, von wohlgezimmertem Holze nach eines reichen Landsmanns Art mit vielen Fenstern, mit Namen oder Sinnsprüchen bemalt, weitläufig und glänzend, erbauet war, sagte er vor dem Stauffacher: »Kann man leiden, daß das Bauernvolk so schön wohnt!« Als Landenberg einen Mann in dem Melchthal zu Unterwalden um ein paar schöne Ochsen strafte, fügte sein Knecht bei: »Die Bauern können den Pflug wohl selbst ziehen.« Auf der Schwanau, in dem Lowerzer See, im Lande Schwyz, wohnte ein Burgvogt, welcher die Tochter eines Mannes von Art schändete. Es wird bei den Hirten im Schweizergebirg, wo der starke schlanke Wuchs, gesundes Blut und frische Schönheit von der Lebensmanier unterhalten werden, die Liebe bis auf den Ehestand, welcher unverbrüchlich gehalten wird, eben nicht als Fehler betrachtet; aber sie will gesucht und ohne Schimpf gebraucht werden. Der Burgvogt wurde von den Brüdern der Tochter von Art erschlagen. Eines Morgens, da Wolfenschiess hervor aus Engelberg an die Alzellenhöhe kam, an deren lieblichem Abhang viele zerstreute Hütten sind, sah er auf einer blumichten Wiese ein schönes Weib. Als er von ihr die Abwesenheit Konrads vom Baumgarten, ihres Mannes, erfragt, befahl er, daß ihm ein Bad gerüstet würde, und versuchte manches, wodurch ihre schöne Zucht in äußerste Bekümmernis geriet; endlich nahm sie den Vorwand, ihre Kleider abzulegen, und suchte ihren Mann; von diesem wurde Wolfenschiess erschlagen.

Ehe Baumgarten gefunden wurde, und ehe das Zusammenstehen der Männer von Art Gesslern erlaubte, den Totschlag des Burgvogts zu rächen, als Frau Margareth Herlobig, die Stauffacherin, mit Unruhe bedachte, wie dieser gewalttätige Mann ihr Haus beneidet, redete sie mit ihrem Mann (alte Sitten gaben den Hausfrauen männlichen Sinn) und bewog ihn, dem drohenden Unfall zuvorzukommen. Werner Stauffacher fuhr über den See in das Land Uri zu seinem Freunde Walther Fürst von Attinghausen, einem reichen Landmann. Er fand einen jungen Mann von Mut und Verstand bei ihm verborgen; von diesem erzählte Walther seinem Freund »er sei ein Unterwaldner aus dem Melchthal, in welches man von Kerns hereingehe; er heiße Erni an der Halden und sei ihm verwandt; um eine geringe Sache, die Erni getan, habe ihn Landenberg um ein Gespann schöner Ochsen gebüßt; sein Vater Heinrich habe diesen Verlust sehr bejammert; auf dieses habe des Vogts Knecht gesagt, wenn die Bauern Brot essen wollen, so können sie selbst an dem Pflug ziehen; hierüber sei Erni das Blut aufgewallt; er habe mit seinem Stock dem Knecht einen Finger gebrochen; darum verberge er sich hier, indes habe der Vogt seinem alten Vater die Augen ausstechen lassen«. Hierauf klagten sie einander sehr, daß alle Billigkeit mehr und mehr unter die Füße getreten werde, und

Walther bezeugte, auch der hocherfahrne Herr von Attinghausen sage, die Neuerungen werden unerträglich: wohl glaubten sie, daß der Widerstand grausame Rache über die Waldstette bringen könnte, doch kamen sie überein, Tod sei besser als ungerechtes Joch dulden. Über diese Gedanken beschlossen sie, daß jeder seine Vertrauten und Verwandten erforschen soll. Sie bestimmten, um sich ruhig zu sehen, das Rütli, eine Wiese auf einer Höhe in einer einsamen Gegend am Ufer des Waldstettensees, nicht weit von der Grenzmark zwischen Unterwalden und Uri (im See steht hier einsam der Mytenstein); daselbst ratschlagten sie oft bei stiller Nacht über die Befreiung des Volks und gaben einander Nachricht, mit wie viel Fortgang sie zu dieser Tat geworben; dahin kamen Fürst und Melchthal auf einsamen Pfaden, der Stauffacher in seinem Kahn, und aus Unterwalden der Sohn seiner Schwester, Edelknecht von Rudenz. Aus verschiedenen Orten brachten sie Freunde in das Rütli; da vertraute einer dem andern seine Gedanken ohne alle Furcht, je gefahrvoller die Tat, um so viel fester verband sich ihr Herz.

In der Nacht Mittewochs vor Martinstag im Wintermonat brachte Fürst, Melchthal und Stauffacher, jeder zehn rechtschaffene Männer seines Landes, die ihm redlich ihr Gemüt geoffenbaret, an diesen Ort. Als diese drei und dreißig herzhaften Männer, voll Gefühls ihrer angestammten Freiheit und ewigen Bundesverbrüderung, durch die Gefahr der Zeiten zu der innigsten Freundschaft vereiniget, im Rütli beisammen waren, fürchteten sie sich nicht vor König Albrecht und nicht vor der Macht von Östreich. In dieser Nacht gaben sie einander mit bewegten Herzen die Hände darauf, »daß in diesen Sachen keiner von ihnen etwas nach eigenem Gutdünken wagen, keiner den andern verlassen wolle; sie wollen in dieser Freundschaft leben und sterben; jeder soll das unschuldige unterdrückte Volk in seinem Tal nach gemeinem Rat in den uralten Rechten ihrer Freiheit so behaupten, daß ewig alle Schweizer diese Freundschaft Genuß haben sollen; sie wollen den Grafen von Habsburg von allen ihren Gütern, Rechten und eigenen Leuten auch nicht das geringste entfremden; die Vögte, ihr Anhang, ihre Knechte und Söldner sollen keinen Tropfen Blut verlieren, aber die Freiheit, welche sie von ihren Voreltern empfangen, dieselbe wollen sie ihren Enkeln aufbewahren und überliefern«. Als alle dessen fest entschlossen waren, und mit getrostem Angesicht und mit getreuer Hand jeder in Erwägung, daß von ihrem Glück wohl all ihrer Nachkommen Schicksal abhange, seinen Freund ansah und hielt, hoben Walther Fürst, Werner Stauffacher und Arnold an der Halden aus Melchthal ihre Hände auf gen Himmel und schwuren in dem Namen Gottes, der Kaiser und Bauern von gleichem Stamm in allen unveräußerbaren Rechten der Menschheit hervorgebracht hat, also mannhaftig die Freiheit mit einander zu behaupten. Als die dreißig dieses hörten, hob ein jeglicher seine Hand auf und leistete bei Gott und bei den Heiligen diesen Eid. Über die Art, ihren Entschluß zu vollstrecken, waren sie einig; damals ging jeder in seine Hütte, schwieg still und winterte das Vieh.

Indes trug sich zu, daß der Vogt Hermann Gessler totgeschossen wurde durch Wilhelm Tell, einen Urner aus dem Orte Bürglen, der Walther Fürsten Schwiegersohn und einer der Verschwornen war. Der Vogt, aus tyrannischem Argwohn oder auf erhaltene Warnung bevorstehender Unruhen, unternahm zu prüfen, wer seine Herrschaft am ungeduldigsten ertrug, und (wie sinnbildliche Art jenen Zeiten und solchen Völkern gewöhnlich ist) ein Hut sollte die Ehre des Herzogs vorstellen. Die Freunde der Freiheit wollte er dazu bringen, die Hauptzier des Fürsten zu ehren, dem sie nicht gehorchen wollten. Ein Jüngling, Tell, der Freiheit Freund, verschmähete, ihr altes Sinnbild, den Hut in solchem Sinne zu ehren; durch voreilige Äußerung seiner Denkungsart bewog er den Vogt, sich seiner zu versichern. Dieser übte den Mutwillen der Tyrannei; so daß Wilhelm Tell seinem Sohn einen Apfel von dem Haupt schießen mußte. Nach der Tat

übernahm den Mann das Gefühl, daß Gott mit ihm sei, so, daß er bekannte, er würde bei schlimmerem Glück den Sohn gerochen haben. Der Vogt, besorgt wegen seiner Verwandten und Freunde, getraute sich nicht, Wilhelm Tell im Land Uri hiefür gefangen zu halten, sondern führte ihn (mit Verletzung der Freiheit, welche die ausländischen Gefangenschaften verbot) über den Waldstettensee. Da sie nicht weit jenseits der Rütli gekommen, brach aus den Schlünden des Gotthard plötzlich der Föhn mit seiner eigentümlichen Gewalt los: es warf der enge See die Wellen wütend hoch und tief; mächtig rauschte der Abgrund, schaudervoll tönte durch die Felsen sein Hall. In dieser großen Todesnot befahl Gessler voll billiger Furcht, Wilhelm Tellen, einem starken, mächtigen Mann, den er als vortrefflichen Schiffer kannte, die Fesseln abzunehmen. Sie ruderten, in Angst, vorbei die grausen Felsenufer; sie kamen bis an den Axenberg, rechts wenn man aus Uri fährt. An diesem Ort ergriff Tell sein Schießzeug und nahm den Sprung auf einen platten Fels. Er kletterte den Berg hinauf, der Kahn prellte an und von dem Ufer; Tell floh durch das Land Schwyz; auch der Vogt entkam dem Sturm. Als er aber bei Küssnacht gelandet, fiel er durch Tells Pfeil in einer hohlen Gasse hinter einem Gebüsch hervor.
Hermann Gessler nahm diesen Ausgang vor der zu Befreiung des Landes verabredeten Stunde, ohne Teilnehmung des unterdrückten Volkes, durch den gerechten Zorn eines freien Mannes. Diesen wird niemand mißbilligen, als wer nicht bedenkt, wie unerträglich dem feurigen Gemüt eines tapfern Jünglings Trotz, Hohn und Unterdrückung der uralten Freiheit des Vaterlandes, zumal in diesen Zeiten war. Seine Tat war nicht nach den eingeführten Gesetzen, sondern wie die, welche in den alten Geschichten und in den heiligen Büchern an den Befreiern Athens und Roms und an vielen Helden der alten Hebräer darum gerühmt werden, auf daß für Zeiten, wo die uralte Freiheit eines friedsamen Volks überlegener Macht nicht widerstehen könnte, zum Lohn der Unterdrük-

ker solche Männer aufgenährt werden: Gesetzmäßige Regenten sind heilig, daß Unterdrücker nichts zu fürchten haben, ist weder nötig noch gut. Die Tat Wilhelm Tells gab dem gemeinen Mann höhern Mut; aber es war zu besorgen, die Gewalt Landenbergs und aller Burgvögte möchte durch Wachsamkeit befestiget werden. Die Verschwornen schwiegen still. Das dreizehnhundert und siebente Jahr wurde vollendet.

MAX FRISCH

Heimat
(1974)

Da es die Schweizerische Schillerstiftung ist, die uns versammelt, ließe sich über Friedrich Schiller sprechen, der, als schwäbicher Dichter, nicht die historisch-reale Schweiz zu besingen hatte, und also über Wilhelm Tell; es ließe sich darlegen, warum dieser Armbrust-Vater mit Sohn (bei Hodler ohne Sohn, nie aber ohne Armbrust) von Zeit zu Zeit demontiert werden muß: nicht weil er nie existiert hat – das kann man ihm nicht verargen –, sondern weil er lebendig als Gestalt der Sage, die eine skandinavische ist, und so wie Friedrich Schiller ihn mit deutschem Idealismus ausgestattet hat, einem schweizerischen Selbstverständnis heute eher im Weg steht. Ich möchte aber von etwas anderem reden.

Eine Ehrung aus der Heimat (und so sehe ich diesen Anlaß hier und bin bewegt) weckt vor allem die Frage, was eigentlich unter Heimat zu verstehen ist.

Laut Duden:

Heimat, *die (Plural ungebräuchlich): wo jemand zu Hause ist; Land, Landesteil oder Ort, in dem man geboren und aufgewachsen ist oder ständigen Wohnsitz gehabt hat und sich geborgen fühlt oder fühlte.*

Was der Duden sagt, gilt auch für die Mundart: *wird oft angewandt, um eine besonders gefühlsbetonte Stimmung auszudrücken oder zu erwecken.* Seit einiger Zeit allerdings nehmen wir das Wort ungern in den Mund; man beißt auf Anführungszeichen: »Heimatstil«, »Glocken der Heimat« und so weiter, es erinnert an die Maxime: »Wer nicht schweigen kann, schadet der Heimat«, es riecht weniger nach Land oder Stadt, wo man, laut Duden, zu Hause ist, als nach einer heilen Welt und somit nach Geschichtsfälschung als Heimatkunde. Liebe Landsleute: Ich bin in der Heliosstraße geboren... Quartier als Heimat; dazu gehört das erste Schulhaus (es steht noch) sowie eine Metzgerei, wo ich Fliegen fangen darf für meinen Laubfrosch, ferner ein Tunnel der Kanalisation (zwischen Hegibach und Hornbach): hier stehe ich gebückt, ein Knirps, barfuß im stinkigen Abwasser, erschreckt schon durch den Hall der eigenen Stimme, und dann dieser andere Hall, wenn sie, die Bande da oben, die deinen Mut prüft, durch einen Schacht hinunter pfeift in die hohle Stille, diese Schreckensstille zwischen einzelnen Tropfen, in der Ferne das viel zu kleine Loch mit Tageslicht – Angst also auch, Überwindung der Angst um der Zugehörigkeit willen: lieber durch die Scheißwässer waten als im Quartier Außenseiter sein.

Was weiter gehört zur Heimat?

Was der Duden darunter versteht, ist nicht ohne weiteres zu übersetzen. *My Country* erweitert und limitiert Heimat von vornherein auf ein Staatsgebiet, *Homeland* setzt Kolonien voraus, *Motherland* tönt zärtlicher als Vaterland, das mit Vorliebe etwas fordert und weniger beschützt als mit Leib und Leben geschützt werden will, *La Patrie*, das hißt sofort eine Flagge – und ich kann nicht sagen, daß mir beim Anblick eines Schweizerkreuzes sofort und unter allen Umständen heimatlich zumute wird; es kann sogar das Gegenteil eintreten: nie (wenn ich mich richtig erinnere) habe ich so scharfes Heimweh erfahren wie als Wehrmann in der Armee, die sich Unsere Armee nennt.

Wie ist es mit dem Pfannenstiel?

Landschaft als Heimat... Da kenne ich Flurnamen, die nicht angeschrieben sind, oder wenn ich sie nach Jahrzehnten vergessen habe, so erinnere ich mich, sie gekannt zu haben. Heimat hat mit Erinnerung zu tun; nicht mit Erinnerung an ein einmaliges Ereignis – Akrokorinth, wenn die Sonne aufgeht, ist nicht Heimat geworden oder in Mexiko der Monte Alban – Heimat entsteht aus einer Fülle von Erinnerungen, die kaum noch datierbar sind. Fast meint man: diese Landschaft kennt dich (mehr als du es vielleicht willst), diese Kiesgrube, dieser Holzweg... In diesem Sinn, Landschaft als Szenerie gelebter Jahre, wäre allerdings vieles zu nennen, nicht bloß der Pfannenstiel und der Lindenhof und der Greifensee: auch eine Düne an der Nordsee, einige römische Gassen, ein verrotteter Pier am Hudson.

Unsere Mundart gehört zu meiner Heimat.

Viele Wörter, vor allem Wörter, die Dingliches bezeichnen, bietet die Mundart an; oft weiß ich kein hochdeutsches Synonym dafür. Schon das läßt die Umwelt, die dingliche zumindest, vertrauter erscheinen, wo ich sie mundartlich benennen kann. Als Schriftsteller übrigens, angewiesen auf die Schriftsprache, bin ich dankbar für die Mundart; sie hält das Bewußtsein in uns wach, daß Sprache, wenn wir schreiben, immer ein Kunstmaterial ist. Natürlich reden Mundart auch Leute, denen man nicht die Hand gibt oder nur unter gesellschaftlichem Zwang. Wenn wir uns überhaupt nicht kennen, so kann die Mundart, die gemeinsame, sogar befremden; zum Beispiel im Speisewagen eines *TEE* von Paris nach Zürich: der Herr gegenüber, der mit dem Kellner das bessere Französisch spricht, eben noch urban und sympathisch, aber schon verleitet uns diese unsere Mundart: wir reden plötzlich nicht mehr, wie wir denken, sondern wie Schweizer unter Schweizern zu reden haben, um einander zu bestätigen, daß sie Schweizer und unter sich sind.

Was heißt Zugehörigkeit? Es gibt Menschen, die unsere Mundart nicht sprechen und trotzdem zu meiner Heimat gehören, sofern Heimat heißen soll: Hier weiß ich mich zugehörig.

Kann Ideologie eine Heimat sein? (Dann könnte man sie wählen.)

Und wie verhält es sich mit der Heimatliebe? Hat man eine Heimat nur, wenn man sie liebt? Ich frage. Und wenn sie uns nicht liebt, hat man dann keine Heimat? Was muß ich tun, um eine Heimat zu haben, und was vor allem muß ich unterlassen? Sie scheint empfindlich zu sein; sie mag es nicht, die Heimat, wenn man den Leuten, die am meisten Heimat besitzen in Hektaren oder im Tresor, gelegentlich auf die Finger schaut, oder wer sonst, wenn nicht diese Leute und ihre honorierten Wortführer, hätte denn das schlichte Recht, uns die Heimatliebe abzusprechen?

Quartier, Landschaft, Mundart –

Es muß noch anderes geben, was Heimatlichkeit hervorbringt, Gefühl der Zugehörigkeit, Bewußtsein der Zugehörigkeit. Ich denke zum Beispiel an eine Baustelle in Zürich: ein Platz der beruflichen Tätigkeit. Der Schreibtisch ist ein solcher Platz auch und trotzdem nicht vergleichbar; mein Schreibtisch kann auch in Berlin stehen. Es hat schon, wie der Duden sagt, mit dem Ort zu tun. In erster Linie war es (für mich) das Zürcher Schauspielhaus. Ein öffentlicher Ort, zürcherisch und antifaschistisch. Proben draußen im Foyer. Proben hier (was immer dabei herausgekommen ist) in einem politischen Konsens, der beim Ausschuß des Verwaltungsrates, einem mehrheitlich fachkundigen Ausschuß, nicht aufhörte. Auch wenn ich kein eignes Stück in der Tasche oder im Sinn hatte: Zugehörigkeit auch bei den Proben andrer, damals auch bei Proben von Friedrich Dürrenmatt. Das war jedesmal, kaum hatte ich den Koffer im Hotel abgestellt, das erste Ziel in Zürich: das Schauspielhaus, dann erst die eine oder andere Pinte. *Bodega Gorgot* – die gibt es noch, besetzt von den Nachfahren, so daß man sich vorkommt wie Rip van Winkle im Märchen: Vergangenheit (Perfekt) als Heimat in der Gegenwart.

Aber es fehlt noch immer etwas.

Die Literatur, die sich um Heimatlichkeit bemüht, indem sie sich mit Geschichte und Gegenwart unseres Landes a priori versöhnt, ist beträchtlich. Heimatlicher zumute wird mir bei Robert Walser: Exil als Scheinidylle, der Diminutiv als Ausdruck heimlicher Verzweiflung, ein großer Landsmann auf der Flucht in die Grazie. Gottfried Keller gewiß; nur beheimaten mich seine Briefe und Tagebücher mehr als sein Seldwyla, dieses verfängliche Modell der Begütigung. Gotthelf macht mich zum staunenden Gast in Emmental, nicht zum Einheimischen. Pestalozzi beheimatet mich in seinem revolutionären Ethos mehr als in unsrer Umwelt – aber dann denke ich auch schon an Georg Büchner, an Tolstoi...

Oder genügen ganz einfach die Freunde?

Übrigens nicht zu vergessen sind die heimatlichen Speisen, köstliche wie einfache; Weine, die spätestens nach dem zweiten Schluck das gute Gefühl verschaffen, man kenne sich aus in der Welt wenigstens hier. Und vergessen habe ich den Hauptbahnhof der Vaterstadt; anders als alle Bahnhöfe der Welt: Hier kam man nicht zum erstenmal an, hier fuhr man zum erstenmal weg.

Heimat – wo dieser Begriff sich verschärft: in Berlin, wenn

ich Woche um Woche die Mauer sehe (von beiden Seiten); ihr Zickzack durch die Stadt, Stacheldraht und Beton, darauf das Zementrohr, dessen Rundung einem Flüchtling keinen Griff bietet, Spitzensportler haben getestet, daß diese Grenze kaum zu überwinden ist, selbst wenn nicht geschossen würde, die Wachttürme und Scheinwerferlicht auf Sand, wo jeder verbotene Tritt zu sehen ist, Wachthunde – hüben und drüben dasselbe Wetter und fast noch die gleiche Sprache; die verbliebene Heimat, die schwierige Heimat, und die andere, die keine mehr wird.

Mit Freunden ist es so: einer ist Fallschirmspringer der deutschen Wehrmacht gewesen, einer in russischer Gefangenschaft, ein andrer in amerikanischer Gefangenschaft, einer als Schüler im Volkssturm mit Panzerfaust, ein andrer ist in Mecklenburg erzogen worden und vergißt es nicht; ein amerikanischer Freund ist in Korea gewesen und spricht nie davon; wieder ein andrer, Jude, ist unter Stalin zehn Jahre im Kerker gewesen – und man versteht sich nicht weniger als mit Freunden in Biel oder Basel oder Solothurn oder Zürich; nicht weniger, doch anders. Jene sind Freunde, diese sind Freunde und Landsleute: unsere Erfahrungen sind ähnlicher, unsere Lebensläufe vergleichbar, und bei allem Unterschied der Temperamente haben wir schließlich den gleichen Bundesrat, die gleiche Landesgeschichte.

Also doch: Schweiz als Heimat?

Außer Zweifel steht das Bedürfnis nach Heimat, und obschon ich nicht ohne weiteres definieren kann, was ich als Heimat empfinde, so darf ich ohne Zögern sagen: Ich habe eine Heimat, ich bin nicht heimatlos, ich bin froh, Heimat zu haben – aber kann ich sagen, es sei die Schweiz?

Schweiz als Territorium:

Kommt man nach Jahren etwa von Rom, so ist der Tessin vergleichsweise helvetisch, um die Seen herum sogar in einem erschreckenden Grad; wenn die Einheimischen sagen: *Il nostro paese!* so bin ich gerührt, sofern sie damit nicht die verkauften Hänge meinen, sondern die Schweiz: die gleichen Bundesbahnmützen und die gleiche Wehrsteuer, *Il nostro paese,* wobei man in diesen Tälern der schwindenden Italienità natürlich den Unterschied zwischen Deutschschweizern und Deutschen kennt, nur überzeugt er die Einheimischen nicht ganz, und ich selber, wohnhaft im Tessin, würde nie sagen, der Tessin sei meine Heimat, obschon ich mich dort wohl fühle.

Muß man in der Heimat sich wohl fühlen?

Außer Zweifel steht ferner, daß Heimat uns prägt – was sich beim Schriftsteller vielleicht besonders deutlich zeigt, nämlich lesbar. Versammle ich die Figuren meiner Erfindung: *Bin* auf seiner Reise nach Peking, *Stiller,* der in Zürich sich selbst entkommen möchte, *Homo faber,* der sich selbst versäumt, weil er nirgendwohin gehört, der heimelige *Herr Biedermann* usw., so erübrigt sich das Vorzeigen meines Schweizer Passes. *Andorra* ist nicht die Schweiz, nur das Modell einer Angst, es könnte die Schweiz sein: Angst eines Schweizers offenbar. *Gantenbein* spielt den Blinden, um sich mit der Umwelt zu vertragen. *Graf Öderland,* Figur einer supponierten Legende und seinem Namen nach eher skandinavisch, greift zur Axt, weil er die entleerte und erstarrte Gesellschaft, die er als Staatsanwalt vertritt, am eigenen Leib nicht mehr erträgt, und obschon eine Revolte dieser Art nicht hier, sondern 1968 in Paris stattgefunden hat, schreibt die französische Presse: »un rêve helvétique«... So geprägt ist man.

Man wählt sich die Heimat nicht aus.

Trotzdem zögere ich zu sagen: *Meine Heimat ist die Schweiz.* Andere sagen *Schweiz* und meinen etwas anderes. Unsere Verfassung bestimmt nicht, wer eigentlich zu bestimmen hat, was *schweizerisch* oder *unschweizerisch* ist – wer: die Bundesanwaltschaft? Der Stammtisch? Der Hochschulrat? Die Finanz und ihre gediegene Presse? Die Schweizerische Offiziersgesellschaft?

Heimat:

Ist Heimat der Bezirk, wo wir als Kind und als Schüler die ersten Erfahrungen machen mit der Umwelt, der natürlichen und der gesellschaftlichen; ist Heimat infolgedessen der Bezirk, wo wir durch unbewußte Anpassung (oft bis zum Selbstverlust in frühen Jahren) zur Illusion gelangen, hier sei die Welt nicht fremd, so ist Heimat ein Problem der Identität, d. h. ein Dilemma zwischen Fremdheit im Bezirk, dem wir zugeboren sind, oder Selbstentfremdung durch Anpassung. Das letztere (es gilt für die große Mehrheit) braucht Kompensation. Je weniger ich, infolge Anpassung an den Bezirk, jemals zur Erfahrung gelange, wer ich bin, um so öfter werde ich sagen: *ich als Schweizer, wir als Schweizer;* um so bedürftiger bin ich, als rechter Schweizer im Sinn der Mehrheit zu gelten. Identifikation mit einer Mehrheit, die aus Angepaßten besteht, als Kompensation für die versäumte oder durch gesellschaftlichen Zwang verhinderte Identität der Person mit sich selbst, das liegt jedem Chauvinismus zugrunde. Chauvinismus als das Gegenteil von Selbstbewußtsein. Der primitive Ausdruck solcher Angst, man könnte im eignen Nest der Fremde sein, ist die Xenophobie, die so gern mit Patriotismus verwechselt wird – eine andere Vokabel, die auf den Hund gekommen ist; auch sie brauchen wir nur noch in Anführungszeichen. Zu Unrecht. Ein Patriot (ohne Anführungszeichen) wäre einer, der seine Identität als Person gefunden oder nie verloren hat und von daher ein Volk als sein Volk erkennt: ein Pablo Neruda, ein Aufständischer also, im glücklichen Fall ein großer, ein Poet, der seinem Volk eine andere Sprache als die Sprache der Anpassung vorspricht und dadurch seine Identität zurückgibt oder zum erstenmal verleiht, was unweigerlich, in beiden Fällen, revolutionär ist; denn die Masse der Angepaßten hat keine Heimat, sie hat nur ein Establishment mit Flagge, das sich als Heimat ausgibt und dazu das Militär besitzt – nicht nur in Chile...

Was unser Land betrifft:

Es scheint, daß die jüngeren Landsleute weitaus gelassener sind, nicht unkritisch, aber gelassener. Die Schweiz, die sie erfahren, ist die Schweiz nach dem Zweiten Weltkrieg, das heißt: Sie fühlen sich weniger, als es für uns viele Jahre lang der Fall gewesen ist, auf dieses Land angewiesen. Wo wir uns aus Erinnerung ereifern, zucken sie die Achsel. Was beheimatet sie? Auch wenn sie im Land bleiben, leben sie im Bewußtsein, daß Vokabeln wie Föderalismus, Neutralität, Unabhängigkeit eine Illusion bezeichnen in einer Epoche der Herrschaft multinationaler Konzerne. Sie sehen, daß von ihrem Land nicht viel ausgeht; die Maulhelden aus dem Kalten Krieg haben ihre Karriere gemacht, sei es als Bankier oder in der Kulturpolitik oder beides zusammen. Was sie, unsere jüngeren Landsleute, politisch beheimaten könnte, ein konstruktiver Beitrag zur Europa-Politik, davon ist wenig zu sehen. Was hingegen zu sehen ist: *Law and Order,* und nach außen: eine Schweiz, die sich ausschweigt im Interesse privater Wirtschaftsbeziehungen, verglichen mit anderen Kleinstaaten wie Schweden oder Dänemark mehr als zurückhaltend mit offizieller Willenskundgebung, die zwar das Weltgeschehen nicht ändern könnte – immerhin könnte sie unsere moralische Partizipartion am Weltgeschehen entprivatisieren, und das wäre schon etwas: Wir könnten uns mit der Schweiz solidarisieren.
Unbehagen im Kleinstaat – das ist es wohl nicht, verehrter Herr Professor Karl Schmid, was dem einen und anderen Eidgenossen zu schaffen macht; nicht die Kleinstaatlichkeit. *Besoin de Grandeur,* das zielt nicht auf Großstaat; die Nostalgie ist eine andere. So gefällig sie auch ist die These, Unbe-

hagen an der heutigen Schweiz können nur Psychopathen haben, sie beweist noch nicht die gesellschaftliche Gesundheit der Schweiz. Wie heimatlich der Staat ist (und das heißt: wie verteidigungswürdig), wird immer davon abhängen, wieweit wir uns mit den staatlichen Einrichtungen und (das kommt dazu) mit ihrer derzeitigen Handhabung identifizieren können. Das gelingt in manchem. Und dann wieder nicht. Mit der schweizerischen Militärjustiz, wo die Armee als Richter in eigener Sache richtet, kann ein Demokrat sich schwerlich identifizieren. Wage ich es dennoch, mein naives Bedürfnis nach Heimat zu verbinden mit meiner Staatsbürgerschaft, nämlich zu sagen: *ich bin Schweizer* (nicht bloß Inhaber eines schweizerischen Reisepasses, geboren auf schweizerischem Territorium usw., sondern Schweizer aus Bekenntnis), so kann ich mich allerdings, wenn ich *Heimat* sage, nicht mehr begnügen, Pfannenstiel und Greifensee und Lindenhof und Mundart, nicht einmal mit Gottfried Keller; dann gehört zu meiner Heimat auch die Schande, zum Beispiel die schweizerische Flüchtlingspolitik im Zweiten Weltkrieg und anderes, was zu unsrer Zeit geschieht oder nicht geschieht. Das ist, ich weiß, nicht der Heimatbegriff nach dem Schnittmuster der Abteilung *Heer und Haus;* es ist meiner. Heimat ist nicht durch Behaglichkeit definiert. Wer *Heimat* sagt, nimmt mehr auf sich. Wenn ich z. B. lese, daß unsere Botschaft in Santiago de Chile (eine Villa, die man sich vorstellen kann, nicht grandios, immerhin eine Villa) in entscheidenden Stunden und Tagen keine Betten hat für Anhänger einer rechtmäßigen Regierung, die keine Betten suchen, sondern Schutz vor barbarischer Rechtlosigkeit und Exekution (mit Sturmgewehren schweizerischer Herkunft) oder Folter, so verstehe ich mich als Schweizer ganz und gar, dieser meiner Heimat verbunden – einmal wieder – in Zorn und Scham.

JÖRG WICKRAM

Lästerung

Es geschah gegen Abend in einem Wirtshaus zu Einsiedeln, daß die Pilger geredet hatten von der lieben Maria. Unter die Pilger war auch ein guter Gesell geraten, der nicht der Wallfahrt, sondern seiner Geschäfte halber dahin gekommen war. Der aß auch mit ihnen zu Nacht. Als nun die Pilger so viel Gutes der lieben Maria zuschrieben, redete er auch das Seine hinzu und sprach: »Wie hoch schätzet ihr sie doch, sie ist meine Schwester.« Wie das die Pilger und auch der Wirt hörten, erstaunten sie über diese Rede, und es war so ruchbar, daß es dem Abt auch kundgetan ward. Der tat den guten Gesellen, als er vom Tisch aufstand, fangen und über Nacht in den Turm legen. Morgens ließ er den Übeltäter, weil er die würdige Mutter Gottes geschmäht hätte, vor den Rat stellen. Nach langer Klage und Frage wollten sie wissen, was er damit gemeint hätte? Er antwortete: »Ja, die Mutter Maria zu Einsiedeln ist meine Schwester, und was noch mehr ist, der Teufel zu Konstanz und der große Gott zu Schaffhausen meine Brüder.« Der Rat entsetzte sich ob dieser Rede, und die Herren steckten die Köpfe zusammen und sprachen: »Gewiß ist dies ein Heiligenschmäher.« Der oberste Richter fragte ihn weiter, um etwas mehr aus ihm herauszubringen: »Wie darfst du die schnöden Worte allhier ausstoßen, wo von allen Landen jetzt Pilger hier sind und es allenthalben erschallen wird?« Der Übeltäter antwortete: »Ich habe recht geredet, denn mein Vater ist Bildhauer gewesen, der den Teufel zu Konstanz gemacht hat und auch den großen Gott zu Schaffhausen und eure Maria und auch mich, darum sind wir verschwistert.« Da lachten sie alle und ließen ihn ledig.

ULRICH BRÄKER

Der arme Mann im Toggenburg

Kindheit und Bubenjahre

Meiner Voreltern wegen bin ich so unwissend, als es wenige sein mögen. Daß ich Vater und Mutter gehabt, das weiß ich. Meinen seligen Vater kannt' ich viele Jahre und meine Mutter lebt noch. Daß diese auch ihre Eltern gehabt, kann ich mir einbilden. Aber ich kannte sie nicht und habe auch nichts von ihnen vernommen. Ich habe also nicht Ursach, ahnenstolz zu sein. Alle meine Freunde und Blutsverwandten sind unbemittelte Leute, und von allen meinen Vorfahren hab ich nichts anderes gehört. Aber deswegen schäm ich mich meiner Eltern und Voreltern bei weitem nicht. Vielmehr bin ich noch eher ein bißchen stolz auf sie. Denn, ihrer Armut ungeachtet, hab ich von keinem Dieb, von keinem Lasterbuben, Flucher oder Verleumder unter ihnen gehört, von keinem, den man nicht als einen Biedermann mußte gelten lassen. Das ist's allein, worauf ich stolz bin und wünsche, daß auch meine Kinder stolz werden, daß wir diesen Ruhm nicht besudeln, sondern ihn fortzupflanzen suchen.

Der für mich wichtige Tag meiner Geburt ist der 22. Dezember 1735. Ich sei ein bißchen zu früh auf der Welt erschienen, sagte man mir. Mag sein, daß ich mich schon im Mutterleibe nach Tageslicht gesehnt habe, und dies nach dem Licht Sehnen geht mir all mein Tage nach! Daneben war ich die erste Kraft meines Vaters, und Dank sei ihm unter der Erde auch dafür gesagt! Er war ein hitziger Mann, voll warmen Blutes. O, ich habe schon tausendmal drüber nachgedacht und mir bisweilen einen andern Ursprung gewünscht, wenn flammende Leidenschaften in meinem Busen tobten und ich den heftigsten Kampf mit ihnen bestehen mußte. Aber sobald

Sturm und Wetter vorbei war, dankt ich ihm doch wieder, daß er mir sein feuriges Temperament mitgeteilt hat, womit ich unzählige schuldlose Freuden lebhafter als so viele andere Leute genießen kann.

In meinen ersten Lebensjahren mag ich wohl ein wenig verzärtelt worden sein, wie's gewöhnlich mit ersten Kindern geht. Doch wollte mein Vater schon früh genug mit der Rute über mich her: aber die Mutter und Großmutter nahmen mich in Schutz. Mein Vater war wenig daheim: er brannte hier und da im Land und an benachbarten Orten Salpeter. Wenn er dann wieder nach Hause kam, war er mir fremd. Ich floh ihn. Das verdroß den guten Mann so sehr, daß er mich mit der Rute zahm machen wollte.

Ich kann mich beinah bis auf mein zweites Lebensjahr zurückerinnern. Ganz deutlich besinn ich mich, wie ich auf allen Vieren einen steinigen Fußweg hinabkroch und einer alten Base durch Gebärden Äpfel abbettelte. Ich weiß gewiß, daß ich wenig Schlaf hatte und daß meine Mutter, um hinter den Großeltern einen geheimen Pfennig zu verdienen, des Nachts verstohlener Weise beim Licht gesponnen hat. Wenn ich dann nicht in der Kammer allein bleiben wollte, mußte sie eine Schürze auf den Boden spreiten, worauf sie mich nackt setzte und ich mit dem Schatten und ihrer Spindel spielte. Ich weiß, daß sie mich oft durch die Wiese auf dem Arm dem Vater entgegentrug und daß ich ein Mordiogeschrei anfing, sobald ich ihn erblickte, weil er mich immer rauh anfuhr, wenn ich nicht zu ihm wollte. Seine Figur und Gebärden, die er machte, seh ich jetzt noch lebendig vor mir...

Mein Vater hatte einen Wandergeist, der zum Teil auch auf mich gekommen ist. Im Jahre 1741 kaufte er ein groß Gut, für acht Kühe Sömmer- und Winterung, Dreischlatt genannt, in der Gemeinde Krinau, zu hinderst in einer Wildnis, nahe an den Alpen. Das nicht halb so große Gütchen im Näbis verkaufte er dafür, weil er, wie er sagte, sah, daß ihn eine große Haushaltung anfallen wolle, und damit er für viele Kinder Platz und Arbeit genug habe, die er in dieser Einöde nach seinem Willen erziehen könne, wo sie vor der Verführung der Welt sicher seien. Auch riet der Großvater, der von Jugend an ein starker Viehmann gewesen, sehr dazu. Aber mein guter Ätti verband sich den unrechten Finger und watete, da er an das Gut nichts zu geben hatte, in eine Schuldenlast hinein, unter welcher er nachwärts dreizehn Jahre lang genug seufzen mußte. Also im Herbst 1741 zügelten wir mit Sack und Pack ins Dreischlatt.

So ein Gut braucht Händ' und Armschmalz. Wir Kinder waren noch für nichts zu rechnen. Da war's mir eine Tausendslust, mit den jungen Gitzen und den Geißen so im Gras herumzulaufen, und ich wußte nicht, ob der Großätti eine größere Freud an mir oder an ihnen hatte, wenn er sich, nachdem das Vieh besorgt war, an unsern Sprüngen ergötzte. So oft er vom Melken kam, nahm er mich mit sich in den Milchkeller, zog dann ein Stück Brot aus dem Futterhemd, brockte es in eine kleine Mutte und machte ein kühwarmes Milchsüppli. Das aßen ich und er alle Tage. So verging mir meine Zeit unter Spiel und Herumtrillern, ich wußt nicht wie.

Unsere Haushaltung vermehrte sich. Es kam alle zwei Jahre geflissentlich ein Kind; Tischgänger genug, aber darum keine Arbeiter. Wir mußten immer viel Taglöhner haben. Knecht und Magd wurden feist, und der Vater mager. Mit dem Vieh war mein Vater nie recht glücklich, es gab immer etwas krankes. Der Zins überstieg alle Jahre die Losung (Einnahmen). Wir reuteten viel Wald aus, um mehr Mattenland und Geld von dem Holz zu bekommen; und doch kamen wir je länger je tiefer in die Schulden.

Indessen kümmerte mich all dies kein Haar. Auch wußt ich eigentlich nichts davon, und war überhaupt ein leichtsinniger Bube, wie es je einen gab. Alle Tag dacht ich dreimal ans Essen, und damit aus. Wenn mich der Vater nur mit langanhaltender oder strenger Arbeit verschonte oder ich eine Weile davonlaufen konnte, war mir alles recht. Im Sommer sprang

ich in der Wiese und an den Bächen herum, riß Kräuter und Blumen ab und machte Sträuße wie Besen; dann durch alles Gebüsch, den Vögeln nach, kletterte auf die Bäume und suchte Nester. Oder ich las ganze Haufen Schneckenhäuslein oder hübsche Steine zusammen. Im Winter wälzte ich mich im Schnee herum und rutschte bald in einer Scherbe von einem zerbrochenen Napf, bald auf dem bloßen Hintern die Gähen (Abhänge) hinunter. Das trieb ich alles so, wie's die Jahreszeit mitbrachte, bis mir der Vater durch den Finger pfiff oder ich sonst merkte, daß es Zeit über Zeit war.
»Ja, ja!«, sagte jetzt eines Tages mein Vater, »der Bub wächst, wenn er nur nicht so ein Narr wäre, ein verzweifelter Lappi; auch gar kein Hirn. Sobald er an die Arbeit muß, weiß er nicht mehr, was er tut. Aber von nun an muß er mir die Geißen hüten, so kann ich den Geißbub abschaffen.« – »Ach!« sagte meine Mutter, »so kommst du um Geißen und Bub. Nein, nein! er ist noch zu jung.« – »Was jung?« sagte der Vater, »ich will es darauf wagen, er lernt's nie jünger, die Geißen werden ihn schon lehren, sie sind oft witziger als die Buben, ich weiß sonst nichts mit ihm anzufangen.« Nun trat ich mein neues Ehrenamt an. Anfangs wollten mir die Geißen, deren ich bis dreißig Stück hatte, kein gut tun: das machte mich wild, und ich versucht es, ihnen mit Steinen und Prügeln den Meister zu zeigen, aber sie zeigten ihn mir, ich mußte also die glatten Wort und das Streicheln und Schmeicheln zur Hand nehmen. Da taten sie, was ich wollte. Auf die vorige Art hingegen verscheucht ich sie so, daß ich oft nicht mehr wußte, was anfangen, wenn sie alle ins Holz und Gesträuch liefen und ich meist rundum keine einzige mehr erblicken konnte, halbe Tage herumlaufen, pfeifen und johlen, sie an den Galgen verwünschen, brüllen und lamentieren mußte, bis ich sie wieder beieinander hatte.
Drei Jahre hatte ich so meine Herde gehütet, sie ward immer größer, zuletzt über hundert Köpf; mir immer lieber, und ich ihnen. Im Herbst und Frühling fuhren wir auf die benach-

barten Berge, oft bis zwei Stunden weit. Im Sommer hingegen durfte ich nirgends hüten als im Kohlwald, eine mehr als Stund weite Wüstenei, wo kein recht Stück Vieh weiden kann. Zu Mittag aß ich mein Brötlein und was mir sonst die Mutter verstohlen mitgab. Auch hatt' ich meine eigene Geiß, an der ich sog. Die Geißaugen waren meine Uhr. Gegen Abend fuhr ich immer wieder den nämlichen Weg nach Haus, auf dem ich gekommen war...
Im Kohlwald war eine Buche gerad über einem mehr als turmhohen Fels herausgewachsen, so daß ich über ihren Stamm wie über einen Steg spazieren und in eine gräßlich finstre Tiefe hinabgucken konnte; wo die Äste angingen, stund sie wieder gerade auf. In dieses seltsame Nest bin ich oft gestiegen und hatte meine größte Lust daran, so in den fürchterlichen Abgrund zu schauen, um zu sehen, wie ein Bächlein neben mir herunterstürzte und sich in Staub zermalmte.
Welche Lust, bei angenehmen Sommertagen über die Hügel fahren, durch Schattenwälder streichen, durch Gebüsch Eichhörnchen jagen und Vogelnester ausnehmen! Am Mittag lagerten wir uns am Bach; da ruhten meine Geißen zwei, drei Stunden aus, wenn es heiß war noch mehr. Ich aß mein Mittagbrot, sog mein Geißchen, badete im spiegelhellen Wasser und spielte mit den jungen Geißen. Welch Vergnügen machte mir jeder Tag, jeder neue Morgen! Wenn jetzt die Sonne die Hügel vergoldete, denen ich mit meiner Herde entgegenstieg, dann jenen baldigen Buchenwald, und endlich die Wiesen und Weideplätze beschien. Tausendmal denk ich dran, und oft dünkt's mich, die Sonne scheine jetzt nicht mehr so schön. Wenn dann alle anliegenden Gebüsche von jubilierenden Vögeln ertönten und sie um mich herhüpften, oh! was fühlt ich da! Ha, ich weiß es nicht! Halt süße, süße Lust!
Ebensoviel Freuden brachten mir meist meine Geißen. Ich hatte von allen Farben, große und kleine, kurz- und langhaa-

rige, bös- und gutgeartete. Alle Tage ruft ich sie zwei- bis
dreimal zusammen und überzählte sie, ob ich's voll habe.
Ich hatte sie gewöhnt, daß sie auf mein, ›Zub, zub! Leck,
leck!‹ aus allen Büschen hergesprungen kamen. Einige liebten
mich besonders und gingen den ganzen Tag nie einen Büchsenschuß weit von mir; wenn ich mich verbarg, fingen sie
alle ein Zetergeschrei an. Von meinem Duglöörle, so hieß
ich meine Mittagsgeiß, konnt ich mich nur mit List entfernen.
Das war ganz mein eigen. Wo ich mich setzte oder legte,
stellte es sich über mich hin und war gleich parat zum Saugen
oder Melken. Welch Vergnügen dann am Abend, meiner
Herde auf meinem Horn zur Heimreise zu blasen! Zuzu-
schauen, wie sie alle mit runden Bäuchen und vollen Eutern
dastunden, und zu hören, wie munter sie sich heimblöckten.
Wie stolz war ich, wann mich der Vater lobte, daß ich gut
gehütet habe!
Nicht daß lauter Lust beim Hirtenleben wäre! Potz tausend,
nein! Da gibt's Beschwerden genug. Für mich war's lang die
empfindlichste, des Morgens so früh mein warmes Bettlein
zu verlassen und bloß und barfuß ins kalte Feld zu marschie-
ren, wenn's zumal einen baumstarken Reif hatte oder ein
dicker Nebel über die Berge herabging. Ferner prügelte mich
der Vater nicht selten, wenn ich nicht hütete, wo er mir befohlen hatte, und nur hinfuhr, wo ich gerne sein mochte,
und die Geißen nicht das rechte Bauchmaß heimbrachten,
oder er sonst ein loses Stücklein von mir erfuhr. Dann hat
ein Geißbub überhaupt viel von anderen Leuten zu leiden.
Wer will einen Fasel Geißen immer so in Schranken halten,
daß sie nicht einem Nachbar in die Wiesen oder Weid gucken?
Wer mit soviel lüsternen Tieren zwischen Korn- und Haber-
brachen, Rüben- und Kohläckern durchfahren, daß keins ein
Maul voll versuchte? Da ging's an ein Fluchen und Lamentieren: Bärenhäuter, Galgenvogel waren meine gewöhnlichen
Ehrentitel. Man sprang mir mit Äxten, Prügeln und Hagstek-
ken, einst gar einer mit einer Sense nach, der schwur, mir

ein Bein vom Leibe wegzuhauen. Aber ich war leicht genug auf den Füßen, und nie hat mich einer erwischen können. Dann löste mich mein Bruder ab. Und so nahm mein Hirtenstand ein Ende.

Nun hieß es: Eingespannt in den Karren mit dem Buben, ins Joch! Er ist groß genug! Wirklich tummelte mich mein Vater meisterlich herum; in Holz und Feld sollt ich ihm statt eines vollkommenen Knechtes dienen. Die mehrern Mal überlud er mich, ich hatte die Kräfte noch nicht, die er mir nach meiner Größe zutraute, und doch wollt ich stark sein und keine schwere Bürde liegen lassen. In Gesellschaft von ihm oder mit den Taglöhnern arbeitete ich gern; aber sobald er mich allein an ein Geschäft schickte, war ich faul und lässig, staunte Himmel und Erde an und hing, ich weiß selbst nicht was für Gedanken und Grillen nach; das freie Geißbubenleben hatte mich halt verwöhnt.

Unterdessen war unsre Familie bis auf acht Kinder angewachsen. Mein Vater stak je länger je tiefer in Schulden, so daß er oft nicht wußte, wo aus noch ein. Mir sagte er nichts; aber mit der Mutter hielt er oft heimlich Rat. Davon hört ich eines Tags ein paar Worte und merkte nun die Sache so halb und halb. Allein es focht mich eben wenig an, ich ging leichtsinnig meinen kindischen Gang und ließ meine armen Eltern inzwischen über hundert unausführbaren Projekten sich den Kopf zerbrechen.

Mitten im März des Jahres 1754 zogen wir mit Sack und Pack aus dem Dreischlatt weg und sagten dem wilden Ort auf ewig gute Nacht! Noch lag dort klaftertiefer Schnee. Von Ochs oder Pferd war keine Rede. Wir mußten unsern Hausrat und die jüngern Geschwister auf Schlitten selbst fortzügeln. Ich zog an dem meinigen wie ein Pferd, so daß ich am End fast atemlos hinsank. Doch die Lust, unsre Wohnung zu verändern, und einmal auch im Tal, in einem Dorf, und unter Menschen zu leben, machten mir die saure Arbeit lieb.

So kamen wir auf das neue Gütlein, das sie zu Lehen empfan-

gen hatten, eine dunkle, schwarze, wurmstichige Rauchhütte. Aber die Grasspitzen guckten schon unterm Schnee hervor, der Anger stund voll großer Bäume, und ein Bach rollte angenehm mitten durch und eine schöne Ansicht war, weit das Tal hinauf.
Eines Tages – ich war lange Zeit schwer krank gewesen – sagte mein Vater zu mir: »Ach, große Kinder, große Sorgen! Unsre Haushaltung ist überladen. Ich hab kein Vermögen, keins von euch kann noch sicher sein Brot gewinnen. Du, Uli, bist das älteste. Was willst du nun anfangen? In der Stube hocken und mit der Baumwolle hantieren, seh ich wohl, magst du nicht. Du wirst wohl müssen taglöhnern!« Wir waren bald einig. Der damalige Schloßbauer, Weibel K., nahm mich zum Knecht an. Von meiner überstandenen Krankheit war ich noch ziemlich abgemattet, aber mein Meister, als ein vernünftiger und stets aufgeräumter Mann, trug alle Geduld mit mir, um so viel mehr, da er eigne Buben von gleichem Schrot hatte. Indessen gab er mir auch blutwenig Lohn, und die Frau Bäurin ließ uns manchmal bis um zehn Uhr nüchtern.

Die erste Liebe

Wenn einer in sein zwanzigstes Jahr geht, darf er schon ahnen, es gebe zweierlei Leute in der Welt. Der Weibel hatte ein bluthübsches Töchterchen, aber scheu wie ein Hase. Es war mir eine Freud, wenn ich sie sah, ohne zu wissen warum. Nach etlichen Jahren heiratete sie einen Schlingel, der ihr ein Häufchen Jungens auflud und sich endlich als ein Schelm aus dem Land machte. Das gute Kind!
Dann hatte unser Nachbar Uli eine Stieftochter, Ännchen; die konnt ich alle Sonntage sehen. Allemal winselt' es mir ein wenig ums Herzgrübchen. Ich wußte wieder nicht warum, denk aber wohl, weil's mich so hübsch dünkte; etwas

anderes kam mir gewiß nicht in den Sinn. Nun merkt ich zwar, daß mich Ännchen wohl leiden mocht, dacht indessen, sie wird sonst schon ihre Liebsten haben. Einst aber hatte meine Mutter die Schwachheit, mir, und zwar als wenn sie stolz drauf wäre, zu sagen: Ännchen sehe mich gern. Dieser Bericht rannte mir wie ein Feuer durch alle Glieder. Bisher hielt ich dafür, meine Eltern würden's nicht zugeben, daß ich, noch so jung, nur die geringste Bekanntschaft mit einem fremden Mädchen hätte. Jetzt aber merkt ich's meiner Mutter deutlich an, daß ich so etwas schon wagen dürfte. Indessen tat ich nicht dergleichen, aber meine innre Freud war nur desto größer, daß man mir jetzt selbst die Tür aufgetan, unter das junge lustige Volk zu wandeln. Von dieser Zeit an, versteht sich's, schnitt ich bei allen Anlässen Ännchen ein entschieden freundlich Gesichtchen; aber daß ich ihr mit Worten etwas von Liebe sagen durfte, o, um aller Welt Gut hätt ich dazu nicht das Herz gehabt.

Einst erhielt ich die Erlaubnis, auf den Pfingstjahrmarkt zu gehn. Da sann ich lang hin und her, ob ich sie aufs Rathaus zum Wein führen dürfe. Aber das schien mir schon zuviel gewagt. Dort sah ich sie herumschlängeln. Ach, so ein schönes, schlankes, nettes Kind, in der allerliebsten Zürchbietlertracht! Wie ihm die goldfarbnen Zöpf so fein herunterhingen! Ich stellt mich in einen Winkel, um meine Augen im Verborgenen an ihr weiden zu können. Da sagt ich zu mir selbst: Ach, in deinem Leben wirst du Lümmel nie das Glück haben, ein solch Kind zu bekommen, sie ist viel, viel zu gut für dich! So dacht ich, als Ännchen, die mich und meine Schüchternheit schon geraume Zeit mochte bemerkt haben, auf mich zukam, mich freundlich bei der Hnad nahm und sagte: »Uli, führ du mich auch ein wenig herum!« Ich, feuerrot, erwiderte: »Ich kann's nicht, Ännchen, gewiß, ich kann's nicht!« – »So zahl mir eine Halbe«, versetzte sie, ich wußt nicht ob im Schimpf oder im Ernst. »Es ist dir nicht Ernst, Schleppsack«, erwiderte ich darum. Und sie: »Mi See (meiner Seel), es ist mir Ernst.« Ich, todblaß: »Mi See, Ännchen, ich darf heut nicht! Ein andermal. Gewüß, ich möcht gern, aber ich darf nicht!« Das mocht ihr ein wenig in den Kopf steigen, sie ließ sich's aber nicht merken, trat, mir nix dir nix, rückwärts und machte ihre Sachen wie zuvor. Ich stolperte auch noch eine Weile aus einer Ecke in die andere und machte mich endlich, wie alle übrigen, auf den Heimweg. Ohne Zweifel, daß Ännchen auf mich acht gegeben. Nahe beim Dorf kam sie hinter mir drein: »Uli, Uli, jetzt sind wir allein! Komm noch mit mir zu des Seppen und zahl mir eine Halbe!« – »Wo du willst«, sagte ich, und damit setzten wir ein paar Minuten stillschweigend unsre Straße fort. »Ännchen, Ännchen«, hob ich dann wieder an, »ich muß dir's nur grad sagen, ich hab kein Geld. Noch nie hätt ich mich unterstanden, ein Mädle zum Wein zu führen, und jetzt, wie gern ich's möcht, und auf Gottes Welt keine lieber als dich, bitte, bitte, glaub mir's, kann und darf ich's nicht.« – »Ei Possen, Närrlin!« versetzte Ännchen, »dein Vater sagt nichts, und bei der Mutter will ich's verantworten – weiß schon, wo der Has' lauft. Geld; s'ist mir nicht ums Trinken und nicht ums Geld« – und damit griff sie ins Säcklein – »hier hast du, glaub ich, genug, zu zahlen, wie's der Brauch ist. Mir wär's Ein Ding, ich wollt lieber für dich zahlen, wenn's so Brauch wär.« Paf! Jetzt stand ich da wie die Butter an der Sonne. Ich gab endlich Ännchen mit Zittern und Beben die Hand, und so ging's vollends ins Dorf hinein, zum Engel. Mir ward's blau und schwarz vor den Augen, als ich mit ihr in die Stube trat und da alles von Tischen voll Leute wimmelte, die einen Augenblick wenigstens auf uns ihre Blicke richteten. Indessen deucht' es mich auch wieder, Himmel und Erde müss' einem gut sein, der ein so holdes Mädchen zur Seite hat. Wir tranken unsre Maß weder zu langsam noch zu geschwind: zu schwatzen gab's, ich denk durch meine Schuld, eben nicht viel. Entzückt und ganz durchglüht von Wein und Liebe, aber immer voll Furcht, führt ich nun das herrliche Kind nach Haus,

bis an die Türe. Keinen Kuß? Ich schwöre es: Nein! Auch lief ich nur schnurstracks heim, ging mausstill zu Bett und dachte: Heut wirst du bald und süßer entschlummern als je in deinem Leben. Aber wie ich mich betrog! Da war von Schlaf keine Rede. Tausend wunderbare Grillen gingen mir im Kopf herum und wälzten mich auf meinem Lager hin und her. O, das himmlische süße Mädchen, dacht ich, konnt es wohl mehr tun, und ich weniger? O, ich Hasenherz! Solch ein Liebchen nicht küssen, nicht halb zerdrücken! Kann Ännchen so einen Narren, so einen Lümmel lieben? Nein, nein! Warum spring ich nicht auf und davon, zu ihrem Haus, klopf an ihre Tür und rufe: Ännchen, Ännchen, liebstes Ännchen! Steh auf, ich will abbitten! Ich war ein Ochs, ein Esel, verzeih mir's doch! O, ich wills' künftig besser machen und dir gewiß zeigen, wie lieb mir bist! – So machte mich, gleich vielen andern, die erste Liebe zum Narren.
Des Morgens in aller Frühe flog ich nach Ännchens Haus. – Ja, das hätt ich tun sollen, tat's aber eben nicht. Ich schämte mich vor ihr, daß mir's Herz davon weh tat, in die Seele hinein schämt ich mich, vor den Wänden, vor Sonn und Mond, vor allen Stauden schämt ich mich, daß ich gestern so erzalbern tat.
Inzwischen ward diese Liebesgeschichte, die ich gern vor mir selber verborgen hätte, bald überall laut. Die ganze Nachbarschaft, und besonders die Weiber, gafften mir, wo ich stund und ging, ins Gesicht, als ob ich ein Eisländer, ein Eskimo wäre. Meine Mutter lächelte dazu, denn Ännchen war ihr lieb, aber der Vater blickte mich desto trüber an, doch ließ er kein Wörtchen verlauten. Das war nun desto peinigender für mich. Ich ging überall umher wie der Schatten an der Wand und wünschte oft, daß ich Ännchen nie mit einem Aug gesehen hätte. Auch meine Bauersleute rochen den Braten und spotteten meiner.
Ännchens Stiefvater war ein leichtsinniger Schnapswirt: ihm galt's gleichviel, wer kam und ihm seinen Schnaps absoff.

Ich war nun in kurzem bei seinem Töchterchen wohl am Brett und genoß dann und wann ein herrliches Viertelstündchen bei ihr. Das war meinem Vater gar nicht recht. Er sprach mir ernstlich zu, es half aber zu nichts, Ännchen war mir viel zu lieb. Anne sah er für eine liederliche Dirne an. Aber Gott weiß es, das war sie nicht; das redlichste bravste Mädchen, fast meiner Länge, so schlank und so hübsch geformt, daß es eine Lust war. Aber ja, schwätzen konnt sie wie eine Dohle. Ihre Stimme klang wie ein Orgelpfeifchen. Sie war immer munter und vergnügt, um und um lauter Leben, und das macht' es eben, daß mancher Sauertopf so schlimm von ihr dachte. Wenn meine Mutter meinen Vater nicht bisweilen eines Besseren belehrt, er hätt mit Stock und Stein dreingeschlagen. So verstrich der Sommer. Noch in keinem hatten mir die Vögel, die ich alle Morgen mit Entzücken behorchte, so lieblich gesungen.

Im folgenden Frühling (1755) hieß es: Wohin nun mit soviel Buben? Jakob und Jörg wurden zum Pulvermachen bestimmt, ich zum Salpetersieden. Bei diesem Geschäft gab mir mein Vater den Uli M., einen groben, aber geraden, ehrlichen Menschen zum Gehilfen, der ehemals Soldat gewesen und das Handwerk von seinem Vater her verstand. Wir beiden Ulis fingen also miteinander im März 1755 in der Schamatten unser Gewerb an. Da gab's unter der Arbeit allerlei Gespräche, die mein Kamerad wohl durch einen Umweg und, wie ich nachwärts erfuhr, geflissen, vielleicht gar auf Anstiften meines Vaters, auf Heiratsmaterien zu lenken wußte. Er empfahl mir endlich eine schon ziemlich ältliche Tochter zur Frau, die auch meinen Eltern, dem Ätti besonders, ihres bestandenen Alters und stillen Wandels wegen wohl gefiel. Ihnen zu Gefallen führte ich diese Ursel ein paarmal zum Wein. Aber mit Ännchen verglichen war's halt wie Tag und Nacht. Als mich daher letztere eines Tags an der Straß auffing, sprach sie mit bitterm Spott: »Pfui, Uli! So ein Haargesicht, so eine Iltishaut, so ein Tanzbär! Mir sollt keiner mehr auf einen

Büchsenschuß nahekommen, der sich an einer solchen Dreckpatsche beschmiert hätte! Uhi, wie stinkst!« Das ging mir durch Mark und Bein. Ich verbiß meinen Unmut, schlug ein erzwungenes Gelächter auf und sagte: »Gut, gut, Ännchen! nächstens will ich dir alles erklären!« Und damit gingen wir voneinander. Es währte kaum vierundzwanzig Stunden, so gab ich meiner grauen Ursel förmlichen Abschied. Sie sah mir wehmütig nach und rief immer hintendrein: »Ist denn nichts mehr zu machen? Bin ich dir zu alt oder nicht hübsch genug? Nur noch einmal!« Aber ein Wort, ein Mann.
Am nächsten Huheijatag, wo Ännchen auch gegenwärtig war, sah sie, daß ich allein trank. Sie kam freundlich zu mir und lud mich auf den Abend ein. Voll Entzücken flog ich zu ihr hin und merkte bald, daß ich wieder recht willkommen war, obschon mir das schlaue Mädle über meine Bekanntschaft mit Ursel aufs neue die bittersten Vorwürfe machte. Ich erzählte ihr haarklein, wie das Ding zugegangen. Sie schien sich zu beruhigen. Das machte mich herzhafter; ich wagte zum erstenmal, es zu versuchen, sie an meine Brust zu drücken und einen Kuß anzubringen. Aber, potz Welt! Da hieß es: »So! Wer hat dich das gelehrt? Gewiß die alte Hudlerin. Geh, scher dich, und sitz erst ins Bad, dir den Unrat abzuwaschen.« Ich: »Ha! ich bitt dich, Schätzle, sei mir nicht kurios! Hab dich ja allweil geliebt und lieb dich je länger je stärker. Laß mich doch! – Nur eins!« Sie: »Absolut nicht! Um alles Geld und Gut nicht! Fort, fort, nimm deine Trallwatsch, die dir das Ding gewiesen!« Ich: »Ach, Ännchen, Schätzchen, laß mich! Hätt dich schon lang für mein Leben gern – ach, mein Gott!« Sie: »Laß mich gehn – ich bitt dich! Gewiß nicht. – Einmal jetzt nicht.« Endlich sagte sie freundlich lächelnd: »Wenn du wiederkommst!« Aber dreimal, wenn ich wiederkam, fing das verschmitzte Mädchen immer das nämliche Spiel an. So können diese schlauen Dinger die dummen Buben lehren! Endlich schlug die erwünschte Stunde. Sie wurde zahm wie ein Täubchen: »Nun ja!« sagte

sie, »s'ist wahr, du hast die Prob' ausgehalten. Du solltest mir für deine Sünd büßen. Aber die Straf hat mich mehr gekostet als dich, liebes, herziges Uechelin!« Dies sagte sie mit einem so süßen Ton, der mir jetzt wie ein fernes Silberglöcklein ins Ohr läutet. Ha! dacht ich einen Augenblick, jetzt könnt ich dich wieder strafen, loses Kind! Aber ich bedacht mich bald eines Bessern, riß mein Liebchen in meine Arme, gab ihr wohl tausend Schmätzchen auf ihr zartes Gesichtlin, überall herum, von einem Ohr bis zum andern, und Ännchen blieb mir kein einziges schuldig. Nur daß ich schwören wollte, daß die ihren noch feuriger als die meinigen waren. So ging's ohne Unterlaß fort, mit Herzen und Schäkern und Plaudern bis zur Morgendämmerung. Jetzt kehrt ich jauchzend nach Haus und glaubte, der erste und glücklichste Mensch auf Gottes Erdboden zu sein. Aber bei alldem fühlt ich's lebhaft, noch fehle mir, ich wußte doch nicht was. Meist kam's, glaub ich, darauf hinaus: O, könnt ich mein Ännchen, könnt ich dies holde Kind ganz besitzen, völlig mein heißen, und ich sein: sein Schätzchen, sein Liebchen! Wo ich darum stund und ging, waren meine Gedanken bei ihr. Alle Wochen durft ich eine Nacht zu ihr wandeln; die schien mir eine Minute, die Zwischenzeit sechs Jahre zu sein. O, der seligen Stunden! Da setzte es tausend und hunderterlei verliebte Gespräche, da eiferten wir in die Wette, einander in Honigwörtchen zu übertreffen, und jeder neue oder alte Ausdruck galt einen neuen Kuß. Ich mag nicht schwören und schwöre nicht, aber das waren gewiß nicht nur die seligsten, sondern auch die schuldlosesten Nächte meines Lebens!

CONRAD FERDINAND MEYER

Bergwasser

Schlaflos in der Alpenhütte hör' ich, wie die Wasser singen,
Die dem Haus der Bergesgeister, die dem ew'gen Eis entspringen.
Horch, sie rieseln allerorten, horch, sie rieseln allerenden,
Brausen durch die Todesschluchten, tosen von den Felsenwänden.
Die mit ihren frischen Gaben alle speisen und ernähren –
Die den schwanken Steg zerreißen, die das blache Feld verheeren.
Mit andächtgem Grau'n belausch' ich, meine Hände still gefaltet,
Dunkle Kraft, die urgewaltig mit dem kurzen Leben waltet.
Finstre Quellen, starke Wellen, ew'ge Ströme, rasche Schwingen!
Werdet ihr mich ins Verderben, werdet ihr ans Ziel mich bringen?

GOTTFRIED KELLER

Die Jungfrau und die Nonne

> Wer giebt mir Taubenflügel,
> daß ich auffliege und Ruhe finde.
> (Ps. 55, 7)

Ein Kloster lag weitausschauend auf einem Berge und seine Mauern glänzten über die Lande. Innen aber war es voll Frauen, schöne und nicht schöne, welche alle nach strenger Regel dem Herrn dienten und seiner jungfräulichen Mutter. Die schönste von den Nonnen hieß Beatrix und war die Küsterin des Klosters. Herrlich gewachsen von Gestalt, that sie edlen Ganges ihren Dienst, besorgte Chor und Altar, waltete in der Sakristei und läutete die Glocke vor dem Morgenrot und wenn der Abendstern aufging.
Aber dazwischen schaute sie vielmal feuchten Blickes in das Weben der blauen Gefilde; sie sah Waffen funkeln, hörte das Horn der Jäger aus den Wäldern und den hellen Ruf der Männer, und ihre Brust war voll Sehnsucht nach der Welt. Als sie ihr Verlangen nicht länger bezwingen konnte, stand sie in einer mondhellen Juninacht auf, bekleidete sich mit neuen starken Schuhen und trat vor den Altar, zum Wandern gerüstet. »Ich habe Dir nun manches Jahr treu gedient«, sagte sie zur Jungfrau Maria, »aber jetzt nimm Du die Schlüssel zu Dir, denn ich vermag die Glut in meinem Herzen nicht länger zu ertragen!« Hierauf legte sie ihren Schlüsselbund auf den Altar und ging aus dem Kloster hinaus. Sie stieg hernieder durch die Einsamkeit des Berges und wanderte, bis sie in einem Eichenwalde auf einen Kreuzweg gelangte, wo sie unschlüssig, nach welcher Seite sie sich wenden sollte, sich an einem Quell niedersetzte, der da für die Vorüberzie-

henden in Stein gefaßt und mit einer Bank versehen war. Dort saß sie, bis die Sonne aufging, und wurde feucht vom fallenden Tau.
Da kam die Sonne über die Baumkronen und ihre ersten Strahlen, welche durch die Waldstraße schossen, trafen einen prächtigen Ritter, der völlig allein in seinen Waffen daher geritten kam. Die Nonne schaute aus ihren schönen Augen, so stark sie konnte, und verlor keinen Zoll von der mannhaften Erscheinung; aber sie hielt sich so still, daß der Ritter sie nicht gesehen, wenn nicht das Geräusch des Brunnens sein Ohr berührt und seine Augen hingelenkt hätte. Sogleich bog er seitwärts nach dem Quell, stieg vom Pferd und ließ es trinken, während er die Nonne ehrerbietig begrüßte. Es war ein Kreuzfahrer, welcher nach langer Abwesenheit einsam heimwärts zog, nachdem er alle seine Leute verloren. Trotz seiner Ehrerbietung wandte er aber kein Auge von der Schönheit der Beatrix, welche ihrerseits es ebenso hielt und den Kriegsmann nach wie vor anstaunte; denn das war ein beträchtliches Stück von der Welt, nach der sie sich schon lange im Stillen gesehnt hatte. Doch jählings schlug sie die Augen nieder und schämte sich. Endlich fragte sie der Ritter, welchen Weges sie zöge und ob er ihr in etwas dienen könne? Der volle Klang seiner Worte schreckte sie auf; sie sah ihn abermals an, und bethört von seinen Blicken gestand sie, daß sie dem Kloster entflohen sei, um die Welt zu sehen, daß sie sich aber schon fürchte und weder ein noch aus wisse. Da lachte der Ritter, welcher nicht auf den Kopf gefallen war, aus vollem Herzen, und bot der Dame an, sie vorläufig auf einen guten Weg zu leiten, wenn sie sich ihm anvertrauen wolle. Seine Burg, fügte er hinzu, sei nicht weiter als eine Tagereise von hier entfernt; dort möge sie, sofern es ihr gefalle, in Sicherheit sich vorbereiten und nach weislicher Erwägung in die weite schöne Welt auslaufen.
Ohne Erwiderung, aber auch ohne Widerstand ließ sie sich, immerhin ein wenig zitternd, auf das Pferd heben; der Ritter

schwang sich nach und, die rotglühende Nonne vor sich, trabte er lustig durch Wälder und Auen.

Zwei- oder dreihundert Pferdelängen weit hielt sie sich aufrecht und schaute unverwandt in die Weite, während sie ihre Hand gegen seine Brust stemmte. Bald aber lag ihr Gesicht an dieser Brust aufwärts gewendet und litt die Küsse, welche der reisige Herr darauf drückte; und abermals nach dreihundert Schritten erwiderte sie dieselben schon so eifrig, als ob sie niemals eine Klosterglocke geläutet hätte. Unter solchen Umständen sahen sie nichts vom Lande und vom Lichte, das sie durchzogen, und die Nonne, die sich erst nach der weiten Welt gesehnt, schloß jetzt ihre Augen vor derselben und beschränkte sich auf einen Bezirk, den ein Pferd auf seinem Rücken forttragen konnte.

Auch Wonnebold, der Ritter, dachte kaum an seiner Väter Burg, bis die Türme derselben im Mondlichte vor ihm glänzten. Aber still war es um die Burg und noch stiller in derselben und nirgends ein Licht zu erblicken. Vater und Mutter Wonnebolds waren gestorben und alles Gesinde weggezogen bis auf ein steinaltes Schloßvögtchen, welches nach langem Klopfen mit einer Laterne erschien und vor Freuden beinahe starb, als es den Ritter vor dem mühsam geöffneten Thore erblickte. Doch hatte der Alte trotz seiner Einsamkeit und seiner Jahre das Innere der Burg in wohnlichem Zustande erhalten und besonders das Gemach des Ritters in immerwährende Bereitschaft gesetzt, damit derselbe wohl ausruhen könne jeden Augenblick, wo er von seinen Fahrten zurückkäme. So ruhte denn Beatrix mit ihm und stillte ihr Verlangen. Keines dachte nun daran, sich vom andern zu trennen. Wonnebold öffnete die Truhen seiner Mutter. Beatrix kleidete sich in die reichen Gewänder derselben und schmückte sich mit ihrem Geschmeide, und so lebten sie vor der Hand herrlich und in Freuden, nur daß die Dame recht- und namenlos dahin lebte und von ihrem Geliebten als dessen Leibeigene angesehen wurde; indessen verlangte sie nichts Besseres.

Einst aber kehrte ein fremder Baron mit Gefolge auf der Burg ein, die sich inzwischen auch wieder mit Dienstleuten bevölkert hatte, und es wurde zu dessen Ehren festlich gelebt. Endlich gerieten die Männer auch auf das Würfelspiel, bei welchem der Hausherr so glücklich und beständig gewann, daß er im Rausche seines Glücks und seines Glaubens daran sein Liebstes, wie er sagte, aufs Spiel setzte, nämlich die schöne Beatrix, wie sie war samt dem köstlichen Geschmeide, das sie eben trug, gegen ein altes melancholisches Bergschloß, welches sein Gegner lächelnd einsetzte.
Beatrix, welche dem Spiele vergnügt zugeschaut hatte, erbleichte, und mit Recht; denn der alsobald erfolgte Wurf ließ den Übermütigen im Stich und gab dem Baron gewonnen. Der säumte nicht, sondern brach augenblicklich auf mit seinem süßen Gewinnst und mit seinem Gefolge; kaum fand Beatrix noch Zeit, die unglücklichen Würfel an sich zu nehmen und in ihrem Busen zu verbergen, worauf sie unter strömenden Thränen dem rücksichtslosen Gewinner folgte.
Als der kleine Zug einige Stunden geritten war, gelangte er in ein anmutiges Gehölz von jungen Buchen, durch welches ein klarer Bach floß. Wie ein leichtes grünes Seidenzelt schwebte die zarte Belaubung in der Höhe, von den schlanken Silberstangen emporgehalten, und die offene Sommerlandschaft schaute darunter herein. Hier wollte der Baron mit seiner Beute ausruhen. Er hieß seine Leute ein Stück vorwärts fahren, indessen er sich mit Beatrix in der luftigen Grüne niederließ und sie mit Liebkosungen an sich ziehen wollte. Da erhob sie sich stolz und indem sie einen flammenden Blick auf ihn warf, rief sie: wohl habe er ihre Person gewonnen, nicht aber ihr Herz, welches nicht für ein altes Gemäuer zu gewinnen sei. Wenn er ein Mann, so solle er etwas Rechtes dagegen einsetzen. Wolle er sein Leben daran wagen, so könne er um ihr Herz würfeln, welches ihm, wenn er gewinne, auf ewig verpfändet und zu eigen sein solle; wenn aber sie gewinne, so solle sein Leben in ihrer Hand stehen

und sie wieder eigene Herrin ihrer ganzen Person sein. Dies sagte sie mit großem Ernste, sah ihn aber dabei so seltsam an, daß ihm jetzt erst das Herz zu klopfen anfing und er verwirrt sie betrachtete. Immer schöner schien sie zu werden, als sie mit leiserer Stimme und fragendem Blicke fortfuhr: »Wer wird ein Weib minnen wollen ohne Gegenminne und das von seinem Mute nicht überzeugt ist? Gebt mir Euer Schwert, nehmt hier die Würfel und wagt es, so mögen wir verbunden werden wie zwei rechte Liebende!« Zugleich drückte sie ihm die busenwarmen Elfenbeinwürfel in die Hand. Bethört gab er ihr sein Schwert samt dem Gehänge und warf sofort elf Augen mit einem Wurfe.
Hierauf ergriff Beatrix die Würfel, schüttelte sie mit einem geheimen Seufzer zur heiligen Maria, der Mutter Gottes, heftig in ihren hohlen Händen, und warf zwölf Augen, womit sie gewann.
»Ich schenk' Euch Euer Leben!« sagte sie, verneigte sich ernsthaft vor dem Baron, nahm ihre Gewänder ein wenig zusammen und das Schwert unter den Arm und ging dann eilfertig davon in der Richtung, woher sie gekommen waren. Als sie jedoch dem noch ganz verblüfften und zerstreuten Herrn aus den Augen war, ging sie schlauer Weise nicht weiter, sondern um das Gehölze herum, trat leise wieder in dasselbe hinein und verbarg sich, kaum fünfzig Schritte von dem Getäuschten entfernt, hinter den Buchenstämmchen, welche sich in dieser Entfernung durch ihre Menge eben hinreichend in einander schoben, um die kluge Frau zur Not zu bedecken. Sie hielt sich ganz still; nur ein Sonnenstrahl fiel auf einen edlen Stein an ihrem Hals, so daß derselbe durch das Gehölz blitzte, ohne daß sie es wußte. Der Baron sah sogar diesen Schein und starrte in seiner Verwirrung einen Augenblick hin. Aber er hielt es für einen schimmernden Tautropfen an einem Baumblatt und achtete nicht darauf.
Endlich erwachte er aus seiner Starrheit und stieß mit Macht in sein Jagdhorn. Als seine Leute herbei gekommen, sprang

er aufs Pferd und jagte der Entflohenen nach, um sich ihrer wieder zu versichern. Es dauerte wohl eine Stunde, bis die Reiter wieder zurückkamen und verdrießlich und langsam durch die Buchen zogen, ohne sich diesmal aufzuhalten. Sobald die lauschende Beatrix den Weg sicher sah, machte sie sich auf und eilte heimwärts, ohne ihre feinen Schuhe zu schonen.

Wonnebold hatte in der Zeit einen sehr schlechten Tag verbracht, von Reue und Zorn gepeinigt, und da er wohl fühlte, daß er sich auch vor der so leichtfertig verspielten Geliebten schämte, ward er inne, wie hoch er sie unbewußt hielt und daß er kaum ohne sie leben mochte. Als sie daher unversehens vor ihm stand, breitete er, noch ehe er seine Überraschung ausdrückte, seine Arme nach ihr aus und sie eilte ohne Klagen und ohne Vorwürfe in dieselben hinein. Laut lachte er auf, als sie ihm ihre Kriegslist erzählte, und wurde nachdenklich über ihre Treue; denn jener Baron war ein ganz ansehnlicher und schmucker Gesell.

Um sich nun gegen alle künftigen Unfälle zu wahren, machte er die schöne Beatrix zu seiner rechtmäßigen Gemahlin vor allen seinen Standesgenossen und Hörigen, so daß sie von jetzt an eine Rittersfrau vorstellte, die ihresgleichen suchte bei Jagden, Festen und Tänzen sowohl als in den Hütten der Unterthanen und im Herrenstuhl der Kirche.

Die Jahre gingen wechselvoll vorüber, und während zwölf reichen Herbsten gebar sie ihrem Gatten acht Söhne, welche emporwuchsen wie junge Hirsche.

Als der älteste achtzehn Jahre zählte, erhob sie sich in einer Herbstnacht von der Seite ihres Wonneboldes, ohne daß er es merkte, legte sorgfältig all' ihren weltlichen Staat in die nämlichen Truhen, aus denen er einst genommen worden, und verschloß sie, die Schlüssel an die Seite des Schlafenden legend. Dann ging sie mit bloßen Füßen vor das Lager ihrer Söhne und küßte leise einen nach dem andern; zuletzt ging sie wieder an das Bett ihres Mannes, küßte denselben auch, und erst jetzt schnitt sie sich das lange Haar vom Haupt, zog das dunkle Nonnengewand wieder an, welches sie sorgfältig aufbewahrt hatte, und so verließ sie heimlich die Burg und wanderte durch die brausenden Winde der Herbstnacht und durch das fallende Laub jenem Kloster zu, welchem sie einst entflohen war. Unermüdlich ließ sie die Kugeln ihres Rosenkranzes durch die Finger rollen und überdachte betend das genossene Leben.

So wallte sie unverdrossen, bis sie wieder vor der Klosterpforte stand. Als sie anklopfte, that die gealterte Pförtnerin auf und grüßte sie gleichgültig mit ihrem Namen, als ob sie kaum eine halbe Stunde abwesend geblieben wäre. Beatrix ging an ihr vorüber in die Kirche, warf sich vor dem Altar der heiligen Jungfrau auf die Knie und diese begann zu sprechen und sagte: »Du bist ein bißchen lange weggeblieben, meine Tochter! Ich habe die ganze Zeit Deinen Dienst als Küsterin versehen; jetzt bin ich aber doch froh, daß Du da bist und die Schlüssel wieder übernimmst!«

Das Bild neigte sich herab und gab der Beatrix die Schlüssel, welche über das große Wunder freudig erschrak. Sogleich that sie ihren Dienst und ordnete das und jenes, und als die Glocke zum Mittagsmahl erklang, ging sie zu Tisch. Viele Nonnen waren alt geworden, andere gestorben, junge waren neu angekommen und eine andere Äbtissin saß oben am Tisch; aber niemand gewahrte, was mit Beatrix, welche ihren gewohnten Platz einnahm, vorgegangen war; denn die Maria hatte ihre Stelle in der Nonne eigener Gestalt versehen.

Nachdem nun abermals etwa zehn Jahre vergangen waren, feierten die Nonnen ein großes Fest und wurden einig, daß jede von ihnen der Mutter Gottes ein Geschenk, so fein sie es zu bereiten vermöchte, darbringen solle. So stickte die eine ein köstliches Kirchenbanner, die andere eine Altardecke, die dritte ein Meßgewand. Eine dichtete einen lateinischen Hymnus und die andere setzte ihn in Musik, die dritte malte und schrieb ein Gebetbuch. Welche gar nichts Anderes konnte, nähte dem Christuskinde ein neues Hemdchen, und die Schwester Köchin buk ihm eine Schüssel Kräpflein. Einzig Beatrix hatte nichts bereitet, da sie etwas müde war vom Leben und mit ihren Gedanken mehr in der Vergangenheit lebte als in der Gegenwart.

Als nun der Festtag anbrach und sie keine Weihgabe darlegte, wunderten sich die übrigen Nonnen und schalten sie darum, so daß sie sich in Demut seitwärts stellte, als in der blumengeschmückten Kirche alle jene prächtigen Dinge vor den Altar gelegt wurden im feierlichen Umgang, während die Glocken läuteten und die Weihrauchwolken emporstiegen.

Wie hierauf die Nonnen gar herrlich zu singen und zu musizieren begannen, zog ein greiser Rittersmann mit acht bildschönen bewaffneten Jünglingen des Weges, alle auf stolzen Rossen, von ebensoviel reisigen Knappen gefolgt. Es war Wonnebold mit seinen Söhnen, die er dem Reichsheere zuführte.

Das Hochamt in dem Gotteshaus vernehmend, hieß er seine Söhne absteigen und ging mit ihnen hinein, um der heiligen Jungfrau ein gutes Gebet darzubringen. Jedermann erstaunte über den herrlichen Anblick, als der eiserne Greis mit den acht jugendlichen Kriegern kniete, welche wie ebensoviel geharnischte Engel anzusehen waren, und die Nonnen wurden irre in ihrer Musik, daß sie einen Augenblick aufhörten. Beatrix aber erkannte alle ihre Kinder an ihrem Gemahl, schrie auf und eilte zu ihnen, und indem sie sich zu erkennen gab, verkündigte sie ihr Geheimnis und erzählte das große Wunder, das sie erfahren habe.

So mußte nun jedermann gestehen, daß sie heute der Jungfrau die reichste Gabe dargebracht; und daß dieselbe angenommen wurde, bezeugten acht Kränze von jungem Eichenlaub, welche plötzlich an den Häuptern der Jünglinge zu sehen waren, von der unsichtbaren Hand der Himmelskönigin darauf gedrückt.

ROBERT WALSER

Die Schlacht bei Sempach

Eines Tages, mitten im heißen Sommer, zog sich auf der staubbedeckten Landstraße ein Heereszug in die Luzerner Gegend langsam dahin. Die helle, eigentlich mehr als helle Sonne blendete auf die tanzenden Rüstungen herab, auf Rüstungen, die Menschenkörper bedeckten, auf tanzende Rosse, auf Helme und Stücke Gesichter, auf Pferdeköpfe und Schweife, auf Zierate und Büsche und Steigbügel, die groß waren wie Schneeschuhe. Rechts und links von dem glänzenden Heereszug breiteten sich Wiesen mit Tausenden von Obstbäumen aus, bis an Hügel heran, die aus der blauduftenden, halb verschwommenen Ferne wie leise und behutsam gemalte Dekorationen winkten und wirkten. Es war eine vormittäglich drückende Hitze, eine Wiesenhitze, eine Gras-, Heu- und Staubhitze, denn Staub wurde aufgeworfen wie dicke Wolken, die manchmal Stücke und Teile vom Heer einhüllen wollten. Schleppend, stampfend und nachlässig ging die schwere Kavalkade vorwärts; sie glich oft einer schillernden, langen Schlange, oft einer Eidechse ungeheuren Umfanges, oft einem großen Stück Tuch, reich von Figuren und farbigen Formen durchwoben und feierlich nachgezogen, wie Damen, meinetwegen ältliche und herrische, gewöhnt sind, Schleppen nachzuziehen. In der ganzen Art und Weise dieses Heergewoges, im Stampfen und Klirren, in diesem schnöden schönen Gerassel lag ein einziges ›Meinetwegen‹ enthalten, etwas Freches, sehr Zuversichtliches, etwas Umwerfendes, träg beiseite Schiebendes. Alle diese Ritter unterhielten sich, so gut es durch die stählernen Mäuler gehen wollte, in fröhlichem Wortgefecht miteinander; Lachen ertönte und dieser Laut paßte vorzüglich zu dem hellen Ton, den die Waffen und Ketten und goldenen Gehänge verur-

sachten. Die Morgensonne schien manches Blech und feinere Metall noch zu liebkosen, die Pfeifentöne flogen zu der Sonne hinauf; ab und zu reichte einer der vielen zu Fuß daherstelzenden Diener seinem reitenden Herrn einen delikaten Bissen, an eine silberne Gabel gesteckt, zum schwankenden Sattel hinauf. Wein wurde flüchtig getrunken, Geflügel verzehrt und nicht Eßbares ausgespuckt, mit einer leichten, sorglosen Gemütlichkeit, denn es ging ja in keinen ernsthaften, ritterlichen Krieg, es ging zu Abstrafung, Notzucht, zu blutigen, höhnischen, schauspielerischen Dingen, so dachte jeder; und jeder erblickte schon die Masse von abgeschlagenen Köpfen, die die Wiese blutig färben sollten. Unter den Kriegsherren befand sich mancher wundervolle junge adelige Mensch in herrlicher Bekleidung, zu Pferd sitzend wie ein vom blauen, ungewissen Himmel niedergeflogener männlicher Engel. Mancher hatte den Helm, um es sich bequem gemacht zu haben, abgezogen und einem Troßbuben zum Tragen herabgereicht und zeigte so der freien Luft ein sonderbar von Unschuld und Übermut schön gezeichnetes Gesicht. Man erzählte die neuesten Witze und besprach die jüngsten Geschichten von galanten Frauen. Wer ernst blieb, wurde zum besten gehalten; eine nachdenkliche Miene schien man heute unanständig und unritterlich zu finden. Die Haare der Jünglinge, die ihren Helm abgenommen hatten, glänzten und dufteten von Salben und Öl und wohlriechendem Wasser, das sie sich aufgeschüttet hatten, als habe es gegolten, zu einer koketten Dame zu reiten, um ihr reizende Lieder vorzusingen. Die Hände, von denen die eisernen Handschuhe abgestreift worden, sahen nicht kriegerisch, vielmehr gepflegt und verhätschelt aus, schmal und weiß wie Hände von jungen Mädchen.
Einer allein in dem tollen Zug war ernst. Schon sein Äußeres, eine tiefschwarze, von zartem Gold durchbrochene Rüstung, zeigte an, wie der Mensch, den sie deckte, dachte. Es war der edle Herzog Leopold von Österreich. Dieser Mann

sprach kein Wort; er schien ganz in sorgenvolle Gedanken versunken. Sein Gesicht sah aus wie das eines Menschen, der von einer frechen Fliege um das Auge herum belästigt wird. Diese Fliege wird wohl seine böse Ahnung gewesen sein, denn um seinen Mund spielte ein fortwährendes verächtlich-trauriges Lächeln; das Haupt hielt er gesenkt. Die ganze Erde, so heiter sie auch aussah, schien ihm zornig zu rollen und zu donnern. Oder war es nur der trampelnde Donner der Pferdehufe, da man jetzt eine hölzerne Reußbrücke passierte? Immerhin: etwas Unheilverkündendes wob schauerlich um des Herzogs Gestalt.

In der Nähe des Städtchens Sempach machte das Heer halt; es war jetzt so um zwei Uhr nachmittags. Vielleicht war es auch drei Uhr; es war den Rittern so gleichgültig, wieviel Uhr es sein mochte; ihretwegen hätte es zwanzig Uhr sein dürfen: sie würden es auch in der Ordnung gefunden haben. Man langweilte sich schon schrecklich und fand jede leise Spur von kriegerischer Maßregel lächerlich. Es war ein stumpfsinniger Moment, es glich einem Scheinmanöver, wie man jetzt aus den Sätteln sprang, um Stellung zu nehmen. Das Lachen wollte nicht mehr tönen, man hatte schon so viel gelacht, eine Ermattung, ein Gähnen stellte sich ein. Selbst die Rosse schienen zu begreifen, daß man jetzt nur noch gähnen könne. Das dienende Fußvolk machte sich hinter die Reste der Speisen und Weine, soff und fraß, was es noch zu fressen und zu saufen gab. Wie lächerlich dieser ganze Feldzug allen erschien! Dieses Lumpenstädtchen, das noch trotzte: wie dumm das war!
Da ertönte plötzlich in die furchtbare Hitze und Langeweile hinein der Ruf eines Hornes. Eine eigentümliche Ankündigung, die ein paar aufmerksamere Ohren horchen ließ: Was kann da nun sein? Horch: schon wieder! Da tönte es schon wieder, wirklich, und man hätte allgemein glauben sollen, diesmal ertöne es in weniger weiter Entfernung. »Aller guten

Dinge sind drei«, lispelte ein geckiger Witzbold; »töne doch noch einmal, Horn!« Eine Weile verging. Man war etwas nachdenklich geworden; und nun, mit einem Mal, fürchterlich, als hätte das Ding Flügel bekommen und reite auf feurigen Ungeheuern daher, flammend und schreiend, setzte es noch einmal an, ein langer Schrei: Wir kommen! Es war in der Tat, als bekomme da plötzlich eine Unterwelt Lust, durch die harte Erde durchzubrechen. Der Ton glich einem sich öffnenden dunklen Abgrund und es wollte scheinen, als ob jetzt die Sonne aus einem finsteren Himmel herableuchte, noch glühender, noch greller, aber wie aus einer Hölle, nicht wie aus einem Himmel herab. Man lachte auch jetzt noch; es gibt ja Momente, wo der Mensch glaubt, lächeln zu sollen, während er sich vom Entsetzen angepackt fühlt. Die Stimmung eines Heereszuges von vielen Menschen ist schließlich ja nicht viel anders als die Stimmung eines einzelnen, einsamen Menschen. Die ganze Landschaft in ihrer brütend weißlichen Hitze schien jetzt nur noch immer Tut zu machen, sie war zum Hörnerton geworden; und nun warf sich denn auch alsobald zu dem Tonraum, wie aus einer Öffnung, der Haufe von Menschen heraus, denen der Ruf vorausgegangen war. Jetzt hatte die Landschaft keine Kontur mehr: Himmel und sommerliche Erde verschwammen in ein Festes; aus der Jahreszeit, die verschwand, war ein Fleck, ein Fechtboden, ein kriegerischer Spielraum, ein Schlachtfeld geworden. In einer Schlacht geht die Natur immer unter, der Würfel herrscht nur noch, das Gewebe der Waffen, der Haufe Volkes und der andere Haufe Volkes.

Der vorwärtseilende, allem Anschein nach hitzige Volkshaufe kam näher heran. Und der ritterliche Haufe war fest, er schien auf einmal ineinandergewachsen zu sein. Kerle von Eisen hielten ihre Lanzen vor, daß man auf der Lanzenbrücke hätte per Break spazierenfahren können, so dicht waren die Ritter eingeklemmt und so stumpfsinnig stach Lanz an Lanze nach vorn, unbeweglich, unverrückbar, gerade etwas, sollte man gemeint haben, für so eine drängende, stürmende Menschenbrust, die sich daran festspießen könnte. Hier ist eine stupide Wand von Spitzen, dort Menschen, mit Hemden zur Hälfte bedeckt. Hier Kriegskunst von der borniertesten Sorte, dort Menschen von ohnmächtigem Zorn ergriffen. Da stürmte nun immer einer und dann der andere, verwegen, um nur dieser ekelhaften Unlust ein Ende zu machen, in eine der Lanzenspitzen, toll, verrückt, vom Zorn und von der Wut hingeworfen. Natürlich auf die Erde, ohne nur den behelmten und befiederten Lümmel aus Eisen noch mit der Handwaffe getroffen zu haben, erbärmlich aus der Brust blutend, sich überschlagend, das Gesicht in den staubigen Rossedreck, den hier die adeligen Rosse hinterlassen hatten. So ging's all diesen beinahe unbekleideten Menschen, während die Lanzen, schon von dem Blut gerötet, höhnisch zu lächeln schienen.

Nein: Das war nichts; man sah sich auf der Seite der ›Menschen‹ genötigt, einen Trick anzuwenden. Der Kunst gegenübergestellt, wurde Kunst nötig oder irgendein hoher Gedanke; und dieser höhere Gedanke, in Gestalt eines Mannes von hoher Figur, trat auch alsogleich vor, merkwürdig, wie von einer überirdischen Macht vorgeschoben, und sprach zu seinen Landsleuten: »Sorget ihr für mein Weib und für meine Kinder, ich will euch eine Gasse bohren«; und warf sich blitzschnell, um nur ja nicht an seiner Lust, sich zu opfern, zu erlahmen, in vier, fünf Lanzen, riß auch noch mehrere, so viele, wie er sterbend packen konnte, nach unten, zu seiner Brust, als könne er gar nicht genug eiserne Spitzen umarmen und an sich drücken, um nur ja so recht aus dem Vollen untergehen zu können, und lag am Boden und war Brücke geworden für Menschen, die auf seinen Leib traten, auf den hohen Gedanken, der eben getreten sein wollte. Nichts wird je wieder einem solchen Schmettern gleichen, wie nun die leichten, von der Wut gestoßenen und gehobenen Berges- und Talmenschen hineinschmetterten, in die tolpatschige verruchte Wand hinein, und sie zerrissen und zerklopften, Tigern ähnlich, die eine wehrlose Herde von Kühen zerreißen. Die Ritter waren jetzt fast ganz wehrlos geworden, da sie sich, in ihre Enge gekeilt, kaum nach einer Seite bewegen konnten. Was auf Pferden saß, wurde wie Papiere hinuntergeworfen, daß es krachte, wie mit Luft gefüllte Tüten krachen, wenn man sie zwischen zwei Händen zusammenschlägt. Die Waffen der Hirten erwiesen sich jetzt als furchtbar und ihre leichte Bekleidung als gerade recht; um so lästiger waren die Rüstungen für die Ritter. Köpfe wurden von Hieben gestreift, scheinbar nur gestreift und erwiesen sich schon als eingeschlagen. Es wurde immer geschlagen, Pferde wurden umgeworfen, die Wut und die Kraft nahmen immer zu, der Herzog wurde getötet; es wäre ein Wunder gewesen, wenn er nicht getötet worden wäre. Diejenigen, die schlugen, schrien dazu, als gehöre es sich so, als wäre das Töten eine noch zu geringfügige Vernichtung, etwas nur Halbes.

Hitze, Dampf, Blutgeruch, Dreck und Staub und das Geschrei und Gebrüll vermischten sich zu einem wilden, höllischen Getümmel. Sterbende empfanden kaum noch ihr Sterben, so rapid starben sie. Sie erstickten vielfach in ihren prahlerischen Eisenrüstungen, diese adeligen Dreschflegel. Was galt nun noch eine Stellungnahme? Jeder würde gern darauf gepfiffen haben, wenn er überhaupt noch hätte pfeifen können. An die hundert schönen Edelleute ertranken, nein: ersoffen im nahegelegenen Sempachersee; sie ersoffen, denn sie wurden wie Katzen und Hunde ins Wasser gestürzt, sie überpurzelten und überschlugen sich in ihren eleganten Schnabelschuhen, daß es eine wahre Schande war. Der herrlichste Eisenpanzer konnte nur noch Vernichtung versprechen und die Verwirklichung dieser Ahnung war eine fürchterlich korrekte. Was war es nun, daß man daheim, irgendwo im Aargau oder in Schwaben, Schloß, Land und Leute besaß, eine schöne Frau, Knechte, Mägde, Obstland, Feld und Wald und Abgaben und die feinsten Privilegien? Das machte das Sterben in diesen Pfützen, zwischen dem straffgezogenen Knie eines tollen Hirten und einem Stück Boden, nur noch bitterer und elender. Natürlich zerstampften die Prachtrosse in wilder Flucht ihre eigenen Gebieter; viele Herren auch blieben, indem sie jählings absteigen wollten, in den Steigbügeln mit ihren dummen Modeschuhen hängen, so daß sie mit den blutenden Hinterköpfen die Wiesen küßten, während die erschreckten Augen, bevor sie erloschen, den Himmel über sich wie eine ergrimmte Flamme brennen sahen. Freilich brachen auch Hirten zusammen, aber auf einen Nacktbrüstigen und Nacktarmigen kamen immer zehn Stahlbedeckte und Eingemummelte. Die Schlacht bei Sempach lehrt eigentlich, wie furchtbar dumm es ist, sich einzumummeln. Hätten sie sich bewegen können, diese Hampelmänner: gut, sie würden sich eben bewegt haben; einige taten es, da sie endlich sich vom Allerunerträglichsten, was sie über dem Leib hatten, befreit hatten. »Ich kämpfe mit Sklaven, o Schande!« rief ein schöner Junge mit gelblich vom Haupt niederquellenden Locken und sank, von einem grausamen Hieb ins liebe Gesicht getroffen, zu Boden, wo er, zu Tode verwundet, ins Gras biß mit dem halb zerschmetterten Munde. Ein paar Hirten, die ihre Mordwaffen aus den Händen verloren hatten, fielen wie Ringer auf dem Ringplatz die Gegner von unten herauf mit Nacken und Kopf an oder warfen sich, den Streichen ausweichend, auf den Hals der Ritter und würgten, bis abgewürgt war.

Inzwischen war Abend geworden, in den Bäumen und Büschen glühte das erlöschende Licht, während die Sonne zwischen den dunklen Vorbergen wie ein toter, schöner, trauriger Mann untersank. Die grimmige Schlacht hatte ein Ende. Die schneeweißen, blassen Alpen hingen im Hintergrund der Welt ihre schönen, kalten Stirnen hinunter. Man sammelte jetzt die Toten, man ging zu diesem Zweck still umher, hob auf, was an gefallenen Menschen am Boden lag, und trug es in das Massengrab, das andere gegraben hatten. Fahnen und Rüstungen wurden zusammengetan, bis es ein stattlicher Haufe wurde. Geld und Kostbarkeiten, alles gab man an einem bestimmten Ort ab. Die meisten dieser einfachen, starken Männer waren still und gut geworden; sie betrachteten den erbeuteten Schmuck nicht ohne wehmutsvolle Verachtung, gingen auf den Wiesen umher, sahen den Erschlagenen in die Gesichter und wuschen Blut ab, wo es sie reizte, zu sehen, wie etwa noch die besudelten Gesichtszüge aussehen mochten. Zwei Jünglinge fand man zu Füßen eines Buschwerkes mit Gesichtern, so jung und hell, mit im Tode noch lächelnden Lippen, umarmt am Boden. Dem einen war die Brust eingeschlagen, dem anderen der Leib durchgehauen worden. Bis in die späte Nacht hatten sie zu tun; mit Fackeln wurde dann gesucht. Den Arnold von Winkelried fanden sie und erschauerten beim Anblick dieser Leiche. Als die Männer ihn begruben, sangen sie mit dunkeln Stimmen eins ihrer schlichten Lieder; mehr Gepränge gab es da nicht. Priester waren nicht da; was hätte man mit Priestern tun sollen? Beten und dem Herrgott danken für den erfochtenen Sieg: das durfte ruhig ohne kirchliches Gefackel geschehen. Dann zogen sie heim. Und nach ein paar Tagen waren sie wieder in ihre hohen Täler zerstreut, arbeiteten, dienten, wirtschafteten, sahen nach den Geschäften, versahen das Nötige und sprachen noch manchmal ein Wort von der erlebten Schlacht; nicht viel. Sie sind nicht gefeiert worden (ja, vielleicht ein bißchen, in Luzern beim Einzug): gleichviel, die Tage gingen darüber weg, denn barsch und rauh werden die Tage mit ihren mannigfachen Sorgen schon damals, Anno 1386, gewesen sein. Eine große Tat tilgt die mühselige Folge der Tage nicht aus. Das Leben steht an einem Schlachtentag noch lange nicht still; die Geschichte nur macht eine kleine Pause, bis auch sie, vom herrischen Leben gedrängt, vorwärtseilen muß.

EDWARD WHYMPER

Matterhorn

An einem herrlich wolkenlosen Morgen brachen wir am 13. Juli 1865 um halb sechs von Zermatt auf. Wir waren unser acht: Michel Croz, der alte Peter Taugwalder mit seinen beiden Söhnen, Lord Francis Douglas, (der neunzehnjährige) Hadow, Rev. Hudson und ich (die sich zufällig tags zuvor in Zermatt begegnet waren; keiner der vier Engländer kannte den andern). Um flott voran zu kommen, gingen jeweils ein Tourist und ein Einheimischer zusammen.

Mir fiel der jüngste Taugwalder als Begleiter zu, der tüchtig ausschritt und ganz glücklich war, daß er mit dabei sein durfte und seine Kräfte zeigen konnte. Die Weinschläuche hatte ich zu tragen, und den ganzen Tag füllte ich nach jedem Trunk heimlich Wasser nach, so daß sie bei der nächsten Rast voller waren als zuvor. Dies wurde als gutes Omen betrachtet und geradezu als Wunder bestaunt.

Am ersten Tag wollten wir nicht zu hoch steigen. Wir ließen uns daher Zeit. Kurz vor halb neun Uhr nahmen wir die Sachen mit, die wir in der Kapelle am Schwarzsee deponiert hatten, und folgten dann dem Gratrücken, der das Hörnli mit dem Matterhorn verbindet. Um halb zwölf standen wir am eigentlichen Bergfuß, verließen hier den Hörnlirücken und kletterten auf Bändern zur Ostseite hinüber. Mit Staunen bemerkten wir, daß Stellen, die von der Riffel und selbst vom Furggengletscher aus ungangbar aussahen, nun so harmlos waren, daß wir auf ihnen herumspazieren konnten.

In einer Höhe von 11 000 Fuß hatten wir einen guten Platz für das Zelt gefunden. Croz und der junge Peter stiegen höher, um zu sehen, wie und wo es weiterginge, um am nächsten Morgen Zeit zu gewinnen. Sie querten die oberen Schneefelder, die gegen den Furggengletscher zu abfallen, und verschwanden um eine Ecke. Bald darauf sahen wir sie hoch oben in flotter Bewegung.

Inzwischen bauten wir an geschützter Stelle ein ordentliches Fundament für das Zelt und warteten voll Spannung auf die Rückkehr unserer Leute. Die Steine, die sie beim Klettern lösten, sagten uns, daß sie weit oben sein mußten und wohl kaum auf Schwierigkeiten stießen.

Gegen drei Uhr sahen wir sie endlich, offenbar in großer Aufregung, zurückkommen. »Peter, was meinen Sie, daß sie berichten werden?« – »Meine Herren, sie werden erzählen, daß es schlecht aussieht.« Als sie dann bei uns waren, hörten wir etwas ganz anderes: »Alles in Ordnung, keine Schwierigkeiten! Wir hätten leicht noch den Gipfel erreichen und heute noch zurück sein können.«

Solange es hell blieb, lagen wir in der Sonne, zeichneten oder sammelten Steine. Als die Sonne, für morgen einen guten Tag versprechend, unterging, richteten wir uns für die Nacht ein. Hudson kochte Tee, ich hielt mich an Kaffee und dann wickelten wir uns in die Decken. Die Taugwalders, Lord Douglas und ich teilten uns in das Zelt, Hudson, Hadow und Croz zogen das Freie vor. Noch lange hallten die Felsen von unserem Lachen und vom Singen der Führer wider. Wir fühlten uns geborgen und zufrieden und dachten an keine Gefahr.

Schon vor Tagesanbruch waren wir beim Zelt versammelt. Wir brachen auf, sobald es hell genug zum Gehen war. Der junge Peter trat jetzt als Führer ein, sein Bruder stieg nach Zermatt ab. Wir folgten der Route, die am Tage vorher ausgekundschaftet worden war, und bogen nach einigen Minuten um die Gratkante, die von unserem Zelt aus die Ostflanke verdeckt hatte. Wir übersahen jetzt die ganze Wand, die wie eine gewaltige Naturtreppe dreitausend Fuß hoch anstieg. Einige Stellen waren leicht, andere wieder schwerer, aber kein einziges ernsthaftes Hindernis hielt uns auf, denn jede schlechtere Stelle ließ sich immer rechts oder links umgehen.

Wir gingen ohne Seil. Bald war Hudson voraus, bald ich. Zwanzig Minuten nach sechs Uhr hatten wir eine Höhe von 12 800 Fuß erreicht und schalteten nun eine halbstündige Rast ein. Dann stiegen wir bis kurz vor zehn Uhr flott weiter und hielten in einer Höhe von 14 000 Fuß eine zweite Rast von fünfzig Minuten. Zweimal folgten wir eine kurze Strecke dem Nordostgrat, allerdings nicht zu unserem Vorteil, denn er war meist brüchiger, steiler und schwieriger als die Bergflanke. Trotzdem hielten wir uns nahe an ihn, schon um etwaigem Steinschlag auszuweichen.

Wir waren jetzt dort angelangt, wo das Matterhorn, vom Riffelberg und von Zermatt aus gesehen, senkrecht oder fast überhängend erscheint. In der Ostwand konnten wir nicht weiter. Kurze Zeit stiegen wir auf dem Firn seitlich des Zermatter Grates weiter. Später hielten wir uns nach allgemeiner Übereinstimmung auf der Nordseite. Croz ging von hier ab voran, ich folgte, dann kam Hudson; Hadow und der alte Peter bildeten den Schluß.

»Jetzt kommts besser«, sagte Croz, als er die Spitze übernahm. Die Arbeit wurde schwierig und erforderte Vorsicht. Da und dort gab es kleine Verzögerungen und dann mußten die Trittsichersten vorangehen. Doch blieb der durchschnittliche Neigungswinkel des Berges unter vierzig Grad. Zwischen den Felsstufen lag Schnee, so daß nur gelegentlich blanker Fels hervortrat. Zuweilen war er von einer dünnen Eiskruste überzogen, an der das Schmelzwasser schuld war. Aber solche Stellen kann jeder tüchtige Bergsteiger sicher begehen. Hudson überwand sie, ohne daß er, wie übrigens auf der ganzen Tour, der geringsten Hilfe bedurfte. Ich ließ mir von Croz zuweilen die Hand reichen oder bat ihn, das Seil anzuziehen und wollte dann Hudson ähnlich beispringen, aber er lehnte das immer als unnötig ab. Hadow dagegen war an dieses Gehen nicht gewöhnt, er brauchte ständig Unterstützung, doch war es lediglich Mangel an alpiner Erfahrung, der ihn dann und wann in Verlegenheit brachte. Dieses einzige als schwierig zu bezeichnende Stück war nicht allzu lang. Etwa vierhundert Fuß gings fast in der Fallinie empor. Dann querten wir an die sechzig Fuß direkt gegen den Gipfel zu und wendeten uns schließlich nochmals zum Zermatter Grat zurück. Hinter einer ziemlich bösen Ecke standen wir wieder auf Schnee. Jetzt schwand der letzte Zweifel: Das Matterhorn gehörte uns! Wir hatten noch zweihundert Fuß auf sicherem Firn vor uns.

Wir wollen uns jetzt im Geist zu den sieben Italienern zurückversetzen, die am 11. Juli von Breuil aufgebrochen waren. Vier Tage waren seither verstrichen, und wir waren mehr als besorgt, daß sie den Gipfel vor uns erreichen könnten. Auf dem ganzen Weg hatten wir von ihnen gesprochen, und mehrmals glaubten wir, Menschen auf der höchsten Spitze zu sehen. Je höher wir stiegen, um so höher wuchs unsere Erregung. Wenn wir jetzt, im letzten Augenblick, noch geschlagen würden! Die Steigung nahm ab, endlich konnten wir uns losseilen. Croz und ich stellten Kopf an Kopf ein Wettrennen an. Um ein Uhr vierzig lag die Welt zu unseren Füßen! Das Matterhorn war besiegt. Hurrah! Keine Tritte, nicht die geringste Spur war zu sehen!

Aber noch immer war es nicht gewiß, ob wir die Sieger waren. Der Gipfel des Matterhorns besteht aus einem unebenen, gut 100 Meter langen Grat, und die Italiener konnten ja auf dem entgegengesetzten Endpunkt gewesen sein! Ich eilte zum Südgipfel hinüber und schaute rechts und links auf den Schnee: Hurrah, er zeigte keine Spuren! »Wo waren die Leute?« Halb in Zweifel, halb in Erwartung bog ich mich über den überhängenden Fels: Da sah ich sie, sah sie als kleine Punkte drunten auf dem Grat, ungeheuer weit unten. Meine Arme und mein Hut flogen in die Höhe. »Croz, Croz, hierher!« – »Wo sind sie?« – »Dort, sehen Sie sie! Dort unten.« Ah, die Schurken, hübsch weit drunten sind sie ja noch! »Croz, die Brüder sollen uns gehören!« Ich ließ einen Felsblock über die Wand hinunterrollen und rief den anderen zu, dasselbe zu tun. Wir stemmten unsere Stöcke als Hebel ein und bald polterte ein Strom von Steinen krachend über die Wand hinunter. Jetzt waren wir unserer Sache gewiß. Die Italiener machten kehrt und zogen ab. Gern jedoch hätte ich gewünscht, daß der Führer jener Gesellschaft, Carrel, in diesem Augenblick neben uns gestanden hätte, denn unser Siegesgeschrei mußte ihm sagen, daß er sein heiß verfolgtes Lebensziel verfehlt habe. Von allen, die um das Matterhorn warben, hätte er es verdient, den Gipfel zuerst zu erreichen. Er war der erste, der seine Unersteiglichkeit anzweifelte, und er war der einzige, der an dem Glauben festhielt, daß die Ersteigung gelingen müsse. Es war seine Lebensaufgabe, seinem heimatlichen Tal zu Ehren den Sieg von der italienischen Seite aus zu erringen. Lange hatte er die Trümpfe in der Hand, aber er setzte auf die falsche Karte und verlor das Spiel. Seitdem haben sich die Zeiten für Carrel geändert; so ist er nicht mehr der erste im Val Tournanche. Neue Männer sind aufgetaucht und er gilt nicht mehr als der Unvergleichliche. Trotzdem – solange er der Mann bleibt, der er heute ist, wird der »Bersagliere« so leicht nicht von irgendeinem anderen übertroffen werden.

Die anderen waren inzwischen herübergekommen, und wir gingen nun zum nördlichen Ende des Gipfelgrates zurück. Croz nahm die Zeltstange und pflanzte sie in den Gipfelfirn. »Die Fahnenstange hätten wir, aber wo ist die Fahne?« fragten wir. »Hier«, sagte er, zog seine blaue Überbluse aus und band sie an den Stock. Es war zwar eine etwas armselige Fahne, und kein Wind blähte sie auf, aber man sah sie! In Zermatt, auf der Riffel, im Val Tournanche! In Breuil schrien die Leute: »Die unsern haben gesiegt!« und ließen für Carrel Bravos, für Italien Evvivas erschallen und dachten an ein großes Fest. Am nächsten Morgen aber war es mit ihrer Freude aus, denn die Gipfelstürmer kehrten traurig und niedergeschlagen mit hängenden Köpfen zurück. »Wahr und wahrhaftig«, sagten sie, »dort droben auf dem Matterhorn

hausen tatsächlich böse Geister. Die alten Sagen sind wahr, wir haben es mit eigenen Augen gesehen, mit Felsblöcken haben sie nach uns geworfen!«
Wir kehrten zum südlichen Endpunkt des Grates zurück, um dort einen Steinmann zu bauen. Entzückt genossen wir die Aussicht. Es war einer der ungewöhnlich ruhigen und heiteren Tage, denen meist Schlechtwetter folgt. Die wolkenlose Luft war vollkommen still. Berge, die fünfzig, ja hundert Meilen entfernt waren, zeichneten sich scharf umrissen ab und sahen ganz nahe aus. Jede Einzelheit, die Grate und Pfeiler, Firn und Gletscher, alles ließ sich genau erkennen. Erinnerungen an schöne Tage früherer Jahre stellten sich ein, als wir die vertrauten Formen erkannten. Nicht einer der Hauptgipfel versteckte sich vor uns. Ich sehe sie deutlich vor mir, der engere Kreis der Walliser Riesen mit den endlosen Ketten und Gebirgsstöcken im Hintergrund. Da die Dent-Blanche, altersweiß und groß, das Gabelhorn und das spitze Rothorn, dort das unvergleichliche Weißhorn, die Türme des Mischabel, umrahmt von Allalinhorn, Strahlhorn und Rimpfischhorn, dann der Monte Rosa mit seinen vielen Häuptern, der Lyskamm, das Breithorn. Nun folgten die Berge des Berner Oberlandes, vom Finsteraarhorn beherrscht, die Berge des Simplon und des St. Gotthard, der Disgrazia und der Ortler. Gegen Süden blickten wir auf Chivasso in der piemontesischen Ebene hinunter und noch weit darüber hinaus. Der Monte Viso, an hundert Meilen fern, schien dicht neben uns zu stehen. Die Seealpen, hundertdreißig Meilen entfernt, waren von jedem Dunst frei. Dann kam meine erste Liebe, der Pelvoux, die Ecrins und die Meije; dort ragten die massierten Gruppen der Grajischen Alpen auf und im Westen bildete, vom hellsten Sonnenlicht überstrahlt, der Monarch, der Montblanc, den grandiosen Abschluß des Ganzen. Zehntausend Fuß unter uns breiteten sich die grünen Matten von Zermatt mit ihren Hütten, aus denen blauer Rauch langsam aufstieg. Auf der anderen Seite zeigten sich in einer Tiefe

von achttausend Fuß die Almweiden von Breuil. Da waren weiter düster schwarze Wälder und heitere, sonnige Wiesen, springende Wasserfälle und spiegelnde Seen, fruchtbare Felder und verlorenes Ödland, sonnwarme Ebene und schneekaltes Hochland, die wildkühnsten Formen und die anmutigsten Konturen, lotrechter Fels und sanfte, schwingende Höhen; Felsgebirge und schimmernde Schneegipfel, da finster, da festlich, da glitzernd, da gleißend, mauerwallte Türme, Nadeln, Pyramiden, Dome, Kuppeln, Spitzen! Was die Welt aufzeigen kann, war hier in einer Schau, wie das Herz sie sich kaum zu wünschen vermag, in grandiosen Gegensätzen aufgetan.

Eine volle Stunde blieben wir auf dem Gipfel, eine Stunde glanzvoll köstlicher Fülle des Lebens! Sie gingen zu rasch vorüber, wir mußten an den Abstieg denken.

Hudson und ich besprachen, in welcher Reihenfolge wir gehen wollten. Das beste schien uns, daß Croz als erster und Hadow als zweiter gehen wollte. Der bergerfahrene Hudson, einem Führer beinahe gleichwertig, wünschte als dritter zu folgen. Hinter ihn reihten wir Lord F. Douglas ein, auf den der alte Peter als der Kräftigste unter den übrigen folgte. Ich machte Hudson den Vorschlag, an der schwierigsten Stelle ein Seil um einen Felsblock einzuhängen, damit man beim Hinabsteigen eine zusätzliche Hilfe hätte. Er war einverstanden, doch wurde nicht bestimmt ausgesprochen, daß es auch geschehen solle. Während die Gesellschaft sich in der angegebenen Reihe zusammenseilte, machte ich noch eine Skizze des Gipfels. Meine Gefährten waren eben fertig und warteten darauf, daß auch ich mich anseilen lasse, als einer aufmerksam machte, wir hätten vergessen, unsere Namen aufzuschreiben und in einer Flasche zu hinterlegen. Ich besorgte das auf ihre Bitten und sie gingen inzwischen los.

Ein paar Minuten später seilte ich mich am jungen Peter Taugwalder an, sprang den anderen nach und erreichte sie, als sie eben an der schwersten Stelle waren. Es wurde die größte Vorsicht gebraucht. Immer nur einer bewegte sich, und erst wenn er guten Stand gefunden hatte, folgte der nächste. Das Hilfsseil war nicht eingehängt worden und jetzt sprach auch niemand mehr davon. Ich hatte den Vorschlag nicht meinetwillen gemacht und weiß nicht, ob er mir jetzt wieder in den Sinn kam. Wir beide folgten den übrigen in geringer Entfernung und waren dicht bei ihnen, als Lord Douglas mich – es mag um drei Uhr gewesen sein – bat, daß ich mich doch mit dem alten Peter zusammenseilen möchte. Er fürchtete nämlich, wie er sagte, daß Taugwalder, wenn einer ausgleiten sollte, kaum genügend festen Stand haben werde.

Einige Minuten später eilte ein Bursche, der scharfe Augen hatte, zu Seiler ins Monte-Rosa-Hotel und erzählte, daß er vom Gipfel des Matterhorns eine Lawine gegen den Matterhorngletscher hin habe fallen sehen. Dem Jungen wurde verwiesen, er solle keine dummen Geschichten erzählen. Aber er hatte die Wahrheit gesagt. Das war, was er beobachtet hatte: Michel Croz hatte seinen Pickel beiseite gestellt und beschäftigte sich mit dem unsicher gewordenen Hadow; er hatte ihn bei den Beinen gefaßt und brachte seine Füße, einen nach dem anderen, in die richtige Lage. Soviel ich weiß, war keiner in diesem Augenblick in Bewegung. Mit Gewißheit kann ich es allerdings nicht behaupten, weil ich die beiden ersten, die zum Teil von Felsen verdeckt waren, nicht sehen konnte. Aber aus den Bewegungen ihrer Schultern mußte ich schließen, daß Croz, nachdem er eben Hadow geholfen hatte, sich umdrehen wollte, um einen oder zwei Schritte weiterzugehen. In diesem Augenblick glitt Hadow aus, fiel auf Croz und warf ihn aus dem Stand. Ich hörte von Croz einen Ausruf des Schreckens und sah ihn und Hadow in die Tiefe fliegen. Im nächsten Moment wurden Hudson und unmittelbar darauf auch Lord Douglas aus ihrem Stand gerissen. Dies alles war das Werk eines Augenblicks. Als wir Croz'

Aufschrei hörten, pflanzten der alte Peter und ich uns so fest auf, als das Gestein uns nur gestattete. Das Seil zwischen uns war straff gespannt. Der Ruck traf uns, als wenn wir eine Einheit wären. Wir hielten den jähen Ruck aus, aber da riß zwischen Taugwalder und Lord Douglas das Seil. Einige Sekunden lang sahen wir unsere unglücklichen Gefährten auf den Rücken niederfallen und gleitend mit ausgestreckten Händen nach einem Halt suchen. Noch unverletzt kamen sie uns aus dem Gesicht, verschwanden einer nach dem anderen und stürzten, von Felswand zu Felswand geworfen, auf den Matterhorngletscher, in eine Tiefe von beinahe viertausend Fuß hinab. Von dem Augenblicke, in dem das Seil riß, war ihnen nicht mehr zu helfen. So starben unsere Gefährten! Wohl eine halbe Stunde lang blieben wir drei wie angewurzelt an Ort und Stelle, ohne einen Schritt zu tun. Die beiden Führer, vom Schrecken gelähmt, jammerten wie Kinder und zitterten, daß uns das Schicksal der anderen drohe. Der alte Peter erschütterte die Luft mit seiner Wehklage: »Chamonix, oh was wird Chamonix sagen!« Er meinte damit: »Wer wird es glauben, daß ein Croz stürzen kann?« Der junge Peter schrie und schluchzte fortwährend: »Wir sind verloren, wir sind verloren!« Zwischen den beiden festgenagelt, konnte ich weder vor- noch rückwärts. Ich bat den jungen Peter, herunterzusteigen, aber er wagte es nicht. Solange er das nicht tat, konnte sich keiner von uns bewegen. Der alte Peter wurde sich jetzt ebenfalls der Gefahr bewußt und stimmte in das Geschrei ein: »Wir sind verloren, wir sind verloren!« Die Furcht des Vaters war verständlich, er zitterte für seinen Sohn; der junge Mann aber benahm sich feig – er dachte bloß an sich. Schließlich faßte der alte Peter Mut und schlang das Seil um einen Felsblock. Jetzt endlich, so gesichert, stieg der junge herab und wir standen nun alle beisammen. Ich ließ mir das zerrissene Seil zeigen und sah zu meinem Staunen, ja zu meinem Entsetzen, daß es das schwächste der drei Seile war. Zu dem Zweck, welchem es hier gedient hatte, war es nie bestimmt und hätte auch nie dazu verwendet werden sollen. Es war ein altes und im Vergleich mit den anderen ein zu schwaches Seil. Ich hatte es lediglich für den Fall mitgenommen, daß wir Seile zum Abseilen brauchen würden und sie hängen lassen müßten. Ich war mir sofort klar und sagte mir sogleich, daß hier eine heikle Frage aufgeworfen werden könnte und ließ mir das Seilende geben. Es war in der Luft zerrissen und schien vorher keine Beschädigung erlitten zu haben.

In den nächsten zwei Stunden glaubte ich immer wieder, der nächste Augenblick werde mein letzter sein, denn die Taugwalder hatten völlig die Nerven verloren. Sie konnten mir nicht nur keinerlei Hilfe geben, sie befanden sich vielmehr in einem Zustand, daß bei ihnen in jedem Augenblick ein Ausgleiten, ein Sturz zu erwarten war. Nach einiger Zeit endlich geschah, was von Anfang an hätte geschehen sollen, wir hingen zur Sicherung Seile an feste Felsblöcke ein, während wir selbstverständlich zusammengeseilt blieben. Die Seile wurden dann jeweils gekappt und zurückgelassen. Trotz solcher Vorsichtsmaßregeln waren die beiden Führer kaum vorwärts zu bringen, und mehrmals wandte sich der alte Peter mit aschfahlem Gesicht und zitternden Gliedern zu mir um und sagte mit schrecklichem Tonfall: »Ich kann nicht mehr!«

Um sechs Uhr abends standen wir auf dem Firnfeld neben dem gegen Zermatt hinunterführenden Grat und hatten nun alle Gefahren hinter uns. Immer wieder, aber immer vergebens spähten wir nach Spuren unserer unglücklichen Gefährten aus. Wir beugten uns über den Grat und riefen, aber kein Ton kam zurück. Wir waren schließlich überzeugt, daß sie außerhalb der Gesichts- und Hörweite sein mußten, und stellten unsere nutzlosen Bemühungen ein. Zum Sprechen zu niedergeschlagen, nahmen wir stillschweigend unsere Sachen und die wenigen Effekten der Verschwundenen auf, um den Abstieg fortzusetzen. Da, ja seht! Da hing ein mächtiger Regenbogen über dem Lyskamm hoch in der Luft! Blaß, fast farblos, doch scharf abgegrenzt bis zu der Stelle, wo er sich in den Wolken verlor, schien diese überirdische Erscheinung ein schweigender Gruß aus einer anderen Welt zu sein. Wir erschraken fast, als nun zu beiden Seiten zwei ungeheure Kreuze hervortraten, deren allmähliche Entwicklung wir mit Staunen beobachteten. Wenn die Taugwalders sie nicht zuerst gesehen hätten, ich würde meinen Sinnen nicht getraut haben! Sie glaubten, daß die Kreuze in sicherer Beziehung zu dem Unfall stünden. Ich kam aber nach einiger Zeit zu der Ansicht, daß eher wir mit diesem Licht-Phänomen in Beziehung zu bringen waren. Unsere Bewegungen hatten allerdings gar keinen Einfluß auf die Formen der Lichtbrechung, die unverändert blieben. Es war ein furchterregender und doch wunderbarer Anblick, den ich noch nie gehabt hatte.

Ich wollte aufbrechen und wartete auf die anderen. Beide hatten inzwischen ihren Appetit und den Gebrauch ihrer Zungen wieder bekommen. Sie unterhielten sich in ihrer Mundart, die ich nicht verstand. Endlich sagte der Sohn französisch: »Monsieur.« »Nun?« »Wir sind arme Leute und haben unsere Herren verloren; wir werden kein Geld bekommen und können es schwer entbehren.« – »Halt«, sagte ich, »das ist Unsinn; ich werde Euch selbstverständlich bezahlen, als wenn ich Euer Herr wäre.« Sie unterhielten sich einige Zeit in ihrem Patois und dann nahm der Sohn wieder das Wort: »Wir möchten nicht, daß Sie uns auszahlen. Schreiben Sie lieber in das Fremdenbuch zu Zermatt und in die englischen Zeitungen, daß wir nicht bezahlt worden sind.« – »Was schwatzt Ihr da für dummes Zeug? Ich verstehe Euch nicht. Was meint Ihr da!« Er fuhr fort: »Nun, nächstes Jahr werden gewiß viele Fremde nach Zermatt kommen und dann uns als Führer engagieren!«

Was ließ sich auf solches Ansinnen sagen? Ich ließ sie ohne Antwort. Sie merkten, wie empört ich war. Sie hatten den bitteren Kelch bis zum Überfließen gefüllt. Ich aber eilte die felsigen Stufen so wütend und leichtfertig hinunter, daß sie

mich mehrmals fragten, ob ich sie umbringen wolle. Es wurde Nacht. Eine Stunde lang tappten wir noch im Dunkeln weiter. Um halb zehn fand sich ein Ruheplatz, und auf einer elenden Felsplatte, die für uns drei kaum Platz bot, brachten wir sechs traurige Stunden zu.
Bei Tagesanbruch stiegen wir weiter ab und eilten vom Hörnligrat hinunter zu den Hütten von Bühl und weiter nach Zermatt.
Seiler begegnete mir unter der Türe und folgte mir schweigend auf mein Zimmer. »Was ist geschehen?«
»Die Taugwalders und ich sind zurückgekehrt.« Er wußte genug und brach in Tränen aus. Aber er verlor mit unnützen Klagen keine Zeit und bot sofort das Dorf auf. Es dauerte nicht lange, so war eine Schar von Männern aufbruchbereit, um gegen die Hohlichthöhen oberhalb Kalbermatt und Z'Mutt anzusteigen, um Einblick auf den Matterhorngletscher zu gewinnen. Nach sechs Stunden kehrten sie zurück und erzählten, sie hätten die Körper regungslos auf dem Schnee liegen sehen. Dies war sonnabends. Am Sonntagabend wollten sie neuerdings ausrücken, um Montag bei Tagesanbruch auf dem Gletscher zu sein. Da ich die ganz geringe Chance auf Rettung meiner Gefährten nicht aufgeben mochte, so beschloß ich, mit Rev. MacCormick schon am Sonntagmorgen zu gehen.
Die Leute von Zermatt konnten uns nicht begleiten, da sie mit Exkommunikation bedroht werden, wenn sie in der Frühmesse fehlen. Für einige von ihnen war das ein wahrer Schmerz. Peter Perren erklärte unter Tränen, daß nur dies allein ihn abhalte, die Suche nach seinen alten Gefährten mitzumachen. Engländer kamen uns zu Hilfe: Die Herren Robertson und Phillpotts boten sich und ihren Führer Franz Andermatten an, ein anderer Landsmann trat uns ebenfalls seine beiden Führer, Joseph Marie und Alexander Lochmatter, ab. Frédérik Payot und Jean Tairraz aus Chamonix schlossen sich freiwillig an.

Am Sonntag brachen wir um zwei Uhr morgens auf und folgten bis zum Hörnli dem Weg, den wir am vorigen Donnerstag eingeschlagen hatten; von dort stiegen wir rechts des Grates hinunter und durchquerten die Sèracs des Matterhorngletschers. Um halb neun Uhr hatten wir das Plateau über dem Gletscher erreicht. Nun hatten wir Einblick in den Winkel, wo meine Freunde liegen mußten.
Als ich sah, wie einer nach dem andern der wetterharten Männer das Fernrohr ansetzte, totenbleich wurde, sich umwandte und wortlos das Instrument an den nächsten weitergab, da wußte ich, daß es mit aller Hoffnung vorüber sei. Wir gingen näher; die Verunglückten lagen in der Reihefolge, wie sie oben gestürzt waren, Croz etwas voraus, Hadow in seiner Nähe und Hudson weiter hinten. Von Lord Douglas war nichts zu sehen. Wir begruben sie an Ort und Stelle im Schnee am Fuße der größten Wand des majestätischsten Berges der Alpen.

GERHARD NEBEL

Die ersten Schritte in den Süden

Auf dem Septimer-Sattel rasteten wir an einem Teich, dessen Wasser sich weder für den Rhein noch für den Po entschieden hat, eine Neutralität, die Heinrich zu nicht abreißenden Reflektionen bestimmt. Wir sind erregt und wie in einer Krise, leuchtende Augen, Geschrei, Schulterklopfen, zugleich aber sind wir gegen unser Wissen, gegen die gesunde Vernunft enttäuscht: Irgendein Phantast hatte in jedem von uns gehofft, nach Italien, in Kastanienwälder und Weinhänge, hinabschauen zu können, und nun sahen wir am Lauf des Septimerbaches entlang ins Tal der Mera, die ins Bergell einmündet, sahen wir gegen die ungeheure Wand des Piz

Lizun, Fichten hier wie dort, über die Lehnen hinwegsterbendes Violett, entkräftete Wiese: auch das Grau der Felsen ist nicht hoffnungsvoller geworden. Der Schnee allerdings war weggetaut, und an den dicken Büschen des Sturmhuts waren die Blüten unversehrt.
Wir wandten uns abwärts, doch bald sperrten Drahtverhaue den Weg. Das gut getarnte Fort saß rittlings auf der Straße und zwang uns, in die Hänge auszuweichen. Wir durften nicht beim Septimerbach bleiben, der doch allein uns nach unten führen konnte. Das Tal fiel in einem solchen Neigungswinkel, daß das Wasser nicht mehr floß, sondern als Katarakt stürzte. Bleibt man einige Schritte weit waagerecht, so schwebt man schon in Turmeshöhe über dem Grund. Jeder Tritt bringt Überraschungen: Man rutscht eine Berglehne hinab; sie wird noch ein wenig steiler, und schon beugt man sich schaudernd über eine senkrechte Wand; man umklammert einen Block und erschrickt vor einem unpassierbaren Wasserfall. Man klettert, eine Granitnase zu umgehen, nach oben, gelangt an den Beginn eines Abgrunds und tastet sich schleunigst wieder zurück. Heinrich war, obwohl er seine linke Schulter in Rußland gelassen hat, geschickter als ich. Während ich noch in der Schwebe hing und meine Position durch Versuche, sie zu verbessern, immer nur verschlechterte, erreichte er den Grund. Da er von dort meine Bewegungsmöglichkeiten besser übersah, lenkte er mich durch Zurufe, und so gewann ich in der Tat Tiefe. Noch ein Stück Wiese, noch eine Verfluchung der glatten Ledersohlen, Gleiten, das, bevor es zum Fallen wird, gerade noch abgebremst werden kann, scheiterndes Unternehmen, wenigstens in Serpentinen zu schlittern, Entlastung vom Rucksack, den ich Heinrich zuwerfe, nicht ohne im Schwung um ein Haar hinterherzufliegen, Unvermögen, an diesem Hang aufrecht zu bleiben, Anklammerungen, Entschluß einer Hosen-Rodelfahrt, und schon stand ich neben dem Freund auf der Alpen-Heerstraße.

Sie war aus Granitplatten gefügt, natürlich nicht das fugenlos ebene Terrazzowesen italienischer Städte, sondern geschliffener und gesplitterter Stein, Kanten und Buckel, Furchen, mehr eine mit breiten Stufen und niedrigen Absätzen fallende Treppe als ein Weg. Wir eilen in wunderbarer Laune, in einer Akropolis-Stimmung abwärts. Die Geister der früheren Paßbegeher schweben um uns, dämonisches Leben nahm uns auf. Der Pfad senkte sich in spitzen Serpentinen, er wurde, je näher wir der Mera kamen, um so vernutzter und unkenntlicher, bis er schließlich unter Schotter verschwand und ins Element zurückkehrte, wie es das Ende jeder geschichtlichen Gestalt ist.

So waren wir denn im Bergell, das uns für einige Tage festhielt, ein seltsames Tal, ebenso unzufrieden mit seinem Talsein wie das Tälchen des Septimerbaches, unentschlossen, schnellstens mit sich aufzuhören und unten in Chiavenna anzukommen, ein in sechs Fällen niedergehender Rutsch. Es begnügt sich nicht mit einer noch so schrägen Senke, sondern springt in Stockwerken abwärts, die vom Wasser in Stürzen, von der Straße in Serpentinen zurückgelegt werden. Eines der Bergell-Stockwerke, die unter Botanikern bekannte Porta de Promontogno, ist einerlei mit der Scheide von boreal-alpiner und insubrischer Flora, also von Lärchen und Edelkastanien: insubrisch heißt das Vegetationsgebiet der oberitalienischen Seen, ein von den schützenden Bergen ermöglichter Süden, mit dem es aus ist, sobald man weiter nach Süden, in die Po-Ebene hinausgeht. Eine Südlichkeit, wie sie dann erst jenseits des Apennin sich wieder einstellen wird – am Comer See wachsen Ölbäume, die zwischen Mailand und Bologna fehlen.

An der steilen Südseite fallen dunkle Wälder bis zur Mera, während die weniger schroffe, beileibe nicht sanfte Nordsenkung Gelegenheit für hüttengetüpfelte Almen bietet. Zu jedem Dorf gehört eine Schattensiedlung, Steinfundamente und Holzhauben, in denen Heu aufbewahrt wird. Mehr als Wiesen kann das Tal auch in der Nähe der italienischen Grenze nicht gewähren. Die schräg hängenden, wie mit Mühe sich vom Sturz zurückhaltenden Almen bieten kein Gegengewicht gegen die Wildnis der Bergwände. Ein Kartoffelfeld, das wir bei Soglio treffen, stört das Bild. Viele preisgegebene Häuser, geschlossene Läden, abblätternder Putz: Das Tal ist dünn besiedelt und wird immer leerer, die Industrie saugt die Menschen ab.

Wir halten uns auf den Wiesen, die Blicke auf die Gipfel, Schutthalden und Wasserfälle von gegenüber gerichtet, auf halber Höhe und auf kaum angedeutetem Pfade. Verliert dieser sich im Gras oder strebt er uns zu stark aufwärts, so steigen wir über Herbstzeitlosenrasen hinab, bis wir eines neuen habhaft werden. Den Augenmagneten des oberen Bergells bildet die Cascata dell'Abigna, Abfluß des gleichnamigen Gletschers: Man kann von dem langen, schmalen, glitzernden Band, das über Vicosoprano hängt, den Blick nicht lösen. Ich erkenne an der Farbe, daß kein schlaffes Ding sich darbietet, sondern rasende Bewegung, ungeheure Kraft. Nach einigen hundert Metern wird der Fall zum Wildbach, der sich inmitten eines breiten Geröllbettes in die Mera stürzt. Die Autostraße zieht sich durch Felder weißer Riesenkiesel, sie wird bei jeder Schneeschmelze von ihnen überschwemmt und in die Geschiebehalde einbezogen. Auch auf unserer Seite kommt ein Wasserfall nieder, dem der Weg dadurch die Reverenz erweist, daß er sich in einen Tunnel verwandelt. Wir standen lange: Sein als Energie, Gleichheit im Wechsel, faszinierend wie die Flamme oder die Brandung. Das Element gibt von seinem Frieden an den entrückten Betrachter ab, das Brausen hebt in eine höhere Stille hinein.

Wir konnten nicht immer auf unseren Matten bleiben, so schwellend auch die Polster waren, und mußten, wenn sich das Tal felsig verengte, zur Gletschermilch absteigen und uns durch Erle und Hasel, Brombeere und Waldrebe um Felsen herumwinden. Hauch des Wildwassers, Lauterkeit, unendliches Leben, wenn das Sonnenlicht in die windbewegten Laubmassen einfiel. Später fand sich ein gekennzeichneter Pfad, der nach Soglio und zu einem als Hotel betriebenen Salispalast führt. Neuer Terrassensturz, Klause, die Burg Castelmur, die die Klamm sperrt: Wir mußten in Serpentinen und Treppen nach oben und zogen in Soglio ein. Kaum hatten wir die Höhe erreicht, da waren wir denn auch schon in der Kastanienwelt: machtvoll den Äther durchwachsende, eine Welt haltende Bäume, im edlen, dunkleren Laub die »Früchte umschalet stachlig grün«, erst Einzelgänger, dann Haine. Kein Zweifel mehr, daß wir unsere ersten Schritte in den Süden hineingelenkt hatten.

ALFRED POLGAR

See im Tessin

Für Carl Seelig in Zürich, dem freundlichsten der Freunde!

Nach dieser Fremde hat, wer einmal dort war, Heimweh. Hier sind die Zauber des Südens ohne dessen Teufeleien, ohne Staub und schwelende Hitze, ohne die Radikalismen einer von wilder Sonne gehetzten Natur.
Hier mehrt der See die Schönheit von Berg und Himmel, die in ihm nochmals sind, und keines Spiegels, der schmeichelte, bedürfen. Hier setzt die Landschaft für ihr Sommerkleid tausend und eine Farbe nebeneinander, zu Kompositionen von berückender Vielfalt und Kühnheit der Muster; und jeden Tag fast hat sie etwas Neues anzuziehen. Bis zu felsigen Höhen hinauf drängt die bunte Üppigkeit, und wo der kahle Stein sich gegen sie behauptet, steht er da wie ein von Blumenketten gefesselter Wilder.

Hier, am tessinischen See, sind die Nachtigallen im nächtlichen Konzertieren so unnachgiebig wie Grillen, die Giftschlangen zutraulich, die Pensionswirtinnen nicht neugierig. Hier gibt es niemals schlechtes Wetter, höchstens zuweilen nicht gutes, der Herbst reicht tief in den Winter hinein, nur ein Tunnel von wenigen dunklen Wochen trennt ihn vom Frühjahr, der Sommer ist stark und groß, aber auch sein glühender Tag eingefaßt von kühlem Morgen und kühlem Abend, wie ein Rubin von stilleren Edelsteinen. Von welchen, das wüßte analogisch-richtig nur ein Juwelier zu sagen. In solcher Landschaft, verwöhnt von den vier Elementen, in solcher Landschaft, die der Sterne noch um einige mehr hat als unendlich viele, und der Gründe, ihrem Schöpfer zu danken, mehr als Sterne, wo der Nostrano wächst, der das Herz so federleicht zu Kopf steigen macht und dabei wohlfeil ist wie die Vergleiche und Bilder eines naturschildernden Schriftstellers, in solcher Landschaft ist es gut, obschon sonstwo auch nicht schlecht, verliebt zu sein, und selbst wenn es nicht gut wäre, könnte man schwer anders. Es liegt wohl an den klimatischen Verhältnissen des Tessin, daß dort Gleichgültigkeit rasch und unrettbar welken muß, Gefühl aber immerzu grünt; wie der Tannenbaum im Liede nicht nur zur Sommerszeit, nein, auch im Winter, wenn es schneit. Die das Glück haben, hier daheim zu sein, sind Lebensbejaher, Weltfreunde, bescheidene, heitere, bewegliche und leicht bewegte Menschen, leidenschaftlich eingenommen für Spaß und Spiel und ein problemloses Dasein. Zumindest denke ich mir sie, nach leider kurzer Erfahrung, gerne so. Vornehme Ticinesen habe ich nicht kennengelernt, aber die Leute aus dem Volk in mein Herz geschlossen.

Sie sind gut zu dem Wanderer im Auto, auch nicht häßlich zu dem, der ohne es dahinstolpert seine Bahn, gefällig führen sie den in ihrer Landschaft oder Sprache Irrenden auf den rechten Weg, und nicht einmal der Erwerbssinn vermag die strahlende Freundlichkeit, die den Eingeborenen eingeboren ist, völlig zuzudecken. Italisches *vivace* und schweizerisches *pesante* kreuzen sich in ihrem Temperament; das Ergebnis solcher Kreuzung ist eine Art von behaglichem Sanguinismus, der an das Heute glaubt und am Morgen nicht zweifelt. Hier sind die Kinder sichtlich froh, daß sie gemacht wurden, und die Alten schieben mit zäher Hartnäckigkeit, soweit sie nur können, das Sterben hinaus. O sie wissen, was sie tun, die Alten vom Tessin! – Am Tessiner See gibt es viel schöne Geselligkeit und viele allerschönste Einsamkeiten. So gute Nachbarschaft halten beide miteinander, daß die Verführung groß ist, hier den Traum vom Frieden auf Erden zu träumen. Man wird aber auch im Tessin rechtzeitig geweckt.

Mancher Bezirk des gesegneten Kantons übt eine rätselvolle Anziehungskraft auf Narren jederlei Spezies aus, die in seinem Boden, niemand störend und von niemand gestört, pilzhaft gedeihen. Sie haben entweder gar kein oder sehr viel Geld, eine ökonomische Mittelschicht ist in ihren wunderlich gekrümmten Kreisen kaum vertreten. Ob diese Sonderlinge das aus ihrer extremen Finanzlage heraus geworden sind, läßt sich schwer entscheiden. Die armen Narren werden als solche nicht angezweifelt, indes die reichen – da sie ja durch die Tatsache, daß sie so viel Geld haben und es so zäh behalten, eine Art Gegenbeweis gegen Narrheit liefern, gewissermaßen alle für diese sprechenden Indizien zwingend entkräften – indes die reichen also schon Etliches leisten müssen, um vor Einheimischen und Fremden sich als Vollnarren zu behaupten. Auch am tessinischen See ist das Leben, wie immer es ist, kein glückhaftes Spiel. Aber zumindest die Kulisse für ein solches ist aufgestellt, und die Szene, selbst zauberisch rein gestimmt, »stimmt zur Entzückung«. Was Größeres ließe sich von Orten, Menschen, Stunden rühmen, als daß sie im Widerstreit der Phantasie gegen die mörderische Wirklichkeit nicht zum Feinde halten? Und den frommverwegenen Glauben, es könnte so etwas geben wie Waffenstillstand zwischen Mensch und Schicksal, nur *langsam* ad absurdum führen?

HERMANN HESSE

Der kleine Weg

Ein kleiner Weg führt vom Dorf an den See hinunter, ein kleiner Fuß- und Geißenweg; den gehe ich oft, den Sommer über viele hundertmal, und manchmal auch im Winter.
Der Weg ist nicht ganz leicht zu finden. Er biegt von der Fahrstraße ab an einer Stelle, wo niemand es vermutet, und sein Eingang ist in der grünen Zeit des Jahres ganz mit Gestrüpp verwachsen, Brombeergerank und Farnkräutern. Man biegt durch diese Wildnis ein, dann fällt der Weg schnell, schnell, fast senkrecht durch einen dünnen und doch dichten Wald hinab, durch ein Gehölz von jungen Kastanienbäumchen, lauter dünnen, schlanken Stangen. Vielmehr, es sind nicht junge Bäume, sondern uralte, aber die sind seit Jahrzehnten abgeholzt, und was jetzt den Wald bildet und so struppig, lustig und launisch aussieht, das sind die vielen Tausend junger, eiliger Triebe, die aus den alten mächtigen Wurzelstöcken kommen. Wunderbar sind sie im Mai und Anfang Juni, im ersten jungen Laub; sie haben riesig große Blätter, und ebenso wie diese sämtlichen jungen Kastanienstangen alle in einer und derselben Richtung wie gekämmt in den Himmel hinaufstechen, so gehen auch diese Blätter, mit denen die Stangen zu beiden Seiten befiedert sind, alle in einer Richtung, und der ganze lichte Wald wird zu einem Netz von hunderttausend Strichen, die sich alle im gleichen Winkel schneiden.
Nach Minuten ist man schon um eine Bergterrasse tiefer, und hier stehen, am Rande des Gehölzes, noch ein paar alte Kastanien, große, väterliche, edle Bäume mit Moos am Fuß und Efeu um den Stamm, mit gewaltigen Kronen, und unter ihnen liegen, in Haufen zusammengefegt, die Reste der letztjährigen Früchte, die stachligen Schalen der Kastanien vom

vergangenen Herbst. Daneben wächst Gras, ein dünnes, sehr kurzes, trockenes Gras, eine kleine, steilabfallende Wiese, oben von den Kastanien beschattet, unten in der Sonne, und auf dieser kleinen trockenen und oft staubigen Wiese gibt es im allerersten Frühjahr stets etwas Hübsches zu sehen, nämlich Hunderttausende von ganz kurzen, ganz feinen und kleinen weißen Crocus, deren Schar wie ein Silberpelz, wie ein feiner weißer Hauch oder Schimmel den runden Grasrücken hinabläuft.

Jenseits beginnt gleich wieder der Wald. Zuerst wieder dünnes Kastaniengestrüpp, dann Akazien, die im Mai duften wie ein tropischer Traumgarten, dazwischen viele Stechpalmen, deren blechernes Laub so fett und beruhigend glänzt und deren rote Beeren im Winter durch den kahlen kleinen Wald leuchten. Der kleine Weg ist hier wieder sehr steil, und in Regenzeiten rennt hier ein wilder Bach talabwärts; darum ist das Wegchen hier so tief ausgespült. Man geht wie in einer tiefen Rinne, wie in einem Schützengraben, und hat die Wurzelstöcke der Kastanien vor den Augen, und neben ihnen, an Farbe gleich dem welken Laub, findet man da und dort im Herbst einen schönen Steinpilz. Man muß aber zeitig gehen und muß gut suchen, denn die Leute vom Dorf gehen fleißig auf diese Jagd, und mit dem Ende des Sommers rücken sie an günstigen Tagen bei zunehmendem Monde oft gesellig in ganzen Familien aus und haben ein bewundernswertes Geschick im Finden der Pilze, die sich doch so gut verstecken können.

Im Juni ist es hier voll von Heidelbeeren, und eine weite Lichtung, wo sie alles kahl geschlagen haben, duftet bei sonnigem Wetter das ganze Jahr hindurch heimlich nach Heidelbeere und Erika. Hier fliegen im Spätsommer auch die vielen farbigen Falter, die spanische Flagge und der Distelfalter. Jetzt wird der Weg weniger steil, er läuft eine Weile fast eben hin, und der Wald wird zugleich hoch und voll; alte schöne Bäume stehen hier noch geschont beisammen, auch einige

Eschen darunter; an dieser Stelle bleibt vom Bach bis in den Sommer hinein ein Rest und kleiner Tümpel übrig, und es wachsen ein paar Blumen, die man sonst an unsrem Berge nicht findet. Der kleine schmale Weg erholt sich; auch er wird breiter, stellenweise verdoppelt er sich und hat einen kleinen Zwilling, einen Fratello neben sich laufen. Und unversehens tut der alte Wald sich auf; unter seinen letzten Bäumen steht eine Hütte, ein Stall oder Schuppen, von warmem Gelbbraun mit rotem Dach, und wie man aus ihrem Schatten tritt, ist man auf einer kleinen grünen Terrasse angekommen, wo in kurzen Reihen Reben stehen, junge Pfirsichbäumchen dazwischen, und alte Maulbeerbäume, hundertmal beschnitten und mit ehrwürdigen Kröpfen. Auf einer kurzen Leiter, unten breit und oben spitz, sieht man hier fast immer einen alten Mann stehen und an diesen Bäumen schnipfeln. Sein Leben lang hat der alte Mann sich bemüht, sie zurückzuschneiden, damit die Maulbeerblätter hübsch nahe bei der Erde bleiben und leicht gepflückt werden können. Und alle diese Jahre und Jahrzehnte hindurch haben die Bäume, Jahr für Jahr, abgezwickt und abgeschnitten, neu getrieben und sind neu gewachsen, und mit der Zeit haben sie es doch gewonnen, sie sind doch höher geworden, und der alte Mann mit seinem Messer und seiner Säge wird sterben, ohne daß er sie richtig bewältigt hätte.

Wenn man über diese kleine grüne Terrasse geht, aus dem Walde kommend, den Reben und Pfirsichen entlang und wieder dem Walde entgegen, dann kommt ein schöner Augenblick, wo durch den unteren Wald etwas Rotes und Weißes und Blaues schimmert, mehr oder weniger, je nach der Jahreszeit und der Belaubung. Dann sieht man, allmählich erkennend, steil unter sich rote Dächer brennen, ein Dörfchen, und hört die Hähne heraufkrähen; dahinter ist ein rosiger Strand und der blaue See mit weißen Rändern und ein matter wehender Schilfgürtel dazwischen. Hier bleibe ich immer einen Augenblick stehen, halte mich an den Stämmen fest und schaue hinab, fast senkrecht, dem eilig wegstürzenden Weglein nach, über die roten Dorfdächer, die aufgehängte Wäsche und eine rötliche Boccia-Bahn hinweg zum See und Schilf hinüber. Dann sind es ein paar Sprünge, wieder durch enge Rinnen und dichtdurchwurzelte Höhlungen, unter vereinzelten alten Bäumen hin ins Freie. Brombeergestrüpp verhüllt eine alte Mauer; man steigt drüber weg und hat die weiße blendende Straße erreicht, und jenseits der Straße liegt der See, wiegt sich Schilf und schwimmen Boote und stehen Buben auf braunen Beinen mit ihren Angelruten aus Bambus im seichten Wasser.

JOHANN WOLFGANG VON GOETHE

Gesang der Geister über den Wassern

Des Menschen Seele
gleicht dem Wasser:
Vom Himmel kommt es,
Zum Himmel steigt es,
und wieder nieder
Zur Erde muß es,
Ewig wechselnd.

Strömt von der hohen,
Steilen Felswand
Der reine Strahl,
Dann stäubt er lieblich
In Wolkenwellen
Zum glatten Fels,
Und leicht empfangen

Wallt er verschleiernd,
Leisrauschend
Zur Tiefe nieder.

Ragen Klippen
Dem Sturz entgegen,
Schäumt er unmutig
Stufenweise
Zum Abgrund.

Im flachen Bette
Schleicht er das Wiesental hin,
Und in dem glatten See
Weiden ihr Antlitz
Alle Gestirne.

Wind ist der Welle
Lieblicher Buhler:
Wind mischt vom Grund aus
Schäumende Wogen.

Seele des Menschen,
Wie gleichst du dem Wasser!
Schicksal des Menschen,
Wie gleichst du dem Wind!

      Lauterbrunnen 1779

Bibliographie und Quellennachweis

Bettina von Arnim: *Ankunft in Salzburg* (S. 105). Aus: Goethes Briefwechsel mit einem Kinde, Berlin 1853.

Ludwig Anzengruber: *Das Dorf im Gebirg* (S. 141). Aus: Werke. Gesamtausgabe nach den Handschriften in 20 Teilen, Teil 14, o.O. 1920.

Hermann Bahr: *Salzburger Barock* (S. 110). Zitiert aus: Salzburg, ein literarisches Sammelwerk, Salzburg 1913. Mit frdl. Genehmigung des Verlages H. Bauer, Wien.

Josef Martin Bauer: *Elbrus im Kriege* (S. 74). Aus: Kaukasisches Abenteuer, Esslingen 1950.
Mit frdl. Genehmigung des Bechtle Verlages, München.

Thomas Bernhard: *An der Baumgrenze* (S. 132). Zitiert nach: Erzählungen. Sonderreihe dtv 1969.
Mit frdl. Genehmigung des Residenz Verlages, Salzburg.

Ulrich Bräker: *Der arme Mann im Toggenburg* (S. 252). Aus: Das Leben des A. M. im Toggenburg, von ihm selbst erzählt, Berlin 1910.

Georg Britting: *Sehnsucht nach dem Allgäu* (S. 94). Zitiert nach: Merian 7. Jg. Heft 1 „Allgäu".
Mit frdl. Genehmigung von Frau Ingeborg Schuldt-Britting, München.

Hans Carossa: *Sah in's Tal hinaus* (S. 50). Aus: Eine Kindheit, Leipzig 1922.
Mit frdl. Genehmigung des Insel Verlages, Frankfurt a. M.

Ottonie von Degenfeld – Hugo von Hofmannsthal: *Briefe aus den Bergen* (S. 173). Frankfurt a. M. 1974.

Mit frdl. Genehmigung des S. Fischer Verlages, Frankfurt a. M.

Max Frisch: *Davos* (S. 223). Aus: Tagebuch 1946–49, Frankfurt a. M. 1950.
– *Heimat* (S. 241). Rede anläßlich der Verleihung des Schillerpreises der Schweizerischen Schiller-Stiftung im Zürcher Schauspielhaus. Zitiert nach: Beilage der Süddeutschen Zeitung München vom 19./20. 1. 1974.
Mit frdl. Genehmigung des Suhrkamp Verlages, Frankfurt a. M.

Johann Wolfgang von Goethe: *Schweiz* (S. 200). *Auf dem See* (S. 224). *Gesang der Geister über den Wassern* (S. 305).

Jeremias Gotthelf: *Die Wassernot im Emmental* (S. 226). Aus: Gesammelte Schriften, Bd. XXIII, Berlin 1875.

Oskar Maria Graf: *Was uns das Wegrainerbasl einmal erzählte* (S. 88). Zitiert nach: Kalendergeschichten, Berlin 1929.

Friedrich Hebbel: *Gewitter in Gmunden* (S. 121). Aus: Sämtliche Werke – Tagebücher –, Berlin 1901/07.

Heinrich Heine: Es wird ein schöner Tag werden! Reisebilder aus Tirol 1828 (S. 155). Aus: Italien, Reise von München nach Genua (gekürzt).

Wilhelm Heinse: *Der Rigi* (S. 206). Aus: Sämtliche Werke – Briefe, Bd. II, Leipzig 1910.

Hermann Hesse: *Der kleine Weg* (S. 302). Aus: Gesammelte Werke, Bd. III, Frankfurt a. M. 1970.
Mit frdl. Genehmigung des Suhrkamp Verlages, Frankfurt a. M.

Friedrich Hölderlin: *Heimkunft* (S. 199).

Hugo von Hofmannsthal: Festspiele (S. 108). Aus: Festspiele in Salzburg, Frankfurt a. M. 1952.
Mit frdl. Genehmigung des S. Fischer Verlages, Frankfurt a. M.

Josef Hofmiller: *Steingaden und die Wieskirche* (S. 65). Aus: Briefe an seine Frau. Schriften, Bd. VI, Dessau 1941.
Mit frdl. Genehmigung des Karl Rauch Verlages, Düsseldorf.

Wilhelm von Humboldt: *Salzbergwerk bei Berchtesgaden* (S. 13). Aus: Briefe an eine Freundin, Leipzig 1909.

Gottfried Keller: *Via mala* (S. 220). Aus: Gedichte; *Der Zürichsee* (S. 225). Aus der ersten Fassung des „Grünen Heinrich"; *Die Jungfrau und die Nonne* (S. 267). Aus: Sieben Legenden.

Nikolaus Lenau: *Auf dem Traunstein* (S. 119). Aus: Sämtliche Werke in sechs Bänden – Briefe –, Leipzig 1911.

Max Mell: *Gebirgskranz um Aussee* (S. 128). Aus: Steirischer Lobgesang, Leipzig 1939.
Mit frdl. Genehmigung des Insel Verlages, Frankfurt a. M.

Conrad Ferdinand Meyer: *Bergwasser* (S. 226). Zitiert nach: „Corona" Jg. 8, Heft 4.

Hugo von Montfort: *Karner* (S. 163). Zitiert nach: E. Thürnher, Das literarische Schaffen, Bd. 4 (Vorarlberg, Landes- und Volkskunde ...), Innsbruck 1961.

Johannes von Müller: *Die Befreiung der Waldstette* (S. 233). Zitiert nach: Geschichten der Schweizer Eidgenossenschaft, Leipzig 1806.

Robert Musil: *Kindergeschichte* (S. 124). Aus: Ausgewählte Erzählungen, Hamburg 1957.
Mit frdl. Genehmigung des Rowohlt Verlages, Reinbek bei Hamburg.

Franz Nabl: *Vom Werden und Vergehen* (S. 151). Zitiert nach: Ruf von der Grenze, ein Buch steirischer Kunst, Graz/Wien/Leipzig (Leykam Verlag) 1942.

Gerhard Nebel: *Die ersten Schritte in den Süden* (S. 295). Aus: Merian Jg. 14, Heft 8 „Engadin".
Mit frdl. Genehmigung von Josephine Nebel, Braunsbach-Steinkirchen.

Friedrich Nietzsche: *Sils Maria* (S. 221). Aus: Briefe, München 1940.

Heinrich Noë: *Südwind auf dem Chiemsee* (S. 17), *Junger Wein macht junges Leben* (S. 164), *Aus einem Kärntner Schlosse* (S. 175). Aus: Deutsches Alpenbuch, Glogau o. J.

Carl Orff: *Im Auswärts* (S. 15). Aus: Comoedia de Christi resurrectione. Zitiert nach: Bairisches Welttheater, München o. J.
Mit frdl. Genehmigung des Verlages B. Schott's Söhne, Mainz.

August von Platen: *Salzburger Spaziergang* (S. 106), *Hallein und das Salzgebirge* (S. 117). Aus: Tagebücher, Stuttgart 1896–1900.

Alfred Polgar: *See im Tessin* (S. 299). Aus: Bei Licht betrachtet, Hamburg 1970.
Mit frdl. Genehmigung des Rowohlt Verlages, Reinbek bei Hamburg.

Friedrich Ratzel: *Streiflichter* (S. 20). Aus: Erdenmacht und Völkerschicksal, Stuttgart 1940.
Mit frdl. Genehmigung des Alfred Kröner Verlages, Stuttgart.

Wilhelm Heinrich Riehl: *Hoftafel bei König Max II. auf der Blumser Alm* (S. 53). Aus: Kulturhistorische Charakterköpfe, 1859.

Peter Rosegger: *Ums Vaterwort* (S. 144). Zitiert nach: Haus- und Volksbuch deutscher Erzählungen, hrg. von Max Mell, Leipzig 1936.
Mit frdl. Genehmigung des L. Staakmann Verlages, Bamberg.
– *Herbstgedanken eines Sommerfrischlers* (S. 178). Zitiert nach: Ruf von der Grenze, ein Buch steirischer Kunst, Graz/Wien/Leipzig (Leykam Verlag) 1942.

Eugen Roth: *Der Fischkasten* (S. 25). Aus: Die Schöne Anni, Abenteuer in Banz, München 1972.
Mit frdl. Genehmigung des Carl Hanser Verlages, München.

Josef Ruederer: *Das Untier im Walchensee* (S. 70). Aus: München (Städte und Landschaften, hrg. von Leo Greiner), München 1907.
Mit frdl. Genehmigung von Dr. Hans Ruederer, München.

Horace Bénédict Saussure: *Kurzer Bericht von einer Reise auf den Gipfel des Montblanc im August* 1787 (S. 210). München 1928.

Viktor von Scheffel: *Samaden* (S. 222). Aus: Die Alpenstraßen, 1850.

Lauretius von Schniffis: Himmelskönigin (S. 163). Zitiert nach: E. Thurnher, Das literarische Schaffen Bd. 4 (Vorarlberg, Landes- und Volkskunde ...), Innsbruck 1961.

Ludwig Steub: *Am Tegernsee* (S. 45). Aus: Sommer in Oberbayern, München 1947.
– *Südtirol* (S. 167). Aus: Drei Sommer in Tirol, München 1846.

Adalbert Stifter: *Hallstatt* (S. 122). Aus: Feldblumen.

Ludwig Thoma: *Die Halsenbuben* (S. 56). Aus: Gesammelte Werke, München 1968.
Mit frdl. Genehmigung des Verlages R. Piper & Co., München.

Georg Trakl: *St. Peters-Friedhof* (S. 116). Aus: Gesammelte Werke, Salzburg 1948/49.
Mit frdl. Genehmigung des Otto Müller Verlages, Salzburg.

Robert Walser: *Die Schlacht bei Sempach* (S. 275). Zürich 1967.
Mit frdl. Genehmigung des Verlages H. Kossodo, Anières.

Edward Whymper: *Matterhorn* (S. 283). Aus: Scrambles among the Alps, Valley of Zermatt and the Matterhorn.
Deutsch: Berge und Gletscherfahrten, 1865.

Jörg Wickram: *Lästerung* (S. 251). Aus: Rollwagenbüchlein, Leipzig 1914.